移动电子商务
学术研究丛书

移动电子商务
经济学

唐红涛 欧阳文和 朱晴晴 郭凯歌 ◎ 著

MOBILE E-COMMERCE ECONOMICS

中国财经出版传媒集团
经济科学出版社
Economic Science Press

图书在版编目（CIP）数据

移动电子商务经济学/唐红涛等著.—北京：经济科学出版社，2017.12（2018.11 重印）
（移动电子商务学术研究丛书）
ISBN 978 - 7 - 5141 - 8742 - 7

Ⅰ.①移… Ⅱ.①唐… Ⅲ.①移动电子商务—经济学—研究 Ⅳ.①F713.36

中国版本图书馆 CIP 数据核字（2017）第 295915 号

责任编辑：范 莹 张 频
责任校对：王苗苗
版式设计：李 鹏

移动电子商务经济学

唐红涛 欧阳文和 朱晴晴 郭凯歌 著
经济科学出版社出版、发行 新华书店经销
社址：北京市海淀区阜成路甲 28 号 邮编：100142
总编部电话：010 - 88191217 发行部电话：010 - 88191522
网址：www.esp.com.cn
电子邮箱：esp@esp.com.cn
天猫网店：经济科学出版社旗舰店
网址：http://jjkxcbs.tmall.com
北京季蜂印刷有限公司印装
710×1000 16 开 18.75 印张 270000 字
2017 年 12 月第 1 版 2018 年 11 月第 2 次印刷
ISBN 978 - 7 - 5141 - 8742 - 7 定价：55.00 元
(图书出现印装问题，本社负责调换。电话：010 - 88191502)
(版权所有 侵权必究 举报电话：010 - 88191586
电子邮箱：dbts@esp.com.cn)

序　言

进入 21 世纪，随着互联网技术的不断成熟，移动互联网保持高速发展态势，并加速向经济社会各领域渗透，带动电子商务由传统 PC 端加速向移动端迁移，移动互联网与共享经济联系日益紧密，并推动消费模式向资源共享化、设备智能化和场景多元化发展，基于移动端的新一轮创新和创业高潮正在涌现。移动电子商务正成为当前电子商务发展的新力量，同时也开启了电子商务发展的新空间。2016 年中国手机网民规模已达 6.95 亿，较 2015 年底增加 7550 万人。手机已经成为人们日常生活中最为重要的上网设备。2016 年中国移动网购在整体网络购物交易规模中占比已达到 68.2%，超过 PC 端成为网购市场主要的消费场景。移动电子商务与大数据、共享经济、O2O 等的紧密结合更加助推了互联网经济的纵深发展，也成为学术界研究的热点。

湖南省移动电子商务协同创新中心是由湖南商学院牵头，协同中南大学、湖南省商务厅和长沙信息产业园等单位，依托湖南省重点建设学科"管理科学与工程"，组建的面向行业产业的协同创新体。为此，在湖南商学院校长、移动电子商务协同中心主任陈晓红教授的率领下，中心的使命是在移动电子商务领域进行理论、技术、实践的协同创新，着眼"双一流"建设，打造科研精品，培养优秀人才，促进产业发展，服务社会需要。移动电子商务协同中心商务模式创新研究团队致力于研究移动互联网时代的商业模式创新及其管理问题，试图从企业、平台和社会三个层面构建互联网时代的商业模式与管理的理论框架、技术方法和应用范式。从 2017 年起推出移动电子商务学术研究的系列丛书，包括《移动电子商务经济学》《农村电商理论与实践》《跨境电商理论与实践》等，从多个学术角度对移动电子商务理论和实践进行探索。

　　唐红涛博士、欧阳文和博士等人撰写的《移动电子商务经济学》作为一本从经济学角度系统思考和分析移动电子商务的学术著作，紧扣移动电子商务的市场属性，采用经典的市场结构——市场行为——市场绩效研究范式对移动电子商务进行解剖式研究，并对移动电子商务的经济规律和商务模式创新进行系统总结。全书呈现出几个特点：首先，突出了移动电子商务研究的经济学属性，移动电子商务属于多个学科共同关注的热点领域，计算机学科关注的是移动电子商务的技术后台、数据挖掘和大数据分析等；管理学科更多的关注移动电子商务的企业属性、电子商务活动中各种企业行为及其管理过程；而移动电子商务作为新兴的商业行为，市场属性和移动电子商务的产业行为更多地体现了经济学特征，该书综合商业经济学和产业经济学研究范式深入分析移动电子商务产业发展内在经济规律，从中观产业角度探讨移动电子商务模式创新。其次，研究内容涉猎广泛。全书围绕移动电子商务经济学展开，但并不局限于经济学领域，对移动电子商务的相关领域都进行分析，对共享经济、双边市场、网络外部性等网络经济现象都进行了研究，对移动电子商务商业模式创新的典型案例也进行了具体阐释。最后，大量利用了经济学的分析工具对移动电子商务相关问题进行深度分析，采用了演化博弈分析工具分析移动电子商务市场监管，利用 DEA 和 Tobit 模型对移动电子商务市场效率进行研究等。综上所述，本书具有一定的创新性和学术价值及应用价值，可作为高等院校电子商务等相关专业的教学参考用书，也可用于指导移动电子商务产业发展。同时，也可进一步促进移动电商领域的学术创新。

　　当然，由于移动电子商务属于新兴产业，围绕其展开的学术研究也大多处于起步阶段，本书作为尝试仍存在许多不足，具体表现在：第一，围绕移

序　言

动电子商务的经济学属性，基础理论框架构建尚欠完善，本书借鉴了哈佛大学经典的 SCP 理论框架，但传统产业组织理论范式在移动电子商务下是否发生变化，或者能否全新构建属于移动电子商务的经济学分析框架，这是需要进一步思考的。第二，研究工具可以进一步深入整合，移动电子商务市场发展除了采用经济学的经典分析方法外，还可以大量借鉴计算机领域的数据挖掘和仿真建模，能够对电子商务企业、产业的经济学规模进行更为科学的实证研究。第三，探讨移动电商领域的交换关系变化及客观经济规律还有待进一步完善和挖掘。

但瑕不掩瑜，本书作为一本研究移动电子商务的经济学著作是一次尝试，是年轻学者的探索与创新，期望作者能以本书出版为契机，继续对移动电子商务经济学的理论与实践进行更深层次的学术探索，以求有新的突破和收获。

是为序！

柳思维

2017 年 9 月 3 日于长沙市

目　录

第一章　导论 ... 1
第一节　移动电子商务兴起 ... 1
一、移动电子商务内涵 ... 1
二、移动电子商务发展现状 ... 3
三、移动电子商务发展趋势 ... 17
第二节　移动电子商务国内外研究 ... 34
一、移动电子商务与市场结构 ... 34
二、移动电子商务与市场行为 ... 36
三、移动电子商务与市场效率 ... 40
四、移动电子商务与商业模式 ... 42
五、研究述评 ... 43

第二章　移动电子商务市场行为 ... 45
第一节　消费者行为 ... 45
一、欲望与需要 ... 45
二、消费者动机 ... 47
三、消费者效用 ... 48
四、消费者决策 ... 52
五、移动消费者决策模型 ... 53
六、移动互联网消费者行为 ... 56

　　　　七、移动消费者行为特征 ………………………………………… 60
　　第二节　企业行为 ……………………………………………………… 61
　　　　一、一个基础平台 ………………………………………………… 62
　　　　二、一个基本问题 ………………………………………………… 64
　　　　三、企业三大行为 ………………………………………………… 71
　　第三节　市场行为 ……………………………………………………… 84
　　　　一、一条系统产业链 ……………………………………………… 85
　　　　二、一个中心 ……………………………………………………… 91

第三章　移动电子商务市场结构 …………………………………………… 94
　　第一节　移动电子商务市场结构概述 ………………………………… 94
　　　　一、移动电子商务市场结构与现状 ……………………………… 94
　　　　二、移动电子商务市场结构影响因素 …………………………… 104
　　　　三、移动电子商务市场结构发展趋势 …………………………… 107
　　第二节　移动电子商务市场结构度量 ………………………………… 111
　　　　一、市场集中度 …………………………………………………… 111
　　　　二、产品差异化 …………………………………………………… 117
　　　　三、进入退出壁垒 ………………………………………………… 119
　　第三节　移动电子商务市场结构演进 ………………………………… 123
　　　　一、移动电子商务市场结构演进规律 …………………………… 123
　　　　二、移动电子商务市场结构演进动力 …………………………… 128
　　　　三、移动电子商务市场结构演进路径 …………………………… 131

第四章　移动电子商务市场效率 …………………………………………… 135
　　第一节　移动电子商务市场效率现状 ………………………………… 135
　　　　一、移动支付提升支付效率 ……………………………………… 135
　　　　二、移动购物提升消费效率 ……………………………………… 138
　　　　三、移动服务提升服务效率 ……………………………………… 139

四、移动数据提升运营效率 ……………………………………… 141
　　五、移动共享提升生活效率 ……………………………………… 142
第二节　移动电子商务市场效率度量 ……………………………………… 145
　　一、文献综述 ……………………………………………………… 145
　　二、市场效率测算 ………………………………………………… 147
　　三、实证分析 ……………………………………………………… 151
第三节　移动电子商务市场效率影响因素 ………………………………… 155
　　一、模型构建 ……………………………………………………… 155
　　二、估计结果和讨论 ……………………………………………… 159
　　三、结论 …………………………………………………………… 162
第四节　提升移动电子商务市场效率对策研究 …………………………… 163

第五章　移动电子商务经济规律 …………………………………………… 166
第一节　基于用户决策的信息不对称与交易成本 ………………………… 166
第二节　基于用户的"一体两翼"定价模型 ……………………………… 169
　　一、M（平台）成本与定价 ……………………………………… 169
　　二、双边定价 ……………………………………………………… 172
第三节　基于用户的企业成长与业态模式 ………………………………… 177
　　一、网络外部性、规模效率、企业无边界与商业生态网络 …… 177
　　二、黏性、范围经济与长尾理论、多元化经营与跨界 ………… 184
　　三、共享经济 ……………………………………………………… 191

第六章　移动电子商务市场管理 …………………………………………… 197
第一节　移动电子商务市场管理现状 ……………………………………… 197
　　一、市场运作模式 ………………………………………………… 197
　　二、现有市场政策 ………………………………………………… 203
第二节　移动电子商务市场管理主要问题 ………………………………… 209
　　一、市场主体 ……………………………………………………… 212

3

二、市场客体 ……………………………………………………… 214
  三、市场行为 ……………………………………………………… 216
  四、市场管理博弈分析 …………………………………………… 217
 第三节 移动电子商务市场管理对策研究 ……………………………… 225
  一、国际市场管理经验及启示 …………………………………… 225
  二、中国市场监管模式 …………………………………………… 228
  三、工商监管 ……………………………………………………… 231
  四、立法监管 ……………………………………………………… 232
  五、政府监管 ……………………………………………………… 234

第七章 移动电子商务商业模式 …………………………………………… 239
 第一节 移动电子商务价值链与商业模式 ……………………………… 239
  一、移动电子商务价值链 ………………………………………… 239
  二、移动电子商务商业模式 ……………………………………… 246
 第二节 移动电子商务商业模式创新 …………………………………… 251
  一、基本移动电子商务商业模式 ………………………………… 251
  二、移动电子商务商业模式创新 ………………………………… 253

附录：移动电子商务案例 …………………………………………………… 262
  一、AppStore ……………………………………………………… 262
  二、四川航空公司 ………………………………………………… 264
  三、梦露女装 ……………………………………………………… 267
  四、Everlance ……………………………………………………… 269
  五、盒马鲜生 ……………………………………………………… 273

参考文献 ……………………………………………………………………… 276

后记 …………………………………………………………………………… 288

第一章 导　论

第一节　移动电子商务兴起

一、移动电子商务内涵

移动电子商务 MB（Mobile Business，MB）也称无线电子商务 WB（Wireless Business，WB），是无线平台上实现的电子商务。传统定义，是通过智能手机、PDA（个人数字助理）等移动通信设备与互联网有机结合进行的电子商务活动，它能提供 PIM（person information manager）、LBS（location based service）、在线银行、实时交易、票务、移动购物、即时娱乐、无线医疗业务等服务，从应用角度看，它的发展是相对电子商务的整合与延伸。凭借手持移动终端于无线通信的普及于技术进步，使得移动电子商务在获取营销和销售信息、接受订货信息、做出购买决策、支付款项上，真正实现了 3A（Anybody，Anytime，Anywhere）全方位服务。相对于传统基于互联网的电子商务，移动电子商务具有全天候化、精准性、安全性、定位性、快速性、便利性、可识别性、应激性、广泛性等特点。21 世纪属于数字时代，而发展移动电子商务，是构建无处不在、无所不能的数字生态系统的重要组成部分，有利于创造一个更加方便、安全的数字生态环境，极大地提高生产率，改善生活方式与生活质量，这是一个持续的过程。

移动电子商务是移动信息服务和电子商务融合的产物，与传统电子商务的相比，移动电子商务具有独特的优势。

(1) 不受时空限制的移动性。与传统的电子商务必须有线接入的局限相比，移动电子商务的一个最大优势就是随时随地、无处不在，移动用户可随时随地获取所需的服务、应用、信息和娱乐。他们可以在自己方便的时候，使用移动电话或者 PDA 查找、选择及购买商品和服务。

(2) 提供更好的私密性和个性化服务。一方面，移动终端一般都属于个人使用，不会是公用的，移动商务使用的安全技术也比电子商务更先进，因此可以更好地保护用户的私人信息；另一方面，移动商务能更好地实现移动用户的个性化服务，移动计算环境能提供更多移动用户的动态信息，这位个性化服务的提供创造了更好的条件。

(3) 用户规模大且具有较好的身份认证基础。从计算机和移动电话的普及程度来看，移动电话的使用数量远远超过了计算机；对于传统电子商务而言，用户的消费信誉成为最大的问题，而移动电子商务的使用者手机号码具有唯一性，手机 SIM 卡上存储的用户就具有这一优势。

(4) 基于位置的服务。移动通信网络能够获取和提供移动终端的位置信息，与位置相关的商务应用成为移动电子商务领域中的一个重要组成部分，如 GPS 卫星定位服务。

(5) 移动电子商务易于推广使用。移动通信所具有的灵活、便捷的特点，决定了移动电子商务更适合大众化的个人消费领域，比如支付系统（支付宝、微信等）的普及，现代支付进入无卡化消费时代，现代人随时随地可以利用手机进行支付。

(6) 移动电子商务领域更易于技术创新。移动电子商务领域因涉及 IT、无线通信、无线接入、软件等技术，并且商务方式更具多元化、复杂化，因而在此领域内很容易产生新的技术。随着中国 3G、4G 网络的兴起与应用，这些新兴技术将转化成更好的产品或服务。所以移动电子商务领域将是下一个技术创新的高产地。

当然，由于基于固定网的电子商务与移动电子商务拥有不同特征，移动电子商务不可能完全替代传统电子商务，两者是相互补充、相辅相成的。移动通信所具有的灵活、便捷的特点，决定了移动电子商务应当定位于大众化的个人消费领域，应当提供大众化的商务应用，因此B2B可能成为移动电子商务发展的主要模式。

二、移动电子商务发展现状

移动互联网因其可以为用户随时随地提供所需的服务、应用、信息和娱乐，同时满足用户及商家从众、安全、社交及自我实现的需求，使得人们对移动性和信息的需求急速上升，已经渗透到人们生活、工作的各个领域，为移动电子商务的发展奠定了很好的基础。同时，移动电子商务在应用、规模、技术等方面都取得了一定的成效。

（一）应用现状

网民数量增加，移动市场规模扩大。随着信息技术的高速发展，中国进入移动互联网的全民时代，移动互联网与人们日常的生产生活绑定。通过手机、iPad等移动智能终端设备上网已经成为当下年轻人的新型娱乐休闲方式，互联网接入方式的改变大大促进了移动电子商务的应用模式，使移动电子商务进入到一个全新的发展时期。

在移动互联网产业链下，移动智能终端的重要性越发凸显。终端需要来聚合和承载应用，而应用的开发又是以移动智能终端为平台。移动智能终端的这种链接性，促使移动互联网产业链各方都渐渐将其视为必争之地。而对于移动互联网产业链各方来说，移动智能终端是产业链各方参与者开展跨界竞争和多产业链环节运营的一个最佳切入点，并且移动智能终端本身因为各方的进入，形成了一个以其为中心的移动互联网生态圈。

移动智能终端主要包括智能手机、笔记本、平板电脑、可穿戴设备等。在目前的市场，智能手机的出货量远远超于笔记本和平板电脑。智能终端在手机领域更加受到消费者的青睐，同时人们对于智能手机的选择要求也越来越严苛。智能手机的更新换代速度较快，设备性能、运行速度、系统设计等也越来越贴合消费者的心理，刺激消费者的消费欲望。市场通过移动技术使消费者的需求得到实现，扩大了移动电子商务的市场份额，使智能终端朝着技术化、智能化的方向发展。

当前，移动智能终端的使用人数越来越多，应用范围也渗透到人们日常生活的方方面面，例如网上购物、水电费缴纳、网上订票、旅游出行、无现金结算等，这无形中改变了消费者传统的消费习惯，尤其是 3G、4G 网络的出现，大大方便了人们的生产生活，因此人们也越来越依赖于移动智能终端设备的使用，这为移动电子商务发展奠定了良好的基础。

中国互联网络信息中心发布的第 39 次《中国互联网络发展状况统计报告》显示，截至 2016 年 12 月，中国网民规模达 7.31 亿，全年共计新增网民 4299 万人。互联网普及率为 53.2%，较 2015 年底提升了 2.9 个百分点。其中，手机网民规模达 6.95 亿，较 2015 年底增加 7550 万人（见图 1-1）。所有网民中使用平板电脑手机上网人群占比由 2015 年的 90.1% 提升至 95.1%，台式电脑上网使用率为 31.5%，增长率连续三年超过 10%（见图 1-2）。台式电脑、笔记本的使用率均出现下降，手机不断挤占其他个人上网设备的使用。《2017 年中国移动电商行业研究报告》中显示，2016 年移动购物市场规模为 3.3 万亿元，同比增长 57.9%，增速放缓，首次低于 100%，移动购物市场进入平稳发展期（见图 1-3）。移动互联网与闲暇经济联系日益紧密，并推动消费模式向资源共享化、设备智能化和场景多元化发展。截至 2016 年 12 月，中国手机网上支付用户规模增长迅速，达到 4.69 亿，年增长率为 31.2%，网民手机支付的使用比例由 57.7% 提升至 67.5%（见表 1-1）。手机支付向线下支付的快速渗透，极大丰富了支付场景，有 50.3% 的网民在线下实体店购物时使用手机支付结算。预计 2017 年中国手机规模达 7.39 亿，网民中使用手机上网人群的占比由 2016 年的 95.1% 提升至 97.8%。届时，互联网的第一大用户群体将会为移动网民所取代，网民上网渠道也将以移动端为主，这些都将成为移动互联网市场快速发展的优质基础和条件。

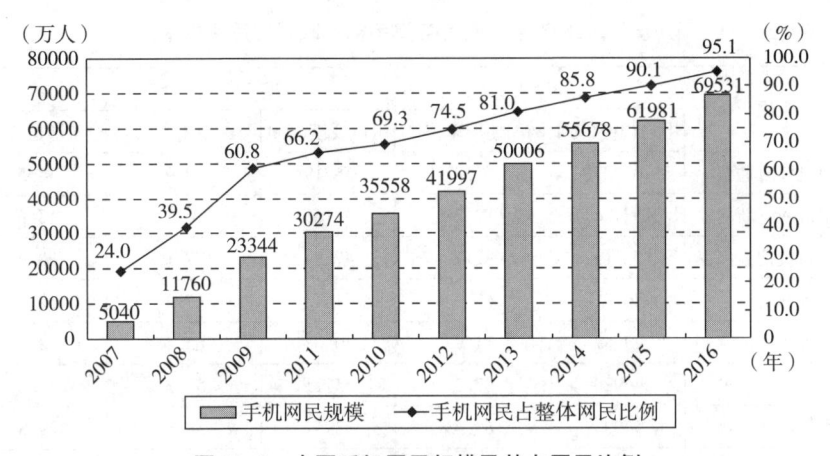

图 1-1 中国手机网民规模及其占网民比例

资料来源：CNNIC 发布第 39 次《中国互联网络发展状况统计报告》。

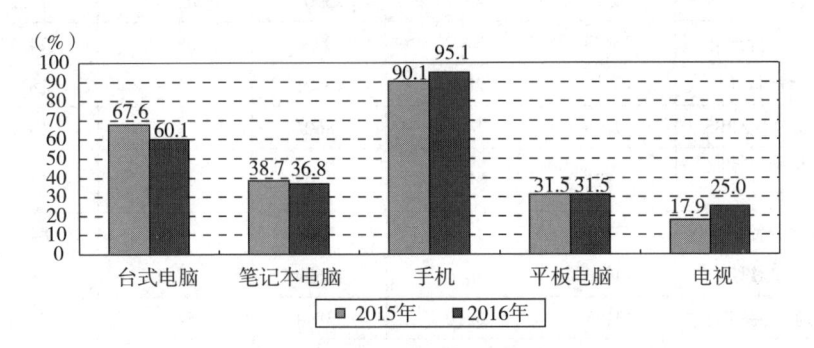

图 1-2 互联网络接入设备使用情况

资料来源：CNNIC 发布第 39 次《中国互联网络发展状况统计报告》。

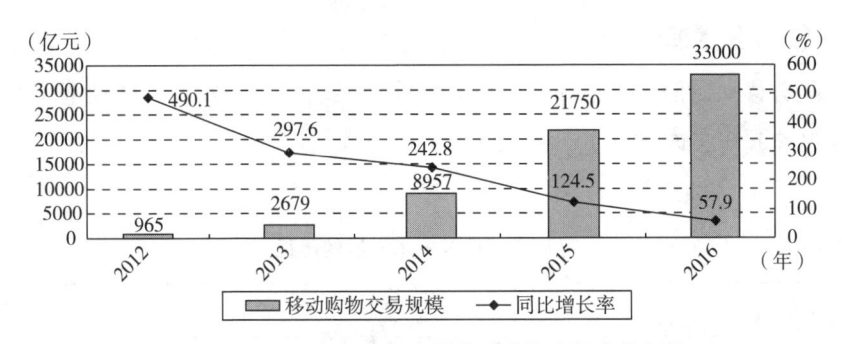

图 1-3 2012~2016 年中国移动购物市场交易规模

资料来源：艾瑞网发布《2017 年中国移动电商行业研究报告》。

表 1-1　2015~2016 年手机网民各类手机互联网应用使用率

应用	2016 年 用户规模(万)	2016 年 网民使用率(%)	2015 年 用户规模(万)	2015 年 网民使用率(%)	全年增长率(%)
手机即时通信	63797	91.8	55719	89.9	14.5
手机网络新闻	57126	82.2	48165	77.7	18.6
手机搜索	57511	82.7	47784	77.1	20.4
手机网络音乐	46791	67.3	41640	67.2	12.4
手机网络视频	49987	71.9	40508	65.4	23.4
手机网上支付	46920	67.5	35771	57.7	31.2
手机网络购物	44093	63.4	33967	54.8	29.8
手机网络游戏	35166	50.6	27928	45.1	25.9
手机网上银行	33357	48.0	27675	44.6	20.5
手机网络文学	30377	43.7	25908	41.8	17.2
手机旅行预订	26179	37.7	20990	33.9	24.7
手机邮件	19713	28.4	16671	26.9	18.2
手机论坛/BBS	9739	14.0	8604	13.9	13.2
手机网上炒股或炒基金	4871	7.0	4293	6.9	13.5
手机在线教育课程	9798	14.1	5303	8.6	84.8
手机微博	24086	34.6	18690	30.2	28.9
手机地图、手机导航	43123	62.0	33804	54.5	27.6
手机网上订外卖	19387	27.9	10413	16.8	86.2

资料来源：CNNIC 发布第 39 次《中国互联网络发展状况统计报告》。

（二）技术现状

随着移动通信技术、计算机技术和移动终端技术的发展，移动电子商务技术已经经历了四代（见表 1-2）。

表 1-2　　　　　　　移动电子商务技术发展的历程

发展历程	特　点
第一代	以短信为基础的第一代移动电子商务技术，存在着许多严重缺陷，其中最严重的是时效性较差，查询请求不会得到即时回答

续表

发展历程	特　点
第二代	基于WAP技术的第二代移动电子商务技术，主要通过手机浏览器的方式来访问WAP网站，以实现信息的查询，部分解决了第一代移动电子商务技术的缺陷，但是存在WAP网页访问交互能力较差的问题
第三代	融合了无线移动通信、移动互联网、智能终端、数据同步、VPN、身份认证及Web Service等多种移动通信、信息处理和计算机网络的最新前沿技术，以专网和无线通信技术为依托，是的系统的安全和交互能力有了极大的提高，为电子商务人员提供了一种安全、快速的现代化移动商务机制
第四代	融合了光带接入和分部网络，超高的非对称数据传输公里和为高速移动网络提供高质量的影像服务，并首次实现三维图像的高质量传输，集多种无线技术和无线LAN系统为一体的综合系统，移动用户可以实现无线漫游，进一步提高了其利用率、满足了高速率、大容量的业务需求，同时克服高速数据在无限通道下的多径衰落和多径干扰等众多优势，为移动电子商务的发展提供了更加可靠的机制保障

资料来源：牟少霞．基于智能终端的移动电子商务商业模式研究［D］．山东师范大学，2014。

对于移动电子商务关键环节的划分，按终端类型、交易平台、应用网络、购买商品或服务分成以下环节（见图1-4）：

近年来，中国移动通信业务发展迅速，无论是通信设备、基础设施还是用户规模都保持着较快的发展速度。随着移动通信业务的发展，移动互联网的商业价值正逐渐展现，得益于智能终端的普及和移动网络环境的改善，网民使用的服务从即时通信、手机阅读等相对简单的应用，拓展到移动办公、电子商务等对终端性能和无线网络环境要求较高的应用。

（三）模式现状

现阶段根据移动电子商务产业链中主导者的不同主要有以下四种商业模式：电信运营商主导的移动电子商务、传统电子商务提供商主导的移动电子商务、设备提供商主导的电子商务、新兴移动电子商务提供商主导的移动电子商务。其中，以电信运营商为主导（如移动、电信、联通）的移动电子商务模式，拥有庞大潜在消费用户群体这一明显的优势；而以传统电子商务提供商为主导的模式，则以品牌为导向，如淘宝网、当当网、阿里巴巴等广为

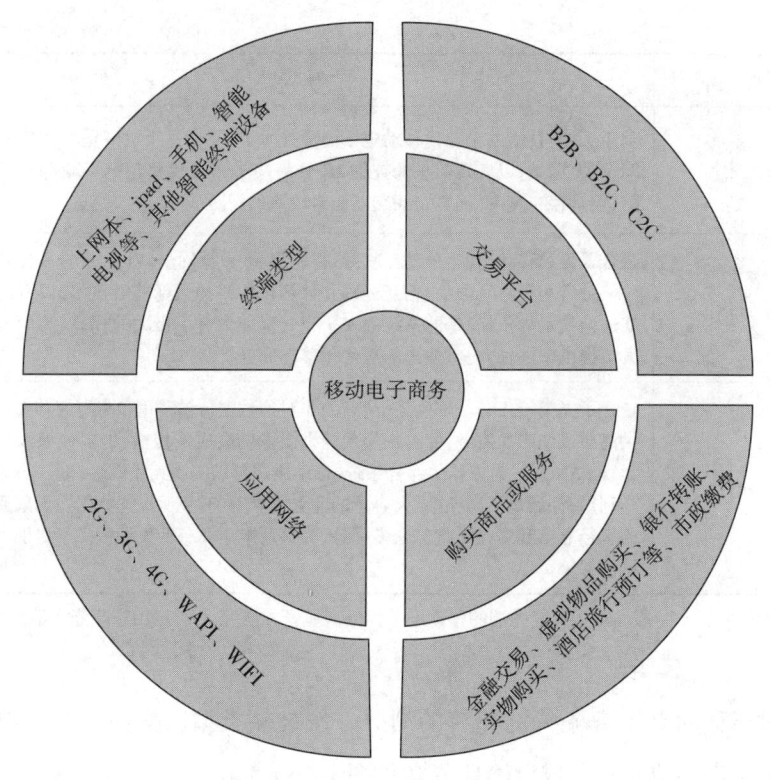

图1-4 移动电子商务类别细分

人知的传统电子商务品牌；以设备提供商为主导的模式，其中一个成功的例子就是苹果的 App Store；而后的一种模式，相对于其他三种模式来说，优势在于利用各种新技术结合各式各样的奇思妙想，提出完全区别与传统电子商务的"创新应用"，通过应用来吸引用户，引导用户的消费模式。

电商的发展趋势及店商与电商完美结合，实现 O2O 最新经营模式是未来企业的首选经营之道；现在的电子商务不仅仅是某个品牌在天猫或京东上架些产品，开个旗舰店这么简单的事情；2012年的"双十一"销售额是190亿元，2013年的"双十一"当天突破350亿元；电商已经成为未来发展的必然趋势，线上线下相结合的O2O模式也将成为近期店商的主流发展方向。随着4G的放开，移动互联网电商将逐步取代PC电商，成为电商的主流平台。

传统零售业升级改造已经成为必然的发展趋势，体验式消费、生活中心增加线上体验，大数据的搜集、分析和应用将成为传统零售业新的经营利器。未来的市场必将经历一场经营体制和模式的变革，压缩中间环节，压缩经营成本，直接让利消费者，节约顾客的交通成本、时间成本、精力成本，方便消费者，才是商业经营的根本。4G 的到来，移动电商会有更好的体现，在这样大趋势的驱使下所有的实体品牌不得不要快速的打开自己的电商平台，现阶段有自己的电商销售渠道，不仅仅是为解决实体品牌库存的问题、产品销量的问题，更是完善树立完整品牌形象的问题，实体品牌如何快速地建立自己的电商平台，是每家实体品牌商迫在眉睫的事情。聚时尚的诞生集合众商家，帮他们解决了以上的问题，并可以实现 O2O 最新经营模式。

（四）安全现状

虽然移动电子商务得到了迅猛的发展，方便了人们的生活，并且和传统的移动电子设备相比具有很多优势条件，但是，这并不代表着移动电子商务市场不存在任何问题。就其现状而言，还存在移动网络安全问题、移动支付机制问题，等等。

首先，移动网络安全问题不容忽视。要想保证移动电子商务稳定发展，我们要做好移动网络安全工作，保障其使用的可靠性和安全性。移动电子商务的安全主要包括以下四个方面：（1）数据传输的安全性；（2）数据的完整性，保证数据信息完整是通过采用安全散列函数和数字签名技术实现的；（3）身份认证；（4）交易的不可抵赖性。相对于传统的电子商务模式，移动电子商务的安全性更加薄弱。如何保护用户的合法信息（账户、密码等）不受侵犯，是一项迫切需要解决的问题。

其次，移动支付机制亟待确立。随着 4G 网络建设、物联网技术应用、智能终端普及等基础设施的不断完善，移动支付已经成为电子支付方式的主流发展方向和市场竞争焦点，但也存在一些支付机制的问题。在支付公司方面，虽然已经基本解决了传统的支付安全问题、支付费用问题等，但是近年来涌进众多的支付公司，使得部分支付公司的盈利状况下滑，有的支付公司连基本的生存都成问题；在银行方面，飞速发展的互联网彻底颠覆了银行对持卡用户的传统服务思维，使之变得更加电子化、便捷化和个性化。虽然网银打开了银行的电子通道，使得银行的电子渠道能力越来越强，但是这些电子通道的承载能力、安全保障、产品易用性、资费定价方式等需要大幅优化，才能满足用户急速膨胀的消费需求。另外，各大银行的支行为了存款或其他竞争性资源近乎"无底线"地放宽接入限制、调低接入价格，良莠不齐的电商和第三方支付公司产生了相当可观的交易规模，却也透支了这些电子渠道的生命力，特别是安全性得不到可靠的保障。某些公司的技术漏洞可能会影响使用同一类通道的所有同行，因此，移动支付机制问题可能会波及整个生态环境的安危。优秀的电商、支付公司与银行之间，要一起重新梳理和规划银行电子渠道的接入和使用规范，并划定出合适的成本空间来作为银行升级和创新的动力。

  安全性是影响移动电子商务发展的关键问题。各种安全问题给电子商务活动造成了巨大的损害，仅美国每年的信息安全问题和网络安全问题所造成的经济损失就达 75 亿美元。如图 1-5 所示，2016 年中国移动电商 APP 总用户数量约 6.3 亿，其中约 2.7 亿用户遭受过不同程度的安全问题，占比约 43%。而其中支付安全问题依旧位居电商行业移动 APP 安全问题之首，如图 1-6 所示。

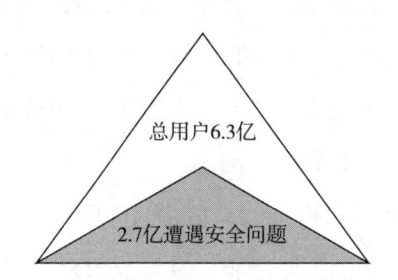

图 1-5 2016 年电商行业移动 APP 用户规模

资料来源：腾讯云乐固。

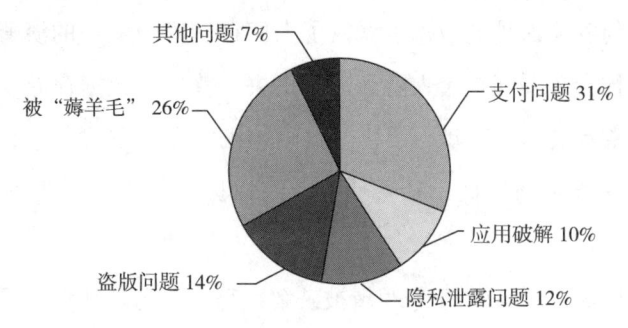

图1-6 2016年电商APP安全问题类别

资料来源：腾讯云乐固。

最后，电商行业移动APP受漏洞影响比例，如图1-7所示。

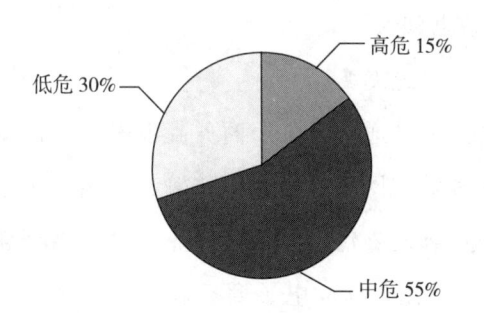

图1-7 2016年电商行业移动APP漏洞评测

资料来源：腾讯云乐固。

高危占比15%，数据传输不安全导致用户订单泄露、篡改。虽然全球移动通信系统（global system for mobile communication，GSM）采用了比较先进的加密技术，可是由于移动通信的固有特点，手机与基站之间的空中无线接口是开放的，这给破译网络通信密码提供了机会，而且信息一旦离开移动运营商的网络就已失去了移动运营商的加密保护，因此在整个通信过程中，包括通信链路的建立、信息的传输（如用户身份信息、位置信息、用户输入的用户名和密码、语音及其他数据流）存在被第三方截获的可能，从而给用户造成损失。

中危占比55%，本地数据存储不安全、用户隐私泄露。随意的储存方式，不加任何安全保护的数据也暴露了人们存储安全意识的淡薄，同时限于各种因素往往会疏漏间把个人隐私泄露出去。普通的数据存储及备份方式是通过电脑、移动硬盘、U 盘、手机、数码相机等介质方式，但是，所有这些介质的加密安全级别较低，私密性差，因损坏或丢失而产生隐私泄露风险极高。

低危占比 30%，APP 业务逻辑被破解、算法剽窃。很多应用都需要用户登录或者签名认证，这可能需要在客户端保存登录信息、签名密钥、加密算法等。如何保证这些重要信息不被窃取，算法不被破解，这些成为应用开发中很重要的内容，同样也是最容易忽视的地方。一个小小的细节可能成为整个系统被破解的突破口。

（五）技术、资费现状

1. 移动通信技术迅速发展

移动电子商务是移动通信与电子商务高度融合后产生的衍生概念，是指移动用户通过无线数据网络进行数据传输，利用手机、PAD 等移动终端设备进行网上购物、移动支付等一系列商业活动的新型商务模式。但是与传统 PC 端电子商务相比，移动电子商务也存在很多技术上的限制，比如无线覆盖区域有限、信号不稳定、移动终端内存等都会影响移动电子商务的运行。

移动通信技术一直在迅速发展着，第一代移动通信技术（1G）出现于 20 世纪 80 年代，因本身缺陷于 90 年代被第二代移动通信技术（2G）取代，再后来出现了第三代移动通信技术（3G）。3G 算是是一种真正意义上的宽带移动多媒体通信系统，它能提供高质量的宽带多媒体综合业务，并且实现了全球无缝覆盖全球漫游。随着移动电子商务的发展和人们日益增长的网络需求，3G 因数据传速率受限促使第四代移动通信技术（4G）应运而生。与 3G 相比，4G 在通信传递、保密安全等方面发挥其优势。4G 技术的出现改善信号质量，扩大覆盖区域，提供了更加稳定、安全的网络环境。4G 网络的引入，整个移动网络演进成一个多元网络结构，4G 网络支撑的业务也更加丰富多彩，同样对于网络的安全性也提出了更高的要求。同时，4G 技术的到来使人们的通信习惯从语音为主向数据流量为主进行转变，进行流量资费的合理设计将直接影响到 4G 商务活动的开展。

目前，5G 网络正在进行尝试与推广，2017 年 8 月 22 日德国电信联合华为在商用网络中成功部署基于最新 3GPP 标准的 5G 新空口连接，该 5G 新空口承载在 Sub6GHz（3.7GHz），可支持移动性、广覆盖及室内覆盖等场景，速率直达 Gbps 级，时延低至毫秒级；同时采用 5G 新空口与 4GLTE 非独立组网架构，实现无处不在、实时在线的用户体验。工信部此前发布的《信息通信行业发展规划（2016－2020 年）》明确提出，2020 年启动 5G 商用服务。根据工信部等部门提出的 5G 推进工作部署以及三大运营商的 5G 商用计划，将于 2017 年展开 5G 网络第二阶段测试，2018 年进行大规模试验组网，并在此基础上于 2019 年启动 5G 网络建设，最快 2020 年正式推出商用服务。

2. 移动资费竞争激烈

移动资费是中国移动电子商务消费者最关心的问题之一。中国移动的一次调查显示，51% 的用户都认为 WAP 费用高低将最终影响用户是否使用 WAP 业务。目前国内 WAP 的移动资费大致分为三部分：一是国家已有明确移动资费规定的通信费；二是互联网接入费；三是信息服务费。这三项费用按目前的标准来计算，得出的总费用难以被广大顾客接受。从 2G、3G 到 4G 时代，移动运营商的流量资费也在不断变化着。

移动电子商务市场上的产品竞争存在严重的同质化竞争现象。中国移动、中国联通、中国电信三家运营商的同质化竞争表现在业务功能、盈利模式等多方面。不论这三家运营商哪一家率先推出移动商务新业务，另外两家总是希望能分一杯羹，总能在最短时间内如法炮制出类似的业务，因此在中国移动电子商务发展过程中，同质化现象愈演愈烈，最终必然导致价格、广告以及渠道大战。

产品竞争无疑是进行市场竞争抢占市场份额的有效手段，然而这种竞争手段在移动电子商务市场这种同质化竞争市场中却无法实现，因此移动运营商只能选择在市场竞争中进行激烈的价格战。三大移动运营商对于移动业务的资费定制主要包括两大部分：业务功能费和业务通信费。在实际市场中，移动、联通和电信的具体价格竞争行为主要表现在这两方面。

第一，业务功能费竞争。业务功能费主要包括月租费、增值业务费等。这部分业务功能费并不是移动运营商重点关注的竞争手段，因为这部分自费对于市场先入者具有先发优势，前期可正常收取功能费，但是这部分业务可复制性高，后进入市场者为了抢夺市场占有率，通常的竞争手段是降低价格或者进行业务捆绑，最终的结果便是功能费降低直至趋同或者取消，不会有太大差别。

第二，业务通信费竞争。业务通信费主要包括语音通信费、数据流量费、短信彩信费用等。在这部分业务费用中，由于微信、QQ等手机功能APP的出现，语音通信、短信彩信的使用率逐年下降，且运营商之间对于短信、彩信的价格相同，所以这部分资费的竞争也不是运营商关注的重点。因此数据流量费成为移动运营商挤压竞争对手的主要关注点。从2G到4G时代，三家移动运营商争相调整数据流量资费，推出各种各样眼花缭乱的业务套餐来吸引更多用户选择自家移动通信业务，争夺市场份额。4G时代的到来更是让三家运营商的价格战推向火热。如表1-3到表1-6所示。

表1-3　　　　　　　　2G时代移动运营商无线宽带资费

无线宽带资费对比	中国移动	中国联通
5元套餐	10MB	10MB
15元套餐	—	50MB
20元套餐	50MB	—
50元套餐	300MB	300MB
100元套餐	800MB	800MB
超出后资费	0.01元/KB,500元封顶	0.01元/KB,500元封顶

表1-4　　　　　3G时代移动运营商手机上网流量资费

中国移动	中国电信	中国联通
—	—	2元/10MB
5元/30MB	5元/30MB/月	5元/30MB
20元/150MB	10元/100MB/月	20元/150MB
50元/500MB	20元/200MB/月	50元/500MB
100元/2G	50元/1G/月	100元/2G
—	100元/2G/月	200元/5G
—	0.5元/3MB/天	—
超出部分0.01元/KB，15G流量内500元封顶	超出部分0.005元/KB，500元封顶	超出部分0.01元/KB，限15G流量

表1-5　　　　　3G时代移动运营商无线上网卡流量资费

无线宽带资费对比	中国移动	中国电信	中国联通
	2009年1月起	2009年4月起	2009年5月起（试用期半价截至9月30日）
5元套餐	—	—	—
20元套餐	—	—	—
50元套餐	500MB	—	—
80元套餐	—	—	1G
100元套餐	2G	—	—
150元套餐	—	—	3G
160元套餐	—	300小时本地+5小时漫游	—
200元套餐	5G	200小时	5G
300元套餐	—	360小时	10G
超出后资费	0.01元/KB 1000元封顶	0.05元/分钟 1000元封顶	0.1元/KB 800元封顶

表 1-6　　　　4G 时代移动运营商数据类终端流量资费

中国移动	中国电信	中国联通
40 元/400MB	—	8 元/100MB/月
50 元/600MB	—	16 元/300MB/月
70 元/1G	70 元/1G/月	24 元/500MB/月
100 元/2G	100 元/2G/月	48 元/1G/月
130 元/3G	130 元/3G/月	72 元/2G/月
180 元/5G	200 元/6G/月	96 元/3G/月
280 元/10G	280 元/10G/月	120 元/4G/月
—	300 元/6G/半年	152 元/6G/月
—	600 元/12G/年	232 元/11G/月
超出部分 0.29 元/MB	超出部分 0.3 元/MB	超出部分 0.2 元/MB

由表 1-3 至表 1-6 的资费比较可以看出，移动、电信、联通三大运营商的上网资费正在逐步降低，对于市场占有率的竞争也愈演愈烈，但是如果想在飞速发展的移动电子商务市场中占据绝对优势，手机的上网费用则需要更加亲民。

从 2017 年 9 月 1 日起，中国移动、联通、电信接连发布声明宣布将全面取消国内手机长途和漫游通话费（不含港澳台）。同时国内主叫通话标准按本地市话标准收取，国内被叫免费，用户无需申请，自动生效。近两年来，移动宽带资费水平下降了 65%，三大电信运营商累计向客户让利超过了 1226 亿元。中国移动表示，2015 年以来移动手机上网流量单价下降超过 60%；中国电信也表示，手机流量平均单价两年累计下降 57.4%。尽管语音通话的长途漫游费取消了，但数据流量依然分为"本地"和"漫游"，2017 年上半年，三大运营商移动数据及移动互联网业务收入实现 2746 亿元，同比增长 29.6%，数据使用量依然在保持着高速增长。因此，尽管长途漫游费被取消，中国移动网络"提速降费"的路仍然很长。

三、移动电子商务发展趋势

（一）移动电子商务活动的演变过程

在人类社会发展的过程中，商务活动一直扮演着重要的角色。商务活动产生于原始社会末期的物物交换，再到后来，随着社会发展，人们的社会需求和商品品类随之增多，简单的物物交换不再能满足人类需求，于是货币时代应运而生，商业逐渐从劳动中分离出来，商品交换成为独立的经济活动，金融工具、互联网、移动通信技术等逐渐出现并普遍应用，商务活动变得更加高效便捷。电子化形式商务活动的出现，表明单向度的思考模式已经不能够把握经营势态的快速变化，只有不断更新交易工具和手段，才能适应现今不断发展和进步的社会。如图1-8所示，商务活动经历了物物交换、传统商务、电子商务、移动电子商务的发展变化。

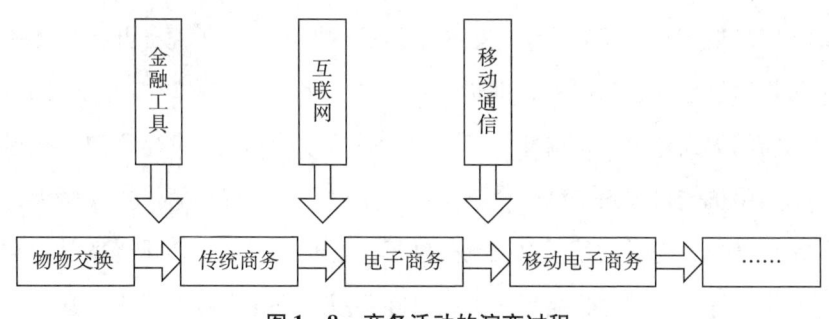

图1-8 商务活动的演变过程

商业活动的本质是商品流、资金流、物流、信息流"四流合一"的反复循环，而商品交易活动的演变离不开资金流、物流、信息流的有规律运动。在原始社会的物物交换时期，人们在满足自己的需要后有了多余的产品，为了能够得到自己所需的物品，边使用多余产品换取所需，这时期资金流与物流基本一致，信息流运动并不十分明显。随着社会发展，社会分工日趋细化，商品交换数量增多，交换范围扩大，交换环境更为复杂，交易手段更加多样。大量存在于买卖双方之间的中介机构顺势而生，它们为满足交易双方各种各样的需求而出现：一方面使林林总总的交易得以实现；另一方面也令交易实现的商业信用的出现将资金流和因此，过程高度复杂化。其中有两个至关重要的特点：一是物流和资金流彻底分离；二是信息价值的凸显，信息流在交易行为中发挥了控制、协调和指导的作用。物流和资金流的彻底分离缘自商业信用的存在，信息流成为实现商务交易的核心要素，促进了电子商务的出现。

互联网技术的出现，使得商务交易的过程更加便捷高效。电子商务平台中，商家、消费者、物流企业、金融机构、广告公司、培训机构等主体直接参与其中，每个主体都是使该生态系统中信息流、商流、资金流和物流得以实现的重要参与者，随着平台中各种资源的聚集，他们自身会随着时间的变迁不断成长壮大。由于电子商务的广泛应用，人们在日常生活、工作、学习、娱乐等方面的联系越来越紧密。以网上购物为例，2016年中国网络购物市场交易规模为5万亿元，2006年中国网购市场规模数据为258亿元，增长近200倍。近年来，随着移动通信技术的迅速发展，电子商务开始从传统互联网时代迈进移动通信时代，即进入移动电子商务时代。2017年7月8日，阿里巴巴的无人超市"淘咖啡"正式上线，整个购物流程非常简单：顾客进店前，用手机支付宝扫二维码绑定支付宝账户，并授权小额代扣（每天每人上限5000块），完成后用手机扫码过闸机。这时候就能进店挑选商品，和平时逛商场一样，当挑好物品后，可以拿在手里，或放在购物袋里，甚至直接放进随身背的包里。购物完成后，需要通过"结算通道"，系统会对顾客买到的物品进行结算，顾客手机会收到推送信息，包括购物清单以及扣款总额。

随着通信技术和物联网技术的不断进步，移动电子商务呈现出蓬勃发展的局面，移动电子商务由于其本身的优势所在，已经渗透到人们日常生活的方方面面，各类移动端应用APP应运而生，创造出更多商业机会。由于移动通信技术和电子商务两大领域的结合，移动电子商务的参与者之间形成了新的产业链，移动电子商务的未来发展有更大的空间，但是移动电子商务的高速发展无疑也会带来更多的问题。无疑,移动电子商务,将带给我们不一样的生活。

(二)移动电子商务的六大发展趋势

在移动互联网时代,消费者对于移动电子商务的要求更加严苛,追求个性化定制和更加便捷舒适的服务。移动电子商务的未来发展主要可以体现在以下六大方面。

1. 大数据营销

大数据营销是基于从各个传统和网络平台获取的大量数据,依托于大数据处理技术,对所获取数据进行分析处理,为客户制定精准咨询、策略、投放等营销服务。大数据营销的核心在于让网络广告在合适的时间,通过合适的载体,以合适的方式,投给合适的人。大数据营销衍生于互联网行业,又作用于互联网行业。依托多平台的大数据采集,以及大数据技术的分析与预测能力,能够使广告更加精准有效,给品牌企业带来更高的投资回报率。现在,各大主流电商平台都积极利用大数据手段进行精准营销,通过分析消费者的搜索习惯、商品偏好、消费水平等,制定属于每个消费者独一无二的"个性化"推荐,极大地提升了营销效率。因此,大数据营销是未来移动电子商务发展的一大趋势。

(1)大数据营销促进企业提高营销效率。对于企业来说,与传统营销相比,大数据营销拥有更全面的数据,可以得出更准确的分析结果,能够帮助企业进行精准营销。中国大部分传统企业,都面临着产能过剩的弊端,大部分企业在不清楚消费者需求的精准性情况下,大量生产。而通过大数据的背景下,企业可以把上游和下游商品一直到末端个体消费者,整个链条里面的内容,甚至国民经济社会环境其他的数据关联起来。依据移动电子商务的大数据分析,企业可以对移动电商消费者按年龄、性别、消费需要、消费偏好等进行细分定位和服务,甚至细分类别可达十类二十类到几百类,还有一些能够做到个性化营销和定位,加强对客户的认知,为客户找到价值,从而带动销量。

(2)大数据营销促进客户提升客户体验。对于移动电商消费者来说，消费者的个人信息、线上浏览记录、搜索记录都被各大移动电商平台记录，这些信息数据被网络记载，企业可制定不同类型的营销手段，根据消费者的不同情况进行商业信息的精准推送，并且可以挖掘潜在的目标客户，再根据其自身特点进行商业信息的精准推送。相对于传统营销来说，大数据营销更加注重消费者的欲望和偏好分析。一方面，移动电商平台，产品种类繁多、价格不一、质量参差不齐，消费者在进行信息搜寻的过程中，耗费大量精力，而大数据营销则可以根据消费者自身的购买记录、价格选择等偏好进行精准的产品推荐，带给消费者更好的线上体验；另一方面，消费者可将自己的用户体验、产品使用感觉、对平台的意见等反馈给移动电商平台和企业，从而平台和企业可以对产品进行及时的调整和改进，这样的数据收集要比传统营销利用问卷调查来的精确和高效。大数据营销时代，用户的每一项体验都能够真切地体现到产品的改进中。

2. O2O 模式

O2O（Online to Offline）电子商务模式是指将线下的商务机会与互联网结合，让互联网成为线下交易的前台，这个概念最早来源于美国。O2O 的概念非常广泛，只要产业链中能涉及线上、线下，就可通称为 O2O。狭义上说，O2O 特指本地服务电商化。从广义上讲，O2O 线上和线下主要有四种主要模式：Online to Offline 模式（线上交易到线下消费体验）、Offline to Online 模式（线下营销到线上交易）、Offline to Online to Offline 模式（线下营销到线上交易再到线下消费体验）、Online to Offline to Online 模式（线上交易或营销到线下消费体验再到线上消费体验）。O2O 模式不仅改变了人们的生活方式，也改变了传统行业的生产模式，改变了整个社会的运营模式。

(1) 本地生活服务圈初步形成，场景化生活圈正在逐步搭建，未来 O2O 服务受时间、空间约束更少。生活服务业直接关系到人们的衣食住行，近年来中国生活服务业发展快、变化大，新兴业态大量涌现，在经济社会中发挥的作用越来越重要，整体渗透率偏低。过去两年，中国涌现了大量 O2O 平台，促进O2O市场高速发展，2015年市场规模为8797.0亿元，预计到2018年市场规模将达到15901.3亿元，年复合增长率为21.8%。据艾瑞咨询数据显示，O2O行业市场的高速发展主要受各垂直行业的快速发展所推动，2014~2018年婚庆、餐饮、亲子及休闲娱乐O2O市场的年复合增长率均在24%以上。其中，旅游占比最高，2015年旅游O2O市场份额最大为48.3%；线上餐饮行业和线上教育行业占比分别为16.2%和13.6%；休闲娱乐、酒店和婚庆占比分别为9.8%、9.7%和0.9%[①]。"吃喝玩乐购"消费生态圈已初步形成。医疗、法律、汽车后服务等新兴O2O发展势头良好。随着人们对O2O模式的理解不断加深，这种消费方式给用户带来的便捷性日渐显现，随着用户需求日益多样化个性化，O2O模式开始向其他细分行业渗透，如租车打车、房产服务、汽车服务、医疗网站、婚恋网站、在线教育、家政服务、法律咨询服务等，他们提供的服务各具特色，模式百花齐放。

（2）O2O正在向传统产业拓展。如果说第一代互联网是以流量为核心的发展模式，第二代互联网则是给传统产业以互联网，而不是给互联网以传统产业。第一代互联网是线上直接创造商业价值，其增长空间取决于其变现手段的增长空间，如广告市场大小、游戏市场大小。这些领域的增长受宏观经济的影响，增长只是线性的，加起来预估产值万亿。而第二代互联网，面对的是每一个即将深入的万亿级市场，合起来会是十几、几十个万亿市场的叠加。核心的大方向是两个：向上发展的云和大数据，以及向下发展的O2O。第二代互联网中，云计算和大数据成为"基础设施"，一系列的应用和服务都构筑其上，是数据时代最具价值的底层平台。平台型互联网企业具备向上发展的潜力。作为基础设施，数据和云的量级与其价值呈指数相关，因此这是大公司的游戏。有机会参与到这个发展方向的是平台级的大企业，如BAT、乐视、小米、京东、蚂蚁金服等。因此，云和大数据领域将会诞生千亿美金级的公司，并围绕这些公司形成一系列生态圈。O2O不是一个行业，

---

① 引自艾瑞咨询《2016年中国O2O行业发展报告》。

而是一种模式,通过互联网、移动互联网深入现实在产业链中,提升效率,解决痛点,数倍放大市场。具体而言,O2O模式应用于两类行业会出现两类不同类型的胜出企业。

首先,高集中度行业将迎互联网破坏式创新。部分行业,如黑电、零售,原有企业优秀,行业集中度高(龙头占据15%以上份额),领先者享受了渠道垄断、品牌溢价,行业内公司没有动力破坏现有平衡。互联网会以降维打击方式,消除原有渠道和品牌优势,从而直接的更有效率的把服务提供给需求方。这种情况下,互联网会对行业形成颠覆。小米即是典型的对原有行业实现了破坏式创新的例子。小米通过电商模式直销手机,破坏的是原有手机厂商的渠道优势,通过社交网络口碑传播,破坏的是传统手机厂商的品牌优势,二者节约下来的成本又使得极低的价格策略成为可行。以手机硬件为载体,未来互联网服务上的盈利创新更是传统厂商难以企及的维度。这类行业中,原行业内企业如参与变革,则总会面临"左右互博"的尴尬境地,难以成功;而对产业有了解的互联网企业没有历史包袱,反而更易成功。而经过一轮对传统厂商的收割之后,在传统产业站稳脚跟的互联网公司会形成更高的垄断,传统产业数据的积累甚至会使这些新龙头有机会往第二代互联网的上升模式发展。

其次,"心塞行业"原有领先者将获得更大机会。原有服务痛点多,信息不透明,缺乏信用体系,或存在政策限制,导致整个行业发展不成熟,行业集中度低。这类行业我们称之为"心塞行业",比较典型的有装修、金融、汽车后服务、教育等。其首要需求是利用互联网改善原有行业痛点。这时能胜出的企业往往是原有行业的领先者。这类企业在传统领域耕耘多年,对行业痛点充分了解,线下地推强大,后端能力强,辅以互联网的加成,将获得更大机会。如果说原先传统领域的客观原因使得企业无法做大,现在优秀的管理团队+优势资金卡位+互联网会使得企业能量指数级放大。

由此可见,第二代互联网中,互联网已不再如第一代一样作为行业主体,更多的是作为一种工具、一种能力、一种能量附加于传统产业之上。在这样的情况下，传统企业学习互联网的成本会低于互联网企业学习传统产业规律的成本[①]。

2015年，在中国O2O概念的过度透支，大批O2O创业企业倒闭，O2O行业泡沫逐渐破裂，发展逐渐回归理性。如何将O2O平台打造的更加本地化、社交化，如何在蓝海中开发更多的商业模式，实现跨界经营，将是未来O2O能否成功的关键。

3. 移动支付在金融交易中作用越来越大，逐步挑战银行传统业务

移动支付（mobile payment），或称手机支付，是指交易双方用移动终端设备为载体，通过移动通信网络实现的商业交易。移动支付所使用的移动终端有很多，可以是手机、PDA、移动PC等。对所消费的商品或服务进行账务支付的一种服务方式。单位或个人通过移动设备、互联网或者近距离传感直接或间接向银行金融机构发送支付指令产生货币支付与资金转移行为，从而实现移动支付功能。

移动支付属于电子支付方式的一种，因而具有电子支付的特征，但因其与移动通信技术、无线射频技术、互联网技术相互融合，又具有自己的特征。不受时间地点的限制，信息获取更为及时，用户可随时对账户进行查询、转账或进行购物消费。近年来，移动支付在全球呈现出快速发展的态势，据IDC（互联网数据中心，Internet Data Center）测算，预计到2017年，全球移动支付的金额将突破1万亿美元。目前行业中存在着支付宝、翼支付、微信支付、PayPal、Google Wallet、Apple Pay等多种移动支付工具，都想将用户圈在自身的生态系统中。移动支付使用方法有短信支付、扫码支付、指纹支付、声波支付等多种支付方式。

2010年以来，中国第三方支付市场的交易规模保持50%以上的年均增速扩大。中国支付清算协会最新发布的报告显示，从全球可比口径看，非现金支付笔数增速是全球平均速度的4倍以上。联合国开发计划署的报告则显

---

① 王禹媚：禹媚的传媒互联网研究《重构的三次方，我们迎来最好的时代——"互联网+"系列报告之一：总概篇》华泰证券研究报告。

示，2016年中国的移动支付市场规模达到2.9万亿美元，在4年内增长了20倍。报告认为：中国的移动支付正改变世界。

（1）移动支付推动了中国金融业发展。与世界第一金融大国美国相比，在移动支付领域，2016年中国移动支付的规模大约为美国同期的50倍。中国金融智库首席金融学家宏皓认为，快速发展的移动支付推动了金融业的发展。微信支付和支付宝的出现，改变了大家所习惯的支付方式。包括移动支付等在内的新兴金融产业，正在全面重构中国金融要素与金融功能。可以说，第三方支付所带来的金融创新为金融市场的发展开辟了一条新道路。

（2）移动支付对银行传统业务造成。移动支付确实在改变用户的支付习惯，作为一种创新的支付方式能为用户提供更加便捷的生活这是必然，面对用户支付习惯的转变，无论是银行还是银行自助设备企业都需要不断关注用户需求，不断创新。如果CRS企业及银行不能大举改革，移动支付等新兴力量将进一步蚕食市场份额。随着支付交易业务的规模扩大，科技公司将考虑提供贷款等其他业务。此外，科技巨头也许会鼓励用户直接存入现金，每笔交易不再经由银行或信用卡网络。多年来，中国电子商务巨头阿里巴巴旗下的支付宝一直在这样做。谷歌钱包和PayPal也有类似的服务。随着时间的推移，移动支付公司的业务模式越来越像传统银行。虽然第三方支付机构需要在商业银行开立存款账户，部分资金会存放在银行系统，但是从长远来看，银行的存款来源不可避免地受到一定程度的削弱。以支付宝沉淀存款为例，目前，日均存放银行的余额仅在数十亿元数量级，尚未对商业银行形成直接挑战。但随着第三方支付平台的高速发展以及业务领域拓展，未来必将对存款的"投资"功能形成分流和竞争。同时，第三方支付机构凭借对产业链上下游之间交易行为和资信记录的全面掌握，开始逐步尝试为中小企业和商户打造网络融资平台，未来将与商业银行传统的信贷业务产生竞争。例如，淘宝推出的基于支付宝平台的贷款业务，包括订单贷款、信用贷款，具有一定供应链融资的雏形，使其业务拓展到银行传统的信贷领域。

4. 物联网成为主流

在移动电子商务时代，云计算和大数据继续发酵，物联网也成为未来发展的大趋势之一。作为互联网的延伸，物联网利用通信技术把传感器、控制器、机器、人员和物等通过新的方式联在一起，形成人与物、物与物相联，而它对于信息端的云计算和实体端的相关传感设备的需求，使得产业内的联合成为未来必然趋势，也为实际应用的领域打开无限可能。

美国市场研究公司 Gartner 预测：到 2020 年，物联网将带来每年 300 亿美元的市场利润，届时将会出现 25 亿个设备连接到物联网上，并将继续快速增长。由此带来的巨大市场潜力已经成为美国科技公司新的增长引擎，包括思科、AT&T、Axeda、亚马逊、苹果、通用电气、谷歌与 IBM 等在内的美国公司争相抢占在物联网产业的主导地位。

物联网不是趋势，它是现实。全球各大巨头纷纷布局。到 2017 年，所有三星电视将成为物联网设备；五年内所有三星硬件设备均将支持物联网。无独有偶，芯片巨头高通也在 CES 上披露了自己的物联网计划。高通向全球超过 30 个国家推出了 15 款物联网设备，涉及数字眼镜、儿童跟踪器、智能手表等多个产品。未来，高通将以智能手机为支点，拓展车联网、医疗、可穿戴设备等领域。制造业巨头也希望在物联网中确立自己的领导者地位。通用电气 2015 年 10 月宣布与一众技术巨头结盟建立起物联网联盟。通用电气此举的目的是寻求各方对旗下 Predix 平台的支持。Predix 软件旨在令各种物联网端点具备智能化。全球范围内的其他合作也正在展开。英特尔已携手美国圣何塞市，利用公司强项，进一步推动该市的"绿色视野"计划。英特尔公司全球物联网业务开发销售总监 Gregg Berkeley 表示，英特尔目前正与二三十个全球合作伙伴，讨论如何利用英特尔的物联网技术建设智能城市，有些合作在亚洲，有些遍及欧洲。

从分工上理解，互联网还只是物联网中的一部分，主要是 IT 服务方面。物联网因为其"连接一切"的特点，它具有很多互联网所没有的新特性。比如，互联网已经连接了所有的人和信息内容，提供标准化服务，而物联网则要考虑各种各样的硬件融合，多种场景的应用，人们的习惯差异等问题。相对于互联网，物联网需要更有深度的内容和服务，以及更加差异化的应用，也将更加的人性化,这也符合人们不停地追求更好的服务体验,这是个亘古不变的刚需。因此,可以断言,未来所有的公司都是物联网企业。他们享受着物联网的各种便利,利用物联网工具和技术,生产物联网产品,为人们提供物联网服务。

物联网顾名思义就是连接物品的网络,许多学者讨论物联网中,经常会引入一个 M2M 的概念,可以解释成为人到人(man to man)、人到机器(man to machine)、机器到机器(machine to machine)。M2M 这个概念在互联网汇总也已经得到了很好的阐释,就连人与人之间的互动,也已经通过第三方平台或者网络电视完成。人到机器的交互一直是人体工程学和人机界面等领域研究的主要课题;但是机器与机器之间的交互已经由互联网提供了最为成功的方案。从本质上而言,在人与机器、机器与机器的交互,大部分是为了实现人与人之间的信息交互,提供了人与人之间异步进行信息交互的快捷方式。

与传统的互联网相比,物联网有其鲜明的特征。

首先,它是各种感知技术的广泛应用。物联网上部署了海量的多种类型传感器,每个传感器都是一个信息源,不同类别的传感器所捕获的信息内容和信息格式不同。传感器获得的数据具有实时性,按一定的频率周期性的采集环境信息,不断更新数据。

其次,它是一种建立在互联网上的泛在网络。物联网技术的重要基础和核心仍旧是互联网,通过各种有线和无线网络与互联网融合,将物体的信息实时准确地传递出去。在物联网上的传感器定时采集的信息需要通过网络传输,由于其数量极其庞大,形成了海量信息,在传输过程中,为了保障数据的正确性和及时性,必须适应各种异构网络和协议。

最后,物联网不仅仅提供了传感器的连接,其本身也具有智能处理的能力,能够对物体实施智能控制。物联网将传感器和智能处理相结合,利用云计算、模式识别等各种智能技术,扩充其应用领域。从传感器获得的海量信息中分析、加工和处理出有意义的数据,以适应不同用户的不同需求,发现新的应用领域和应用模式。

物联网是互联网的应用拓展，应用创新是物联网发展的核心，以用户体验为核心的创新2.0则是物联网发展的灵魂。物联网的本质概括起来主要体现在三个方面：一是互联网特征，即对需要联网的物一定要能够实现互联互通的互联网络；二是识别与通信特征，即纳入物联网的"物"具备一定自动识别与物物通信的功能；三是智能化特征，即网络系统应具有自动化、自我反馈与智能控制的特点。

自从2009年以来，物联网技术在国内迅速兴起，并被推广运用到括智能家居，该行业实现了二次革命。技术大幅提高，直接推动智能化程度提升，为用户带来多项快速便捷的功能，受到市场追捧，行业得到迅猛发展。尤其值得一提的是，2013年2月，工信部发表了物联网"十二五"发展规划，已经将智能家居列为国家的九大重点领域应用示范工程。这为智能家居的发展应用树立信心，中国智能家居市场会从2009年的420亿元每年以百分之两位数的速度发展，预计到2015年能够达到1240亿元的水平。

物联网正在以下五个方面改变商业：（1）企业，而不是消费者，应用物联网，会创造更大的商业价值。企业物联网会被用来预测和避免高价值机器装备的故障，比如，铁路机车和核磁共振成像设备等。此外，物联网还能让企业从定期维护转向状态检修，也就是说，可按需提供检修服务，而不是基于设定的时间表检修维护设备。这种方式既可提高设备的可靠性，又能有效配置人力资源。（2）物联网可通过防范损失带来显著的经济效益。举例来说，医生可以利用物联网监测病人的健康状况。如果病人患有糖尿病，那么通过严密监护就可以避免让病人入院治疗。这样的监护工作不只有可通过可穿戴设备完成，也可通过植入、注射到病人体内的其他设备完成。（3）虚拟现实是物联网的一部分。虚拟现实眼镜可指导你在家里和工作场所分步完成某个安装过程。这一功能可能会在工厂的生产现场、设备维修车间等地方率先得到应用，不过最终也会进入家庭。（4）数据互动创造经济潜力。麦肯锡咨询公司预测，到2025年，物联网在全球产生的潜在经济影响将介于3.9

万亿~11.1万亿美元。不过互操作性在这一潜在价值中占40%的比例。现在，设备制造商要从自己制造的机器上采集性能信息，但与其他系统的互操作性，则能给他们带来全局观，同时可改善对利用多种系统的环境预测分析的准确性。举例来说，在城市环境中，互操作性意味着视频、手机数据和交通工具传感器可被用来监测交通流量状况，并使其最优化。（5）物联网带来的效率提升能给员工带来很多好处。更出色的设备监测能力和无所不在的传感器可减少工伤的发生，而且还能减少员工去往远程工作地点的差旅。

5. 智能设备、智能消费成为时尚

图1-9列出了全球科技市场示意图，描述了与移动互联网相关全球科技发展的基础方面和应用方面，包括了人工智能、大数据，以及新金融、健康产业等方面的未来科技发展方向。

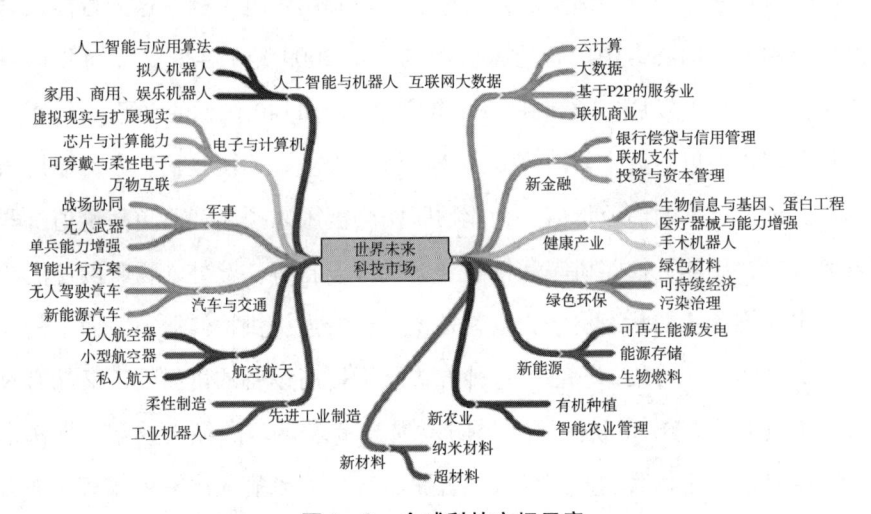

图1-9　全球科技市场示意

资料来源：王煜全海银资本，http：//www.weibo.com/1634074550/CBH7bsD2e? type = comment#_rnd1470990658232.

例如，"线上购物 + VR 体验"。VR 不仅仅是游戏，这是一种新的生活方式。2016年4月1日，淘宝推出全新购物方式 Buy + 。Buy + 使用 Virtual Reality（虚拟现实）技术，利用计算机图形系统和辅助传感器，生成可交互的三维购物环境。Buy+将突破时间和空间的限制，真正实现各地商场随便逛，各类商品随便试。

Buy+通过VR技术可以100%还原真实场景，也就是说，使用Buy+，身在广州的家中，戴上VR眼镜，进入VR版淘宝，可以选择去逛纽约第五大道，也可以选择英国复古集市。让你身临其境的购物，全世界去购买。将VR技术应用于购物领域，最大的挑战是如何快速地把淘宝10亿件商品在虚拟环境中1:1复原。为了解决这个问题，阿里推出了造物神计划。丰富的VR商品库可以直接降低网络购物的退货率，提高实体店购物的购买效率。比如在选择一款沙发的时候，你再也不用因为不太确定沙发的尺寸而纠结。戴上VR眼镜，直接将这款沙发放在家里，尺寸颜色是否合适，一目了然。Buy+利用TMC三维动作捕捉技术捕捉消费者的动作并触发虚拟环境的反馈，最终实现虚拟现实中的互动。简单来说，你可以直接与虚拟世界中的人和物进行交互，甚至将现实生活中的场景虚拟化，成为一个可以互动的商品。

除了以上，Buy+产品视频里还有一个有意思场景。比如，当你去给女朋友买内衣的时候再也不用尴尬，可以直接查看内衣详情，甚至内衣上身效果。本质上，VR模拟了人类的视觉系统，并骗过了我们的大脑。它通过给双眼播放有差异的画面以带来立体景深感，让大脑相信物体真的就在我们眼前。

而在接下来的半年里，VR会比以往都更真实。大公司已纷纷进场，三星使用了Oculus技术的VR头戴设备，Samsung Gear在2015年12月已发售；HTC和游戏公司Valve合作的设备Vive会在今年圣诞节期间发售限量版；Oculus的头戴设备Rift和索尼的VR设备Project Morpheus都将发售时间定在2016年第一季度。

此外，梦想家、科学家、游戏开发者和游戏玩家对VR的梦想由来已久。

未来卢卡斯影业会将VR技术广泛应用到电影特效制作中，这包括电影拍摄过程中用VR来实时呈现特效场景，也包括重构讲故事的方式，将互动融入影片叙事中去。

而在游戏行业，一些开发者已经迫不及待构建出一个虚拟世界并让人沉浸其中。不少开发者在 OC2 上尝试这个演示时大为赞叹，因为这和玩一个 VR 游戏的体验大为不同——当进入虚拟世界后，会有另一个人已在等着你。最初，这个未来感十足的人影会让你认为这不过又是一个电脑合成的虚假人像，但很快你会发现他是个"真人"。他教你如何在虚拟世界里用双手搭积木，或在空空的手上变出一个乒乓球拍和你一起打球；他怂恿你点燃面前的烟花，然后看着烟花喷射火花时笑个不停……这些都容易让你忘记自己身处陌生虚拟之境。

有人则着迷于人们在虚拟酒吧里一起看球的场景：虽然身处不同城市，但能一起看球一起吐槽，这看起来非常有市场。

除此之外，Oculus 还展示了 Oculus Meduim，提醒 VR 是一种新的媒介。这项功能可以让使用者在虚拟现实中用自己的双手来雕塑或绘画，就像魔法师，你可以在虚无之境中自由画出线条或拖拽出庞大的色块，然后用双手完成雕刻。

随着科技的进步和发展，在国外，现在很多商家都已经注重利用各种黑科技来打造自家的体验感，吸引顾客，引导消费潮流。

阿迪达斯就和英特尔携手，推出了数字货架——虚拟鞋墙。据了解，被称为 adiVerse 数字货架是一种能让顾客触手可及所有鞋产品的虚拟鞋墙，它可以帮助消费者在店铺中浏览鞋并方便其购买中意产品。这种解决方案对实体产品（鞋）展示进行了拓展，它可以在一个虚拟鞋架上展示各种产品。它利用数字世界丰富的沟通方式，并与物理世界中的产品互动相结合，创造出了一种独一无二的购物体验。阿迪达斯的虚拟鞋墙，通过设计一台带触控屏和 3D 渲染效果的设备，得以在有限的门店空间内显示 2000 多款鞋子，不仅可以选择，还能直接下单。它为阿迪达斯在奥运会期间的整体销量带来 40% 的增长，而日本东京的一家门店销售额甚至得到 400% 的提高。

全球最大的美妆实体零售商丝芙兰也在北美门店使用了大量"黑科技"

来增加店铺体验感。该店位于旧金山鲍威尔街33号，与丝芙兰以往门店的最大不同体现在门店设计上，在8500平方英尺的面积内，特设隔层区以便经营者观察整个销售楼层的情况。12个工坊区分别安装Wi-Fi、USB接口、iPad等电子设备，可供消费者现场观看美妆教学视频，在短时间内找到心仪商品。丝芙兰香水IQ技术也率先在这里推出，该技术包含首次投入使用的丝芙兰独家传感技术InstaScent，允许顾客自行体验18个气味族，神奇的是，一旦符合条件的香味评估完成，设备上的喷嘴就会喷出相应品类中的香氛气体。

在店铺内部他们还提供了更多的互动区域包括护发产品演示吧、流行趋势展示台等，这其实就是在把店铺更多的空间留给顾客，让他们无拘无束的在店铺里感受产品，这其实也是无形当中增加了店铺空间的体验感，加强了品牌与顾客之间的互动。

值得关注的是在中国举国上下大搞"互联网+"，全社会进一步深度数字软化的时候，美国悄悄地进入了"新硬件时代"。新硬件时代，是以美国强大的软件技术、互联网和大数据技术为基础，由极客和创客为主要参与群体，以硬件为表现形式的一种新产业形态。这里说的新硬件，不是主板、显示器、键盘这些计算机硬件，而是指一切物理上存在的，在过去的生产和生活中闻所未闻，见所未见的人造事物。例如，多轴无人飞行器、无人驾驶汽车、3D打印机、可穿戴设备、智能机器驮驴，机器人厨师是人们在这些东西出来之前无法想象的事物。

在"新硬件时代"到来之时，这些科技巨头都在布局围绕硬件的产业。谷歌过去是一家纯互联网公司，但是现在不一样了，大街上，一些很酷的人带着谷歌眼镜，招摇过市，一些更酷的人开着谷歌无人驾驶汽车在美国四个州拉风（更确切地说乘坐无人驾驶汽车），军队里的士兵，把沉重的背包放在谷歌智能机器驮驴（Boston Dynamics制造，被谷歌收购）上，自己悠闲地散步；亚马逊先造出了电子阅读器Kindle，现在正在完善多轴无人飞行器为它送快递；Utodesk利用3D打印机打出来的假肢让残疾人变成了炫酷人群；

Facebook 用虚拟设备让年轻人体验"真实世界"。更不用说马斯克,卖了 PagPal 后造纯电动车"特斯拉",现在又在玩可回收火箭和制造"超级电池";而苹果用智能手机在引领了"新硬件时代"后,又推出了智能手表。

智能手机与平板电脑等智能终端的迅速兴起,使人们每日虚拟化的时间进一步拉长,而如谷歌眼镜、智能手环的发展,更是使智能设备贯穿每日的 24 小时,这就意味着来自个人的大量信息将全天候不间断的向信息中心传递数据。拥有大量数据后,高效运作的云计算能力将对这些数据进行有效处理,通过关联性分析得出相匹配的数据,从而发挥其大数据的重要作用;而不断升级的宽带网络将在大数据的信息传递中扮演重要角色,在企业方面,将助力产业互联网时代的生产资料"大数据"的快速传输,在消费者方面,将提升服务体验,增加服务形式。

中国的互联网热无疑是由 BAT(百度、阿里、腾讯)带动的,BAT 的关注焦点已经不全是"互联网+"了。阿里收购了很多硬件型的公司,据说准备搞汽车,一种全新的、无人驾驶的、智能的电动车。今后我们 1/3 的办公活动会在汽车上完成。百度在运作中国大脑、百度眼、神灯、翻译机。腾讯在构建物联网基础架构,同时上马与微信支付配套的新 POS 机。

6. 智慧社区、智慧城市即将风靡一时

智慧城市可以被认为是城市信息化的高级阶段,必然涉及以物联网、云计算、移动互联和大数据等新兴热点技术为核心和代表的信息技术创新应用。智慧城市成为一个城市的整体发展战略,成为经济转型、产业升级、城市提升的新引擎,达到提高民众生活幸福感、企业经济竞争力、城市可持续发展的目的,体现了创新 2.0 时代的城市发展理念和创新精神。

根据《2015－2020 年中国智慧城市建设行业发展趋势与投资决策支持报告》的调查数据显示,中国已有 311 个地级市开展数字城市建设,其中 158 个数字城市已经建成并在 60 多个领域得到广泛应用,同时最新启动了 100 多个数字县域建设和 3 个智慧城市建设试点。在不久的将来,人们将尽享智能家居、路网监控、智能医院、食品药品管理、数字生活等所带来的便捷服务。

　　智慧公共服务。通过加强就业、医疗、文化、安居等专业性应用系统建设，提升城市建设和管理的规范化、精准化和智能化水平，有效促进城市公共资源在全市范围共享，积极推动城市人流、物流、信息流、资金流的协调高效运行，在提升城市运行效率和公共服务水平的同时，推动城市发展转型升级。

　　智慧社会管理。完善面向公众的公共服务平台建设。建设市民呼叫服务中心，拓展服务形式和覆盖面，实现自动语音、传真、电子邮件和人工服务等多种咨询服务方式，逐步开展生产、生活、政策和法律法规等多方面咨询服务。开展司法行政法律帮扶平台、职工维权帮扶平台等专业性公共服务平台建设，进一步推进社会保障卡（市民卡）工程，整合通用就诊卡、医保卡、农保卡、公交卡、健康档案等功能，逐步实现多领域跨行业的"一卡通"智慧便民服务。

　　智慧企业公共服务平台。继续完善政府门户网站群、网上审批、信息公开等公共服务平台建设，推进"网上一站式"行政审批及其他公共行政服务；深化企业服务平台建设，加快实施劳动保障业务网上申报办理，逐步推进税务、工商、海关、环保、银行、法院等公共服务事项网上办理；推进中小企业公共服务平台建设，创新服务手段，为企业提供个性化的定制服务，提高中小企业在产品研发、生产、销售、物流等多个环节的工作效率。

　　智慧安居服务。充分考虑公共区、商务区、居住区的不同需求，融合应用物联网、互联网、移动通信等各种信息技术，发展社区政务、智慧家居系统、智慧楼宇管理、智慧社区服务、社区远程监控、安全管理、智慧商务办公等智慧应用系统，使居民生活智能化发展。

　　智慧教育文化服务。建设完善教育城域网和校园网工程，推动智慧教育事业发展，重点建设教育综合信息网、网络学校、数字化课件、教学资源库、虚拟图书馆、教学综合管理系统、远程教育系统等资源共享数据库及共享应用平台系统。继续推进再教育工程，提供多渠道的教育培训就业服务，建设学习型社会。深化文化共享工程，积极推进先进网络文化的发展，加快新闻出版、广播影视、电子娱乐等行业信息化步伐，加强信息资源整合，完善公共文化信息服务体系。构建旅游公共信息服务平台，提供更加便捷的旅游服务，提升旅游文化品牌。

智慧健康保障体系建设。建立卫生服务网络和城市社区卫生服务体系，构建区域化卫生信息管理为核心的信息平台，促进各医疗卫生单位信息系统之间的沟通和交互。以医院管理和电子病历为重点，建立居民电子健康档案；以实现医院服务网络化为重点，推进远程挂号、电子收费、数字远程医疗服务、图文体检诊断系统等智慧医疗系统建设，提升医疗和健康服务水平。

智慧交通。通过监控、监测、交通流量分布优化等技术，完善公安、城管、公路等监控体系和信息网络系统，建立以交通诱导、应急指挥、智能出行、出租车和公交车管理等系统为重点的、统一的智能化城市交通综合管理和服务系统，实现交通信息的充分共享、公路交通状况的实时监控及动态管理，全面提升监控力度和智能化管理水平，确保交通运输安全、畅通。

第二节　移动电子商务国内外研究

一、移动电子商务与市场结构

陈柏良（2008）经过研究得出中国电子商务行业的市场集中度与其他行业相比处于很高的水平，其中阿里巴巴、敦煌网等 B2B 网购平台形成了寡头垄断市场。以淘宝、当当网为主的 C2C 的电商平台市场集中度高，但也并没有形成一家独占的情形。李航（2010）详细阐述了中国 C2C 电子商务平台的发展过程和现状，指出虽然其平台交易规模日益增多，且平台逐步成熟起来，然而市场中却暴露出越来越多的问题，通过分析问题，提出其对策建议。任佳佳（2010）从市场角度解释了引起中国电子商务企业同质化的原因，并提出加强差异化的解决策略。成莹（2011）提出中国应该加强电子商务基础设施的建设，加快农村电子商务的发展，尽快建立电子商务协会等行业组织。张昌付（2012）认为中国第三方电子商务平台的盈利模式尚不成熟，大多数企业仍然处于负盈利状态。他认为电子商务平台企业可能会渐渐发展为"注册费+交易费"的盈利模式。张伊伊（2013）对中国电子商务企业中发生频繁的价格战进行研究，提出价格战会造成商家和消费者两败俱伤的结局。面对随时可能爆发的价格战，应采取"全渠道"营销、进一步拓展渠道、加强服务建设、构建优秀的营销团队等策略，核心点在于价格机制合理、商业模式新颖、产品服务优良。聂林海（2014）认为在未来发展中，移动终端应用凭借其即时性及便捷性服务，终将掀起电子商务市场的新浪潮。谷晨（2015）运用SWOT分析方法对移动电子商务目前面临的威胁和挑战进行了全面分析，认为未来移动电子商务的发展要首先解决制度问题，并以创新为核心要素。田园（2015）和杨阳（2015）运用SCP分析方法对中国电子商务的市场结构、市场行为和市场绩效进行了实证分析，发现中国移动电子商务的交易规模大幅提高，因此中国应该加强移动电子商务基础设施建设，为移动电子商务的发展提供强大动力支持。

李杰、王宇菲、王聪（2014）运用SPSS软件对中国2007~2013年和美国2004~2013年B2C电子商务的市场份额数据进行回归分析，发现中美两国的B2C电子商务市场竞争结构呈现幂律分布的特征，中国B2C电子商务的市场结构在经过一段时间的波动后，即随着时间的推移市场结构将会逐渐趋向于垄断，少数几家电商将会占有大部分的市场份额。对于B2C电子商务的市场结构走向垄断后对社会福利的影响，学者们呈现不同看法。高瑞泽（2012）通过仿真和实证研究相结合的方式，对中国B2C电子商务网站进行了分析，揭示了B2C电子商务市场中"一家独大，多强相争"的竞争局面。孙文文（2012）利用CSF函数和竞赛模型对中国B2C电商企业的竞赛进行分析，深入探究网络购物市场中逐渐出现"赢家通吃"现象的根源和影响，并提出了促进中国B2C网络购物市场及电子商务的健康发展的对策建议。

Bain（1951）研究认为高集中度的市场结构对于提高企业的市场绩效非常有利。Demsets（1973）通过实证研究发现，市场集中度和利润率之间并非一直呈现正相关关系，当集中度处于10%～50%时，利润率随着市场集中度的提高而下降，当集中度大于50%时，利润率随着市场集中度的提高而提高。

二、移动电子商务与市场行为

（一）移动电子商务与消费者行为

移动电子商务的过程与消费者行为息息相关、密不可分，Jeewon 等（2008）研究了在移动电子商务背景下，分析了韩国消费者移动购物满意度的影响因素，特别对比了电子商务消费者和移动电子商务消费者这两个消费群体，并用 DT 做出了影响消费者满意度的关系图。Jeewon 认为，交易过程和客户服务是电子商务和移动电子商务中影响消费者满意度共同的因素，移动电子商务中的易获得性和使用移动电子商务的价格水平是其特有的影响因素。Kem 等（2015）研究了社交购物中的品牌忠诚度，以微博的实证结果为例，品牌忠诚度主要受到关系质量的影响。消费者与品牌的关系质量可以从三个方面进一步加强：自我因素（即自我和谐）、社会因素（即社会规范）、企业的品牌页面（即信息质量和互动性）。研究结果表明，以下这些方式可以使消费者更容易对社交购物产生信任，提高满意度：（1）品牌的自我概念和品牌形象之间能够很好地匹配；（2）品牌形象符合消费者的社会期望；（3）在品牌页面获得高品质的信息；（4）公司与消费者积极互动。此外，消费者提高了对品牌的满意度后，将影响消费者重复购买其产品，并向他们的朋友推荐此品牌。这些结论已经被很多学者证明是可靠稳健的，但和电子商务的消费者满意度一样，性别、年龄及经验会对移动购物的消费者满意度产生影响。零售商们已通过实践发现，连接移动零售服务和某个品牌的产品有助于提升客户的满意度，并有助于消费者通过手机零售重塑他们的消费价值观（Rujipun，2014）。Harvir 等（2004）曾对电子商务中消费者满意度研究,认为客户服务对消费者满意度的影响很小,但是如果客户服务不好,会对消费者的不满意度影响较大。有趣的是,有些学者在移动电子商务中得出了相反的结论。Wu(2013)把消费者的线上购物经验和消费者满意度结合起来,假设检验结果显示消费者之前的购物经验对消费者满意度和消费者的抱怨倾向影响不显著。Sonia等(2015)则考虑了年龄对移动购物的影响,把消费者分为25岁以下的年轻消费者和25岁以上成人消费者,年轻消费者更加注重娱乐性,例如多设计一些互动、图片及视频等。成人消费者则更加注重亲友推荐,或者说是社会舆论影响。

金淳和张一平(2013)以移动商务环境下的餐饮推荐系统为例,提出一种基于Agent建模与仿真的方法,通过个体的交互作用所产生的涌现特征来分析移动电子商务环境下的顾客行为及个性化推荐策略的有效性。廖卫红(2013)研究了移动互联网环境下互动营销策略对消费者行为的影响,研究发现,企业在移动互联网环境下能采取适当的互动营销策略,就能很好地激励消费者直接产生实际消费行为,并在一定的互联网那个环境下应该获得消费者忠诚。徐伟丹和李宏汀(2015)基于传统PC和移动终端对在线购物易用性感知进行比较研究,结果表明传统PC在界面显示和复杂操作方面占优,移动终端在时间地点自由性方面更便利,因此基于移动中单的在线购物应该是基于PC的重要补充,而不是完全能代替其作用。杨静和刘培刚(2007)从移动电子商务正在遇到的信任障碍角度出发,试图破除消费者对移动电子商务的种种猜疑,逐渐建立起消费者的信任模型。

(二)移动电子商务与企业行为

Gian(2014)指出通过实体店铺和电子商务把所有线上和线下的商品展出需要能力。而在全渠道时期,市场营销的最为关键的要素是找准市场定位,将所有消费者购买渠道中的数字资料和非数字资料整合并据此退出有针对性的营销策略。关于移动购物具体在虚拟店铺中的具体应用,国外学者给出了许多经验案例的证明。Lin(2012)以音乐产品为例,发现PC和移动端的音乐经销商拥有消费者,尤其是移动端消费者的历史音乐产品购买记录,在对数据深入挖掘和关联的基础上可以进行音乐产品的关联推荐。Gian（2014）指出手机 APP 是营销人员发放电子折扣券的重要工具，相比较实体店和 PC 端发放，移动端发放显得更有效率。移动端电子折扣券可以同时满足消费者、零售商、生产者的需求。消费者能够通过电子折扣券来节约购物成本，而且这种优惠券的获取极为容易并且与消费者历史购物需求高度相关；零售商可以通过电子折扣券的方式提升客户忠诚度从而提升店铺和商品销售额，并且优惠券的发放相较传统方式成本极其低下，但是发放精准度提高；生产者不仅仅将移动端电子折扣券视为简单的产品促销手段，而更重要的是它提供了一种将促销产品和移动购物消费者直接关联的方法和手段（Cameron 等，2012）。Ju – Young 等（2015）利用 3M 模型分析了 Facebook 上倾向于社交购物的消费者的特征。例如，为了搜寻信息和社交需要去购物的消费者，更加倾向于社交购物。还有追逐市场的消费者和社交媒体的常驻消费者也倾向于社交购物。因此零售商必须根据不同消费者社交购物倾向不同采取差异化的营销策略。Irem（2015）从品牌商的角度关注了在 Instgram（一款社交 APP）的移动购物者，发现能与用户达成良好沟通的及时销售策略更容易促成交易，这一点在女性消费者身上体现得更加明显。销售活动通常包含折扣和抵价券，且做得有趣又引人入胜。这些促销活动拉近了品牌商和消费者的距离，增加了消费者对品牌商的信任感和对品牌的购买意愿。同理，如果微博等社交媒体提供高质量的服务，那么微博有潜力促进社交商务行为，并对社交分享行为产生持续性影响（Liang. act.，2011）。

除了从不同的信息媒体的角度去考虑，有学者从生产者和零售商的角度分析了如何利用信息媒体在移动客户端销售商品。Manjit 等（2013）建议生产者用一个特定的社交软件来影响消费者的决策，提高消费者对产品的兴趣。更有挑战性的策略是，直接成为消费者社交的一部分。例如，使消费者关注制造商的 YouTube 或 Twitter 的账号，或是 Facebook 品牌网页，类似于传统许可 E – mail 营销模式，可以直接向消费者们推送产品信息。生产者可以分析消费者的社交信息并从中受益，也有机会更加接近消费者，最为极致的做法是使消费者能够与社交网络朋友"分享"和"推荐"产品。Ju-Young 等（2015）认为零售商应该充分利用消费者在社交媒体足迹进行位置服务通知和相关联的促销，通过追踪消费者在 APP 上停留的位置和购物活动记录，或者捕捉他们在网上或移动客户端的互动行为，零售商可以进行更加精准和有效率的位置促销和关联促销行为。除了利用社交媒体提供高效率的促销外，要想提高社交购物的销售额，必须要提高在社交购物过程中的服务质量，因为服务质量直接关联移动购物数量及再次购物频率。Yen 等（2015）利用层次分析法分析了在 Facebook 上进行社交购物的调查问卷，样本是来自于不同国家的学生群体，研究结果发现：消费者在社交购物中最为关注的是产品品牌、网站安全性和交互信息、社交媒体的运用程度；在跨国社交销售活动中，语言功能的切换是非常重要而又常常被忽视的点，同时在社交信息上生产者必须及时更新和修正最新产品和服务；消费者也非常关注自己以及其他消费者的评价是否被及时回应，有没有充分的相互交流的渠道。来自于社交端消费者的正面评价有助于生产者在激烈市场竞争中获取独特比较优势。

胡东波等（2013）将数据挖掘应用于移动电子商务的用户群体特征分析当中，研究认为移动电子商务企业利用该成果可以更有针对性地进行营销与推广，迅速定位潜在客户，提高用户体验，挖掘客户价值。蔡志文和林建宗（2015）针对移动电子商务消费者和商家对智能客服的需求，设计了一种支持消费者购买意向评估和语音自动问答的跨平台智能客服系统，依据消费者购买意向大小优化商家人工客服响应顺序，实现自动客服与人工客服的有效融合。实验结果表明，智能客服系统能够有效提高移动电子商务消费者对商家客服的满意度和店铺的订单成交率，降低商家人工客服的工作量和消费者在线咨询的平均等待时间。郭恺强和王洪伟（2015）认为随着移动电子商务的快速渗透，移动支付也正在悄然地改变消费者的支付习惯，如何吸引更多的用户使用移动支付，成为企业亟待解决的问题。他们以技术接受模型为基础，构建了影响移动支付初始使用意愿因素的模型。

（三）移动电子商务与市场行为

曹淑荣和傅铅生等（2008）以南京某高校大学生使用移动电子商务情况为例，运用 SPSS 分析了目前中国移动电子商务市场的发展现状。发现在影响移动电子商务发展的因素中，移动资费、服务有效性和应用的便利性对总体满意度有显著影响，网络速度影响不明显，安全与隐私没有显著性影响。顾淑红（2007）以中国移动通信公司为例，对中国移动通信公司发展移动电子商务的 SWOT 进行了全面分析。第三代移动通信系统（3G）给移动电子商务带来巨大影响，杨云和陈春光等（2009）、陈晓琴（2009）认为当前通信技术、商业模式都处在摸索阶段尚不成熟，移动电子商务人才匮乏，移动电子商务的发展面临许多问题和机遇，相信未来的移动电子商务将有巨大发展空间。田华等（2010）从手机订票服务的角度着重探讨了移动电子商务的应用，手机订票可以采用手机银行、运营商支付、手机话费扣除、自行发卡四种方式。沈祥（2008）运用结构方程模型对国内用户使用移动广告行为的意向进行了实证研究，发现用户许可对移动广告态度具有显著的调节效用。在未取得用户许可和一般情况下，用户对移动广告的总体态度趋向于拒绝；而在面对获得许可的移动广告信息时，总体态度趋向于接受。潘旭（2004）详细研究了应用于移动电子商务中的 B2C 小额交易支付平台，并构建了一个基于 J2EE 技术的移动小额支付平台，为适应移动用户不断增长的需求，提出了多种移动终端的接入方式。

三、移动电子商务与市场效率

Stigler（1961）首次提出"搜寻"，认为市场效率的提高是由于消费者搜寻成本的降低，搜寻成本在很大程度上对市场效率产生影响。另外，信息搜寻过程中产生的成本导致了价格离差的出现，搜寻成本与价格离差间呈现出明显的线性相关关系，主要表现为网络价格离散程度会随着消费者搜寻价格信息、比较价格信息等成本的降低而降低（MacMinn，1980）。在此基础上，许多学者从搜寻成本类型、搜寻成本与价格离散间非线性关系等多个角度对这一领域进行了学术探讨（McCall，1970；Robert & Stahl，1933；Stahl，1996；Cabral & Fishman，2012）。Bakos（1997）认为电子商务市场大大降低了交易摩擦，搜寻成本减少，因此电子商务市场的价格较低，并且价格离差越小市场效率越高。

赵冬梅（2008）通过对价格离散程度的研究剖析了电子商务市场效率，且大多数关于电子商务市场效率的研究思路是通过对价格进行分析，但是黄浩（2014）基于搜寻理论研究了匹配能力和市场规模对于电子市场效率的影响，以及匹配能力与市场规模之间的关系。研究发现，电子商务市场能够实现的最大效率是匹配能力与市场规模均衡的结果。Maloneetal（1987）认为由于信息技术的提高，相较于传统市场，电子市场中产品的描述、搜寻更加简易，电子商场的应用程度和效率更高。卜德亮和王永培（2009）基于搜寻理论，通过建立Hotelling空间差异模型对网络交易市场的效率进行了研究。发现网上交易市场对于传统市场更具有市场效率，但是网上交易市场依然存在更多复杂的不确定性。传统新古典经济学探讨市场效率往往有意无意忽视交易成本问题，以实现理想中的"无摩擦市场"，但只有到了网络经济时代电子商务市场才真正实现完全供需匹配、高竞争性、高效率的完全竞争市场，这一点在Bakos（1991）中有深刻论述。

然而，许多学者的研究结果与上述学者的研究不完全吻合，有学者认为电子商务市场存在着很明显的价格离散现象，许多产品在电商市场中的价格甚至高于传统市场中的同质产品（Scholten & Smith，2002）。Clemons（2000）以及林旭东和何佳（2009）的研究也表明，在电子商务市场中，许多企业对于同质产品的定价并非完全相同，甚至存在较大的分散性，这说明，电子商务市场亦存在明显的价格离散，并非是传统意义上的"无摩擦市场"。Baye等（2004）对36种在线家电价格进行实证研究，研究表明即便考虑到了存货成本和运输成本，再引入搜索引擎工具后，在线市场上的价格离差现象依然存在。种种研究表明，关于电子商务市场效率的理论研究与实证研究并不完全一致，因此仅仅通过网络市场上产品价格离散情况不能够准确衡量电子商务市场的效率，必须要建立全新的理论模型来解释电子商务市场的市场效率形成机制。

四、移动电子商务与商业模式

国外对于移动电子商务商业模式的研究较早，Ian M. 从移动通信媒介的角度对移动商业模式进行了分析，他认为移动商业模式的出现是由于移动通信媒介的推动。Anders Hen 从移动运营商的角度对移动电子商务模式进行了研究，通过综合比较欧、日、韩的移动商务模式，他认为成功的商务模式不是单一因素导致，而是多种参与主体共同作用的结果，而其中最重要的因素便是移动运营商。Juke Kellie 也有相似的观点，他以美国移动运营商为例分析了影响移动电子商务商业模式的主要因素，认为内部因素极易被模仿和复制，外部因素才是影响移动电子商务商业模式的重要因素。Pedersen 和 Methlie（2004）揭示了移动电子商务的商业模式运作三个维度：集成模式，合作模式，盈利模式。他们认为商业模式的选择主要取决于结构因素和价值网络，价值创造需要价值网络中的成员之间的相互合作。从技术角度研究，如 Ian M.（2006）指出新的通信技术将促使新的商业模式的形成，并在新的通信技术下，用实证方法论证了新的移动商务商业模式。Jen 和 Tzyh（2004）从电子商务模式的创新点出发，模式影响着供应商、企业、消费者等自身利益，指出在技术上移动电子商务不同于传统网站。两位学者运用比较分析的方法，来说明与网站之间的区别。他们同时分析了各参与主体以及各自的商业模式，以及技术创新之处。利用实证研究方法，如 Ushio Sumita 和 Jun Yoshii（2010）通过传统 PC 机进入移动电子商务研究，建立一个数学模型，引用大量实例来证明移动电子商务和传统的电子商务区别，如消费者行为不同，购买商品时间差异等区别。Mahadevan 和 Thomes. R. 将商业模式看成硬性不变的活动或者措施；而以 Timmers 和 Morris 等（2005）将商业模式看成是一套软性的法则，是用来描述企业之间如何满足整个价值关系链中各方需要的。U. Varshney（2003）指出在移动电商的商业模式中的以基于位置定位服务创新的服务模式，区分于传统电子商务活动。

国内电子商务的发展相较于国外发展较晚，因此关于移动电子商务商业模式的研究是以国外学者的研究为基础进行的。张向国、吴应良（2005）认为移动电子商务是一个生态系统，有其自己的内部生态网络，内部生态主体相互依存共同成长，并基于价值网理论提出了移动电子商务商业模式的价值网生态体系模型。王建军、张召蒲（2006）则从商业模型的参与者、商业模型的类型、移动电子商务价值链三方面对移动电子商务的商业模型进行了分析。移动电子商务具有多种商业模式，张千帆、梅娟（2009）着重从网络运营商角度出发，为企业量身定制适合的商业模式。强学刚（2011）从手机支付角度着重研究了影响商业模式外部资源和条件，针对我国手机支付商业模式目前存在的问题，通过借鉴国外成功的经验，以一种创新思维构建出一个符合我国商务发展规律的手机支付商业模式。基于位置服务是信息时代移动电子商务发展模式的重要特点，罗巍（2010）指出在移动电子商务时代，人们可以通过位置服务进行更加便捷的信息搜索，企业可以通过位置服务对消费者进行商业价值信息推送。

五、研究述评

近年来，随着电子商务的飞速发展，国内外关于电子商务的研究兴趣不断提高。移动电子商务近几年取得突破性进展，且是未来电子商务发展的重要方向。因此学者们对于移动电子商务的研究热情高涨，取得了一定的研究成果。根据现有文献可以发现，学者们对于移动电子商务的研究主要集中在市场结构、市场行为、市场效率及商业模式等方面，其中有一些问题理论深度不够，需要深入探讨。

首先，针对电子商务的研究较为丰富，但是从移动端进行研究的针对性文献较少，且大多数研究仅停留在表面，并未对移动电商的发展进行深入挖掘；值得注意地是，关于电子商务尤其是移动电子商务的研究整体存在数据挖掘较少、研究层次较浅的问题；相对于传统经济学和管理学研究的系统连续数据而言，现有移动电商领域的数据多为零散的、破碎的，互相之间缺乏直接比较和分析的平台，只有少部分学者运用了国际数据对移动电商的影响，其余更多的学者都是运用调查问卷对移动电商进行实证研究。

其次，关于移动电子商务市场结构的研究，这部分研究成果较为丰富，主要是从市场集中度、产品差异化、进入壁垒等方面进行分析，但大多是从电子商务角度进行研究，而不是移动电子商务。因此，本书从移动电子商务的角度对市场结构进行深刻剖析；市场效率方面的研究不足与市场结构较为类似，依然是从移动端角度进行深入分析的文献较少。

最后，关于移动电子商务市场行为的研究成果非常丰富，涉及移动购物的各个环节，从消费者行为、生产者行为和技术行为等角度都进行了深刻的分析，探讨了包括购买动机、心理、性别、年龄、消费者满意度等在内的消费者移动购物的重要影响因素，分析了虚拟店铺应用和移动信息媒体在移动购物中的广泛应用。但是从整体上看，并没有一个系统的、完整的分析移动购物的理论框架，将消费者行为、生产者行为和政府行为共同统一在一个分析范式。

第二章 移动电子商务市场行为

第一节 消费者行为

狭义的消费者,是指购买、使用各种消费品或服务的个人与用户。如果把产品的购买决策、实际购买行动、实际使用视为一个统一的过程,那么,处于这一过程任一阶段的人,都可称为消费者。随着对消费者行为研究的深化,人们越来越深入地意识到,消费者行为是一个整体,是一个行动过程,获取或购买只是这一过程的一个阶段。

因此,研究消费者行为,既要调查、了解消费者在获取产品、服务之前的评价与选择活动,也要重视在产品获取后对产品的使用、处置等活动。

一、欲望与需要

消费者消费商品的动机源于消费者本身的欲望。欲望即"需要而没有",指一个人想要但还没有得到某种东西的一种心理变化。物品之所以能成为用于交换的商品,原因在于商品恰好具有满足消费者某些方面欲望的能力。

通常认为,欲望源于人的内在生理和心理的本性。一方面,人的欲望具有多样性,一种欲望得到满足,更高层次的欲望也会随之产生,人的欲望表现为无限性。这就决定了人们在可支配的资源既定的条件下,会尽可能多地获取商品,以使自身的欲望得到最大满足。另一方面,对特定的商品而言,人的欲望又是有限的。随着一个人拥有或者消费某一特定商品的数量越来越多，这种东西就越来越不稀奇。所以，人们也会将有限的资源用于不同的商品之中。

消费者需要是指消费者生理和心理上的匮乏状态，即感到缺少些什么，从而想获得它们的状态。个体在其生存和发展过程中会有各种各样的需要，如饿的时候有进食的需要，渴的时候有喝水的需要，在与他人交往中有获得友爱、被人尊重的需要等。正是需要的无限发展性，决定了人类活动的长久性和永恒性。

作为个体的消费者，其需要是十分丰富多彩的。这些需要可以从多个角度予以分类。根据需要的起源可以分为：生理性需要和社会性需要。生理性需要是指个体为维持生命和延续后代而产生的需要，如进食、饮水、睡眠、运动、排泄、性生活等。生理性需要是人类最原始、最基本的需要，它是人和动物所共有的，而且往往带有明显的周期性。应当指出，人的生理需要和动物的生理需要有本质区别。正如马克思所说，饥饿总是饥饿，但是使用刀叉吃熟肉来解除的饥饿不同于用手、指甲和牙齿啃生肉来解除的饥饿。人的生理需要，从需要对象到满足需要所运用的手段，无不烙有人类文明的印记。社会性需要是指人类在社会生活中形成的，为维护社会的存在和发展而产生的需要，如求知、求美、友谊、荣誉、社交等需要。社会性需要是人类特有的，它往往打上时代、阶级、文化的印记。

马斯洛将人类需要按由低级到高级的顺序分成五个层次或五种基本类型。(1) 生理需要。维持个体生存和人类繁衍而产生的需要，如对食物、氧气、水、睡眠等的需要。(2) 安全需要。即在生理及心理方面免受伤害，获得保护、照顾和安全感的需要，如要求人身的健康，安全、有序的环境，稳定的职业和有保障的生活等。(3) 归属和爱的需要。即希望给予或接受他人的友谊、关怀和爱护，得到某些群体的承认、接纳和重视。如乐于结识朋友，交流情感，表达和接受爱情，融入某些社会团体并参加他们的活动等。(4) 自尊的需要。即希望获得荣誉，受到尊重和尊敬，博得好评，得到一定的社会地位的需要。自尊的需要是与个人的荣辱感紧密联系在一起的，它涉及独立、自信、自由、地位、名誉、被人尊重等多方面内容。(5) 自我实现的需要。即希望充分发挥自己的潜能，实现自己的理想和抱负的需要。自我实现是人类最高级的需要，它涉及求知、审美、创造、成就等内容。

二、消费者动机

人们从事任何活动都由一定动机所引起。引起这种动机有两类条件，内在条件是需要，外在条件是诱因。需要经唤醒会产生驱动力，驱动个体去追求需要的满足。例如，血液中水分的缺乏会使人产生对水的需要，从而引起唤醒或紧张的驱动力状态，促使人从事喝水这一行为满足。可见，需要可以直接引起动机，从而导致人朝着特定目标行动。

当然，需要只有处于唤醒状态，才会驱使个体采取行动，而需要的唤醒，可能源于内部刺激，也可能源于外部刺激。换句话说，仅仅有需要还不一定能导致个体的行动。需要只为行为指明大致的或总的方向，而不规定具体的行动线路。满足同一需要的方式或途径很多，消费者为什么选择这一方式而不选择另外的方式，对此，需要并不能提供充分的解释。引进动机概念，以图从能量与路径两个方面对行为提供更充分的解释。一般而言，作为消费者的消费行为大约有以下几个方面动机：

（1）求实动机是指消费者以追求商品或服务的使用价值为主要倾向的购买动机。在这种动机作用下，消费者特别重视商品的质量、功效，要求一分钱一分货，以图实惠和实在。比如，在选择布料的过程中，当几种布料价格相近时，有的消费者宁愿选择布幅较宽、质地厚实的布料，而对色彩、是否流行等给予的不予关注。

（2）求新动机是指消费者以追求商品、服务的时尚、新颖、奇特为主导倾向的购买动机。在这种动机支配下，消费者特别注重商品的款式、色泽、流行性、独特性与新颖性，相对而言，对产品的耐用性、价格优惠、折扣等考虑较少。

（3）求美动机是指消费者以追求商品欣赏价值为主要倾向的购买动机。

在这种动机支配下,消费者特别重视商品的颜色、造型、外观、包装等因素,讲究商品的造型美、装潢美和艺术美。求美动机的核心是讲求赏心悦目,注重商品的美化作用和美化效果。

(4)求名动机是指消费者以追求名牌、高档商品,借以显示或提高自己的身份、地位而形成的购买动机。当然,购买名牌商品,除了有显示身份、地位、富有和表现自我等作用以外,还隐含着减少购买风险,简化决策程序和节省购买时间等多方面考虑因素。

(5)求廉动机是指消费者以追求商品、服务的价格低廉为主导倾向的购买动机。在求廉动机的驱使下,消费者以价格为第一考虑因素。宁肯多花体力和精力,多方面了解、比较产品价格差异,选择价格便宜的产品,对降价、折让等促销活动怀有较大兴趣。

(6)求便动机是指消费者以追求商品购买和使用过程中的省时、便利为主导倾向的购买动机。在求便动机支配下,消费者对时间、效率特别重视,对商品本身则不甚挑剔。他们特别关心能否快速方便地买到商品,讨厌过长的等候购买时间和过低的销售效率,对购买的商品要求携带方便,便于使用和维修。

(7)模仿或从众动机是指消费者在购买商品时自觉不自觉地模仿他人的购买行为而形成的购买动机。模仿是一种很普遍的社会现象,有出于仰慕、钦羡和获得认同而产生的模仿;有由于惧怕风险、保守而产生的模仿;有缺乏主见,随大流或随波逐流而产生的模仿。实质上是羊群效应的一种体现。

(8)偏好动机是指消费者以满足个人特殊兴趣、爱好为主导倾向的购买动机。其核心是为了满足某种嗜好、情趣。具有这种动机的消费者,大多出于生活习惯或个人癖好而购买某些类型的商品。如有些人喜爱养花、养鸟、摄影、集邮,有些人爱好收集古玩、古董、古书、古画,还有人好喝酒、饮茶。

三、消费者效用

人们的欲望是消费者对商品需求的动因,商品具有满足消费者欲望的能力，消费者则依据商品对欲望满足的程度来选择不同的商品及相应的数量。消费者拥有或消费商品或服务对欲望的满足程度被称为商品或服务的效用。一种商品或服务效用的大小，取决于消费者的主观心理评价，由消费者欲望的强度所决定。而欲望的强度又是人们的内在或生理需要的反映，所以同一种商品对不同的消费者或者一个消费者的不同状态而言，其效用满足程度也会有所不同。

消费者的需求只有通过购买才能得以满足，而他们所期望的从产品中得到的满足，是随产品每一种属性的不同而变化的，这种满足程度与产品属性的关系，可用效用函数描述。效用函数，即描述消费者所期望的产品满足感随产品属性的不同而有所变化的函数关系。每一消费者对不同产品属性的满足程度不同，形成不同的效用函数。

商品的需求来源于消费者，他们被假定为以理性经济行为追求自身利益的当事人。理性消费者的经济行为表现为，在外在环境既定的条件下，根据自身目标和有限资源做出最优选择。在这一过程中，消费者会受到两种相反力量的激励和制约：一方面，为了自身的满足，尽可能多地消费或拥有商品；另一方面，消费者的收入或者获取收入的手段是有限的。因此，消费者的最优选择就是要把有限的收入合理地用于不同的商品，以便从消费商品中获取的"利益"最大。

效用理论按对效用的衡量方法分为基数效用论和序数效用论。

基数效用论是19世纪和20世纪初期西方经济学普遍使用的概念。基本观点是效用是可以计量并可以加总求和的。表示效用大小的计量单位被称为效用单位。因此，效用的大小可以用基数（1、2、3…）来表示。基数效用论采用的是边际效用分析法。基数效用论认为效用大小是可以测量的，其计数单位就是效用单位。

所谓效用可以计量，就是指消费者消费某一物品所得到的满足程度可以用效用单位来进行衡量。所谓效用可加总求和是指消费者消费几种物品所得到的满足程度可以加总而得出总效用。根据这种理论，可以用具体的数字来研究消费者效用最大化问题。

基数效用理论认为,在消费者收入与商品价格既定时,其最大满足受支付能力的制约。如果消费者将其收入(R)全部都用于支出,那么他所购买的各种消费品的数量还必须符合一个条件,即预算支出等于收入总额($R = P_A Q_A + P_B Q_B + P_C Q_C + \cdots$,其中 P 表示商品价格,Q 表示商品数量)。

当消费者的支出既等于预算支出,又使每一种支出所得到的各种商品边际效用相等时,该消费者在其收入许可的条件下,已得到最大的满足,他再也不能从改变消费品构成与数量中得到更多的效用。该消费者不再改变其消费品构成与数量,这叫做消费者均衡。

序数效用论是为了弥补基数效用论的缺点而提出来的另一种研究消费者行为的理论。1934 年,希克斯和艾伦在《价值理论的再思考》这篇著名论文中提出:效用作为一种心理现象是无法计量的,因为不可能找到效用的计量单位;他们运用"无差异曲线"对效用进行了重新诠释,认为消费者在市场上所做的并不是权衡商品效用的大小而只是在不同的商品之间进行排序。这就是所谓的序数效用论。

序数效用论的基本观点是效用作为一种心理现象无法计量,也不能加总求和,只能表示出满足程度的高低与顺序,因此,效用只能用序数(第一、第二、第三……)来表示。例如,消费者消费了两种商品,他从中得到的效用是无法衡量,也无法加总求和的,更不能用基数来表示,但他可以比较从消费这两种物品中所得到的效用。如果他认为消费第一种商品所带来的效用大于消费第二种商品所带来的效用,那么就叫第一种商品的效用是第一,第二种商品的效用是第二。

序数效用理论认为,假设消费者收入一定,并全部用于消费,同时假定商品 X 与 Y 的价格不变,那么消费者可能消费两种商品的各种组合必须等于消费者收入,消费者为其收入许可条件下选择能获得最大满足的商品组合,应将其无差异曲线图与消费可能线置于同一图中,由无差异曲线与消费可能线的切点来决定其应取的商品组合,消费者既然在其无差异曲线与消费可能线的切点所示的商品组合中可以取得最大的满足，就不再改变其消费品构成，所以被称为消费者均衡。这一分析与基数效用分析完全一致。

几个基本概念：

（1）总效用与边际效用。总效用是指消费者在一定时期内，消费一种或几种商品所获得的效用总和。边际效用是指消费者在一定时间内增加单位商品所引起的总效用的增加量。总效用与边际效用的关系：当边际效用为正数时，总效用是增加的；当边际效用为零时，总效用达到最大；当边际效用为负数时，总效用减少；总效用是边际效用之和。

（2）边际效用递减规律和需求定理。边际效用递减规律决定需求定理，即需求量和价格成反方向变化。因为消费者购买商品是为了取得效用，对边际效用大的商品，消费者就愿意支付较高价格，即消费者购买商品支付价格以边际效用为标准。按边际效用递减规律，购买商品越多，边际效用越小，商品价格越低；反之，购买商品越少，边际效用越大，商品价格越高。因此，商品需求量与价格成反方向变化，这就是需求定理。

（3）消费者均衡。消费者均衡是研究消费者把有限的货币收入用于购买何种商品、购买多少能达到效用最大，即研究消费者的最佳购买行为问题。

（4）替代效应、收入效应。替代效应是指当消费者购买两种商品时，由于一种商品价格下降，一种商品价格不变，消费者会多购买价格便宜的商品，少买价格高的商品。收入效应是指当消费者购买两种商品时，由于一种商品名义价格下降，可使现有货币收入购买力增强，可以购买更多的商品达到更高的效应水平。

（5）效用最大化原则。消费者在特定条件下（如喜好，商品价格和收入既定等），把有限的货币收入分配到各商品的购买中，以达到总效用最大。在这种情形下，消费者货币分配比例达到最佳，即分配比例的任何变动都会使总效用减少，因此，消费者不再改变其各种商品的消费数量，这被称为消费者均衡。

四、消费者决策

美国市场营销协会（AMA）认为消费者行为是消费者的感情、感知、行为和环境因素进行动态交互的过程。消费者决策是消费者行为中最主要的一环。消费者决策是指消费者对某种产品、品牌或者服务的相关属性做出谨慎的评价，并进行理性选择，用最少的成本完成购买可以满足消费者某种特定需求的产品或服务的过程。

消费者的购买决策随着阶段的不同，其行为也表现出不同的特征。科特勒将消费者的购买决策按照先后顺序分为五个阶段，即问题认知、信息搜集、可选商品评价、购买决策和购买后行为，如图 2-1 所示。其中，购买后行为阶段包含了消费者发布在线评论的行为。之后在线评论又为潜在消费者在信息搜集阶段提供辅助信息。

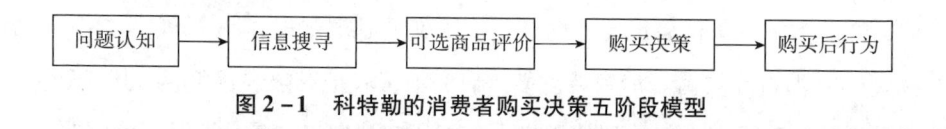

问题认知 → 信息搜寻 → 可选商品评价 → 购买决策 → 购买后行为

图 2-1　科特勒的消费者购买决策五阶段模型

（1）问题认知阶段。交易过程的起点是诱发消费者需求，当消费者产生了新的商品需求，或者觉得已有商品已经不能满足自身需求时，就会产生购买新商品的想法。通常，消费者的需求源于内在和外在因素的刺激。刺激消费者的外部诱因还可能来源于网络信息，包括网络提供的视觉或听觉等多种信息。

（2）信息搜寻阶段。当消费者的需求被唤起之后，消费者为满足该需求，而需要了解行情，信息搜集就成为消费者购买决策过程中的一个重要环节。消费者主要可以从内部渠道和外部渠道来搜集信息。内部渠道是指消费者在自己的记忆中搜集与所需商品或服务相关的知识经验等信息；外部渠道，即到外部环境中去搜集与所需商品或服务相关的信息。

（3）可选商品评价阶段。消费者为了满足消费需求，将各种信息渠道搜集来的信息进行处理加工，对所有可选商品的功能、价格、质量和服务等方面进行评价筛选，希望最终能够选择一种消费者自认为足够好或满意的商品。

（4）购买决策阶段。消费者在可选商品评价阶段中对可选商品的筛选直接决定了购买决策的质量。消费者的购买决策最终将会转化成为企业或零售商所售商品的销量。

（5）购买后行为。阶段消费者购买商品后，通过对商品的使用体验来进行购买决策的评价，对本次购买决策的满意度进行衡量。在传统的离线环境中，消费者的购买后评价可能只保留于其内心，或口口相传至邻里乡亲和亲朋好友。互联网的出现，使消费者能够超越地域和人际关系圈的限制将自己对商品的体验评价发布在交易平台上，供其他消费者参考。互联网无疑为消费者提供了更广阔的评价信息分享平台。

五、移动消费者决策模型

（一）移动互联网的特点

1. 移动性

移动性是移动互联网最显著的特征，它有两方面的含义，一是移动互联网基于移动通信网是立体的网络，移动终端可以通过 GPRS、EDGE、3G、4G 和 Wi-Fi 等通信方式无线地接入互联网；二是用户在使用移动互联网时处于"移动"的状态，并不局限于某一地点或区域。同时，不同的时间和地点会对用户的心理状态和行为方式产生影响。如在高铁上，用于消磨时间的小游戏最有吸引力，在公交车上，微信社交很有影响力，在上班时间，具有实时性需求的股票信息、应急性需求的地图信息、与电脑无缝衔接的移动办公需求等。

2. 即时性

即时性基于移动互联网的移动性，用户利用移动终端可以在最短的时间内接受互联网的各类信息，因此非常适合应用于新闻资讯、邮件、IM（即时通信)、SNS(社交网络服务)等服务。即时性使得时空的动态特征更加明显,用户可以随时随地获取信息,也是移动互联网区别于传统互联网的一个主要方面。此外,即时性还可以带来良好的用户体验。衡量新闻资讯、信息检索、即时通信、移动支付等服务的用户体验,一个重要维度就是响应时间,即时响应对于以上这些时间敏感度较高的服务来说,是非常重要也是最基本的需求。

3. 碎片化

由于移动终端的特性和用户工作、生活方式的变化,移动互联网用户对于网络的使用呈现出碎片化的特征,包括时间碎片化、信息碎片化和体验碎片化。时间碎片化指的是用户连续使用时间的减少和不固定性。用户使用移动互联网的行为一般穿插于日常工作和生活中,主要是上下班通勤时间和休息时间,使用时间通常在一小时以下,并且较容易受到外部环境的干扰。在移动互联网时代,占据了用户碎片化时间的企业就占领了市场的主动权。信息的碎片化指的是用户通过各类媒体获得信息,但却不对信息进行深入地理解和分析,仅仅当作资讯来获取,因此更加通俗易懂信息更易被用户所接受。体验的碎片指的是用户对于应用的体验通常来自于第一次使用时短时间内的短暂交互过程,而非长时间驻留的体验方式,也就是所谓眼球效应。因此,第一印象和 UI 设计将成为用户评价应用质量和继续使用的关键。

(二)移动互联网消费者决策

移动互联网消费者的决策包括了关注和兴趣、搜索、行动、分享四个阶段,分为潜在客户、关注客户、体验客户、真实客户与忠实客户五个层次,如图 2-2 所示。

1. 关注和兴趣阶段

这一阶段主要提供的是广告信息推送服务,通过手机 QQ、微信、支付宝钱包等开放平台向周边消费者推送广告信息;广告信息也可以是基于兴趣的,在各大电商网站中多对于用户兴趣进行分类,或由用户自己定制希望接受的广告推送。广告的推送一般都考虑到了移动端的特点,推送的频率不

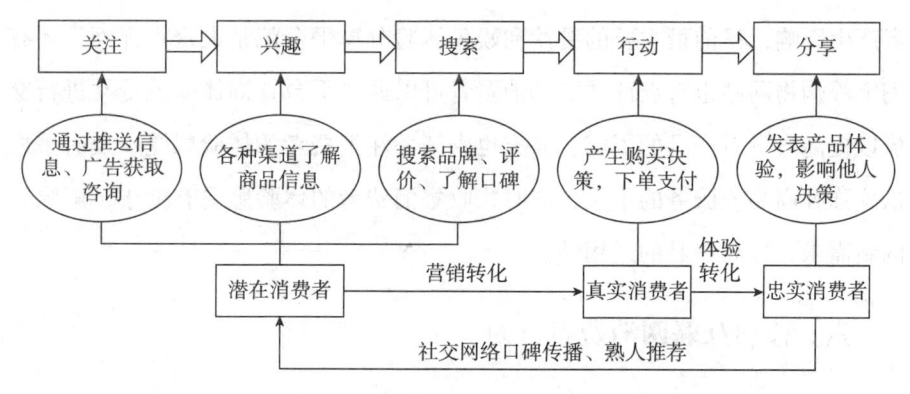

图 2-2 移动端消费者的决策模型

资料来源：王墨涵：《开放式在线评论对消费者购买决策的影响研究》，哈尔滨工业大学博士学位论文，2015 年 6 月。

高，流量消耗很少，打扰式的广告已经没有了市场。

2. 信息的搜索阶段

这一阶段主要提供的是站内的信息导航，列表信息的搜索，站内的搜索引擎提供排序功能，如淘宝客户端已经做到可以提供品类的搜索、按照品类的销量、价格、评论数等进行排序，方便用户筛选。用户对于商品或服务的点评在现今也越发重要，可以大幅影响消费者对产品的印象，所以评论也成了消费者在信息搜索阶段获取的信息服务中的重点。

3. 消费者的行动阶段

这一阶段主要进行的是同一种商品价格的对比和同类型商品的性价比的对比，可以很方便地对不同网站，不同品牌的同类型商品进行比价，分析以往的价格走势，以便消费者可以在合适的时机买到价格最低、性价比最高、口碑最好的商品。比价完成后就进入到了支付阶段，交易平台可以为消费者提供多种支付方式，一般采用支付宝、财付通等新型支付手段。最后是配送阶段，快递公司都可以在手机上通过网络查询物流信息，系统自动跟踪快递移动浏览器中的物流情况，极大地方便了消费者。

4. 购后的分享阶段

这一阶段主要是消费者分享对产品的体验结果，进而对其他的潜在消费者产生影响，目前最主要的餐饮和娱乐体验分享平台就是大众点评网，还有淘宝等购物网站也有点评功能，消费者可以通过平台查询体验感受并进行交流以提高自身对产品的了解，商家也密切关注消费者的体验感受，及时采取措施弥补商品或服务的不足，同时，收集消费者的体验感受有助于了解顾客的新需求，提高产品的适用性。

六、移动互联网消费者行为

2015年11月27日Visa发布的《2015年电子商务消费者行为调查》（以下简称"调查"）。

1. 智能手机的广泛使用

中国消费者越来越精通移动电子商务之道，智能手机使用越来越普遍，并且中国消费者已经养成使用手机购物的习惯。77%的中国购物者使用智能手机浏览网购信息，并有68%的人使用手机进行购买，高于亚太地区平均数据（分别为65%和51%）。中国的移动商务也将有所发展。根据调查，53%的受访者认为他们在接下来6个月内会更常使用手机进行网购，并且有52%的受访者表示手机逐渐成为他们网购时主要使用的设备。

2. 时间碎片化越来越明显

许多中国消费者随时随地浏览和进行网购：受访者在工作或上学时（45%）、旅途中或通勤时（34%）和在社交场合（32%）从事移动商务相关的活动（见图2-3）。此外，网购经验越丰富的用户收入越高，网购老手中有48%的用户为高收入人群，32%为中等收入人群，20%为低收入人群。如图2-4所示。

3. 移动支付成为时尚

在进行网购时，39%的消费者偏好使用"一键支付"，而27%的消费者选择使用"已保存的卡片信息"完成购买支付。消费者只需在设备上轻松点击几下，便可完成购物。消费者能够随时随地获得便捷的网上购物体验。

第二章 移动电子商务市场行为

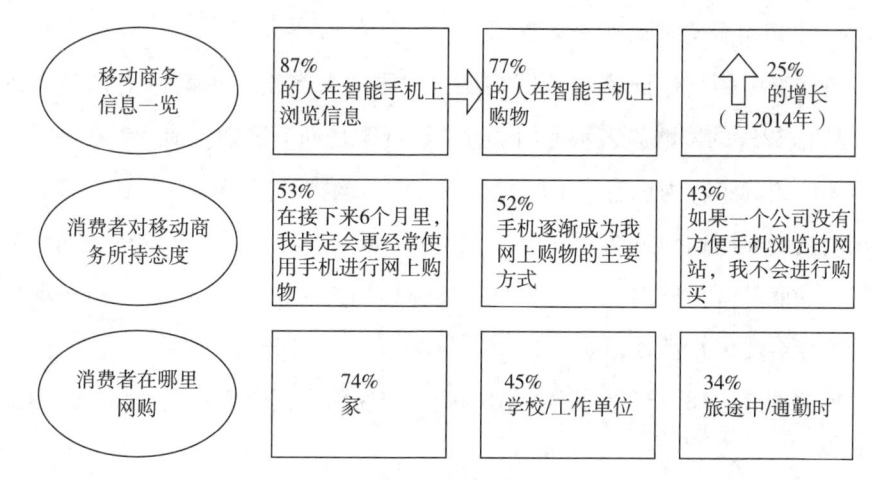

图2-3 移动商务全貌

移动商务信息一览：
- 87%的人在智能手机上浏览信息
- 77%的人在智能手机上购物
- 25%的增长（自2014年）

消费者对移动商务所持态度：
- 53% 在接下来6个月里，我肯定会更经常使用手机进行网上购物
- 52% 手机逐渐成为我网上购物的主要方式
- 43% 如果一个公司没有方便手机浏览的网站，我不会进行购买

消费者在哪里网购：
- 74% 家
- 45% 学校/工作单位
- 34% 旅途中/通勤时

	网购新手 25%		有一定经验 40%		网购老手 29%	
性别	男性 53%	女性 47%	男性 60%	女性 40%	男性 50%	女性 50%
年龄	18~30岁 43% / 31~44岁 44% / 45岁以上 13%		18~30岁 33% / 31~44岁 54% / 45岁以上 13%		18~30岁 33% / 31~44岁 51% / 45岁以上 16%	
收入	低 49% / 中 36% / 高 15%		低 34% / 中 41% / 高 25%		低 20% / 中 32% / 高 48%	
持有设备	电脑 79% / 手机 74% / iPad 27%		电脑 91% / 手机 90% / iPad 46%		电脑 95% / 手机 97% / iPad 64%	
平均持有卡片数	借记卡 1.5 / 信用卡 0.9		借记卡 2.0 / 信用卡 1.3		借记卡 2.7 / 信用卡 1.7	
移动设备使用指数	53		66		82	
跨境网购指数	24		35		36	

注：6%的受访者为"线下购物者"，即从未进行网上购物。收入：家庭月收入水平，即低收入为少于4999元；中等收入为5000~7999元；高收入为8000元以上。移动设备使用：移动商务指数根据智能手机用户在18个关键分类中进行的移动商务活动得出。完全不用手机浏览信息的受访者分数设定为0，只通过手机进行购物的受访者分数设定为100。跨境网购：跨境网购指数根据18个关键分类中的跨境网购行为中得出。只在国内进行网购的受访者分数设定为0，只进行跨境网购的受访者分数设定为100。

图2-4 消费者网上购物数据

4. 中国消费者网购时更加理性

与调查中的其他国家和地区相比，中国消费者对待网购的态度最为理性，只有12%的网购族表示他们最近一次网购是冲动购物。消费者在网上和在实体店的购买行为也有所不同。与在实体店购物时（36%）相比，57%的中国消费者在网购前更加深思熟虑，但同时也更容易仅因为产品促销而购买计划外的商品（网购时比例为52%，实体店购买时比例为36%）。这说明中国网购族会受促销活动影响。

根据调查，18~34岁的年轻网购族更容易因为促销而购买计划外的商品（54%）。

5. 跨境购物逐渐流行

调查显示中国跨境网购有所增长。在过去12个月中，有45%的网购族跨境网购。与2014年39%相比有所上升。消费者进行跨境网购的首要原因包括更好的促销活动和优惠（26%）、更便宜的价格（24%）、商品设计更独特（24%）及商品种类更多（24%）。与其他类别相比，中国消费者在运动和户外设备、婴儿护理产品及演出门票这三个类别的跨境网购需求更高（见图2-5）。

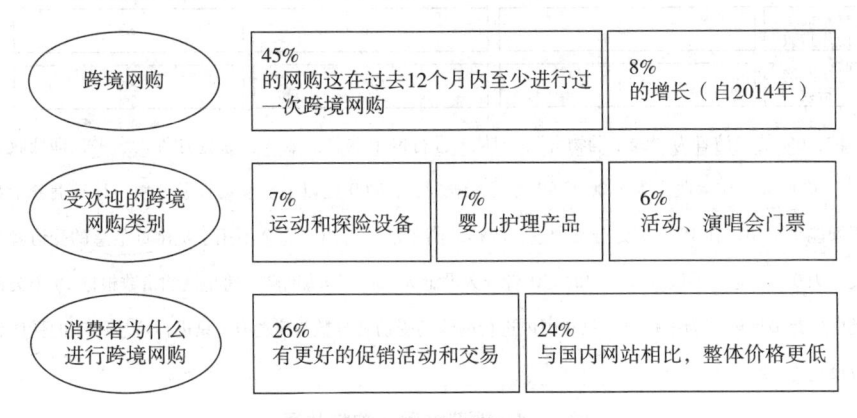

跨境网购	45% 的网购这在过去12个月内至少进行过一次跨境网购	8% 的增长（自2014年）
受欢迎的跨境网购类别	7% 运动和探险设备	7% 婴儿护理产品	6% 活动、演唱会门票
消费者为什么进行跨境网购	26% 有更好的促销活动和交易	24% 与国内网站相比，整体价格更低

图2-5 跨境网购

6. 城市与农村的移动消费者的差异

城市消费者选择明显更多样化，更理性，消费习惯也更合理（见图2-6）。农村移动消费者的显著特征是价格敏感（见图2-7）。

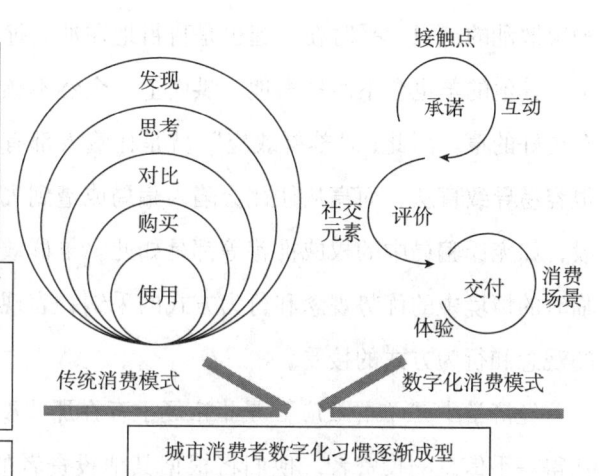

图2-6 城市消费者移动数字习惯逐渐养成

图2-7 农村消费者数字化购买习惯仍处于培育初期

资料来源：艾瑞咨询。

七、移动消费者行为特征

"羊群效应"① 也叫"从众效应",是指有影响力的个人的观念或行为由于真实的或想象,进而影响多数人的方向向同一方向变化的现象。羊群是一种很散乱的组织,平时在一起也是盲目地左冲右撞,但一旦有一只头羊动起来,其他的羊也会不假思索地一哄而上,全然不顾前面可能有狼或者不远处有更好的草。因此,"羊群效应"就是比喻人都有一种从众心理,从众心理很容易导致盲从,而盲从往往会陷入骗局或遭到失败,如股票市场的个人荐股,如庞氏骗局中的权威推荐等都是如此。羊群效应往往表现为对特定的或临时的情境中的优势观念和行为方式的采纳,表现为对长期性的占优势地位的观念和行为方式的接受。

经济学中"羊群效应"是指市场上存在那些没有形成自己的预期或没有获得一手信息的投资者,他们将根据其他投资者的行为来改变自己的行为。在移动互联网时代,互动性和交互性是信息传播和人际交往的主要特点。在这种模式下,电子商务平台上的商户与网民、网民与网民、商户与商户之间的交流也呈现"病毒式"的传播特点。通过鼓励和调动网民分享信息,在朋友圈上发布信息、要求朋友点赞、朋友之间分享信息送红包等。这种信息传播的方式,其影响范围是几何级的,呈现一种爆炸式、病毒式的网状模式,短时间内传播速度极快,影响深度和广度都远远高于以往任何一种传统媒介。移动电商平台上,用户对商品的使用不满意,马上就可以发布到商户的评价信息上,供其他用户购买挑选商品做出参考,同时还可在自己的社交群体上进行发布、传播。或者向电商平台上的客户服务中心、进行投诉、申诉等。信息发布、问题处理、意见反馈等都是远远快于传统购物模式。甚至产生了专门以发布差评要求商家进行利益交换的公司和个人。

随着电子商务的快速发展,"羊群效应"现象在网购当中越来越多呈现

---

① 薛玉林:《电子商务运营中的羊群效应工作机制研究》,北京邮电大学博士学位论文,2015年。

出来。

有学者通过对淘宝网面板数据的观察，研究了不同网购经验用户的自身判断信号、他人选择信号与产品销量三者的关系。研究的结果表明，他人决策的行为与意愿行为对尚未做出决策的用户的影响显著，其中对于网购经验等级低的用户，决策行为信号较强，导致用户容易从众；对于网购经验等级高的用户，他人意愿行为信号较强，也会出现从众现象。

还有学者在分析电商平台的"羊群效应"现象时，主要是团购平台为研究对象，将客户进行网络团购操作的阶段和过程，分为"平台选择"和"商品选择"两大步骤进行研究。主要结论是决策个体在参与团购时，在团购平台的选择上往往只看重团购平台的知名度，对主要的售后服务和投诉处理及时率等问题却有所忽略，这种不理性的行为，容易形成团购平台选择的"羊群效应"行为；而在具体的商品购买决策中，当商户显示促销时间限制（如倒计时）等压力信息时，容易给用户造成紧迫的也理暗示，在参照已购买人数的前提下，会迫使更多的决策个体选择跟风购买。

正面的"羊群效应"即消费者确实对该商品的价格、质量、服务、品牌、信誉较为认可，从而带动了销量和排名，进而刺激商家生产、开发更加符合消费者需求的产品，出现了正反馈；负面的"羊群效应"则是商家出于利益追逐，通过网络推手、网络水军的策划人为作假形成。据北京市公安局网络管理处分析，目前知名商业网站和论坛50%以上的帖子，都来自"网络推手"，而并非网民自发的发帖。

第二节　企业行为

移动互联网，大数据等正在极大改变人类的生产生活方式。2015年上半年，移动互联网入接流量大幅度增长，增速同比高达93.6%，移动数据以及互联网业务实际收入1513亿元，同比增长39.3%。随着网络化、数字化进程的加快，总的趋势是网络社会在推动各行各业全面转型，数字网络工具成为商业、个人及社会每日必需的基本资源。信息服务产业化快速发展驱动经济发展，社会数字化、移动化加速变革。企业行为也发生了翻天覆地的变化。

一、一个基础平台

在移动电子商务中，无论是 B2B、C2C、B2C，都是为了搭建一个平台，而无论哪种模式，其核心是为了方便两边的交易者。C2M2C（Customer to Manager to Customer）是所有平台中的终极平台，我们把它称作"一体两翼"。

电子商务平台的分类，可根据其经营的范围和性质，定义及该平台在电子商务交易过程中所起的关键或全部的功能作用程度，分为自营型电子商务平台、超市型电子商务平台、超市与自营结合三种类型。

自营型电子商务平台主要是通过互联网络媒介，为本企业提供生产、销售、售后服务等系列商务活动的决策、管理、支撑服务平台。企业拥有自建的电子商务网络，借助互联网进行原料产品采购、生产要素配置、本企业商品的市场推广、产品营销及售后服务等，这种模式属于企业经营方式的创新和延伸；这一类电子商务企业的主要出发点是追求本企业产品的市场拓展和整体竞争优势。如麦考林、凡客、佐丹奴等都属于自营型电子商务平台。

超市型电子商务平台主要是起一种交易中介的功能，通过线上宣传和推广，为诸多第三方企业和用户提供交易实现、评价分享等支撑的服务平台。这类平台需要解决的主要问题是如何建设好双方信任、交易安全、功能齐全的平台环境，并建立商品评价、产品售后、安全保障等信誉服务机制，吸引更多的商家入驻和用户浏览交易。网站的点击率、商户入驻率、成交量、会员数等是衡量这类电子商务平台竞争力的主要指标，如淘宝。

超市与自营结合型电子商务平台是指二者的结合，一方面平台公司做自营，另一方面又容许别的商家入驻，如京东商城。

还有一类是日渐兴起的社交式的电子商务平台，如大众点评网、腾讯的拍拍网、豆瓣网，以及还有一些处于演化之中的社交网站等，这类社交式的

第二章 移动电子商务市场行为

电子商务平台主要是通过为网民提供交流、分享、评论、推荐、社交等商务功能,为第三方企业和商户提供社会化互动、社会化广告等支撑服务。目前,社交式平台型电子商务企业得到了较快发展。

电子商务平台首先要解决的是信任问题。在电子商务诚信交易管理的博弈中,不但买卖双方做出信用模式的选择和交易决策,作为电子商务的管理者,运营商也会做出一定的努力,参与到平台信任机制的管理中。因此,电子商务交易的形成实质是运营商、商家、消费者三方相互作用的结果。运营商的对商家的监管能改善电子商务诚信水平,提高潜在的成交量。

为了改善电子商务运营环境,提高商家诚信交易水平,消费者、经营者和运营商监管平台三方共同治理的 C2M2C 模式大行其道,而运营商承担主要的管理职能。在这个模式中,运营商依据最优线性问责机制对商家交易进行监管,在明确相关数据的前提下,按具体情况设定查处力度与查处投入,并且及时向消费者公布相关信息,实行透明化管理。由于当前商家信誉评价机制中时有信誉互刷的事件发生,信誉度不完全可信。而在 C2M2C 模式中,来自消费者的商家信誉不再是评价其诚信交易的唯一标准,运营商通过监管,也给商家做出评价,这个评价同样会出现在电子商务网站商品页面当中。消费者不仅可以通过其他消费者的评价来获得商品的使用价值,还能通过运营商的评价来判断商家是否满足自己的诚信要求,从而达到双向评价管理机制模式。这种模式通过对传统电子商务管理机制的改进,提高了商家诚信交易的水平,有效保证商品的质量以及消费者的满意程度,增加消费者购买的概率,这是所有平台的本质。

在 C2M2C 模式下,由于受到运营商的监管,商家不诚信得来的收益转变成为运营商的收益,虽然运营商会因此付出一定的成本,但是于网络公司长期利益与发展的考虑,运营商将这些收益以信息的方式传递给消费者,从而在一定程度上解决了商家与消费者的信息不对称问题,消费者以这些更为完整的信息做出购买决策。因此,鉴于运营商的监管,商家将会提高自身诚信交易水平,这同时也激励消费者增加对商家诚信与网上交易的信心,刺激消费者提高购买商品的欲望，网络平台商品成交量也随之升高。又因为运营商不能观测到不诚信商家的全部收益，即观测结果存在一定的折扣，所以商家非诚信交易还是会带来一定的收益，这解释了运营商监管下商家不完全诚信交易和消费者不完全购买的原因[①]。

二、一个基本问题

无论是 B2B、C2B，还是 B2C 模式平台，其中最重要的就是消费信任问题，如图 2-9 所示。比如说 C2C 平台交易的活动都以个体为主，入驻平台的条件较低，商品和服务一般都是用图片、视频的形式呈现，然而消费者没办法对实物有具体的感官认识，因此这就表明了在用户体验这方面做得比较差。很多匿名的店家会出现欺诈的情况，这会让一部分消费者对电子商务缺乏信任，从而导致他们对 C2C 移动电子商务的交易也缺乏信任感。C2C 移动电子商务和传统的 C2C 电子商务模式关于信任问题如出一辙，而用户对于移动电子商务在隐私及安全上的要求更高，由此引发的信任问题也更为重要。所以，移动电子商务能否做好，店家能否长期获得收益，这跟买卖双方是否构建了良好的移动电子商务的信任有着密切关系（见图 2-8）。

（一）人类信任的影响因素

人类信任关系从建立到巩固是一个动态的发展过程，很多因素都可能对人类间的信任产生影响，其中文化、经济水平和环境是关键的三个因素。

1. 文化变量

文化变量通常用于说明初始信任水平，即对陌生人的信任问题。文化决定了一个国家的普遍信任水平。有研究者针对不同文化群体的信任行为进行了研究，发现美国经理人对其下属表现出的是一种基于认知的信任可靠性和能力，而台湾经理人对其下属表现出的是一种基于情感的信任，情感信任界定了与下属的关系紧密程度。在西方人的信任行为中，信任者的因素期望、

[①] 王晓庆：《基于博弈论的电子商务诚信管理机制分析与研究》，河北大学硕士论文，2013 年。

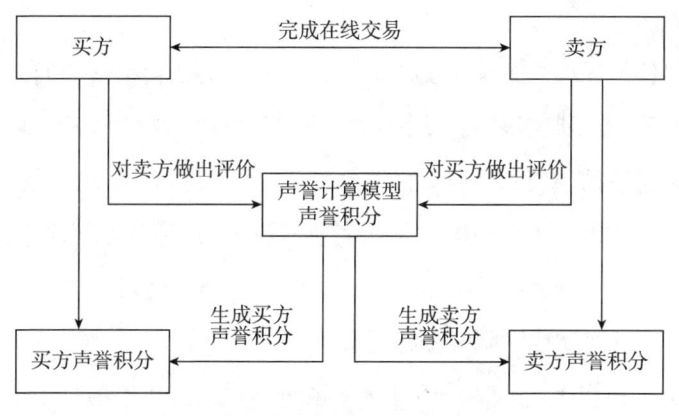

图 2-8　基于声誉的信任评价模型

资料来源：姚春光：《基于复杂网络的网上商品交易行为特征研究》，北京邮电大学博士学位论文，2015 年。

对人性的看法与被信任者的因素，如诚实、忠诚、动机有关，它高于关系因素或独立于关系因素而存在；但在中国人的信任行为中，关系因素优先于个人因素；西方社会以签订契约来约束人的信任，而中国社会是以关系为约束机制的，即使签订契约，也只是一种"防人"的手段而已，但传递了一种不信任的信息。总之，中国人的信任的建立，更注重与对方的情感、亲缘关系，而西方人的信任的建立，更关注于个人因素如能力、公平等和制度因素。这些文化上的差异导致了中西方信任的实质性不同，在移动互联网中尤为明显，没有一个值得信任的平台，一切交易都是虚幻的。

2. 经济水平

一些研究者希望能够找到经济发展与人际信任之间的积极关系。从现有的结果来看，随着经济水平的提高，人们的普遍信任水平也的确有了提高。比如张维迎和柯荣住对全国 31 个省、自治区和直辖市的相关数据分析发现，人均收入最高的一组里，平均信任度为 8.74，而在人均最低的一组中，平均的信任度只有 0.4，说明人均收入水平和信任之间关系密切。也就是说，导致人们信任变化的原因可能是与经济发展水平相对应的交往频率、受教育水平、交往经验、法律规范等已知因素方面的变化。

3. 环境

人类信任的环境相关性主要是指人类之间的信任会根据他们之间的社会关系不同而不同。研究表明，中国是关系本位社会。中国人所信任的人群，包括有血缘关系的亲属和没有血缘关系的亲密朋友；对于没有血缘联系而且交往关系一般的陌生人，中国人往往表现出极度的不信任。血缘关系虽是影响中国人是否信任他人的主要因素之一，但不是唯一因素。

（二）影响移动互联网信任的因素

与传统市场相比，从交易环境看，移动互联网交易市场是一个近乎完全竞争的市场。与网下交易不同，互联网交易对货物的质量和特征没有网下购物的体验，同时，卖方也无法准确知道买家的信用问题。也就是说，网上交易存在着信息不对称问题。如果市场中存在信息不对称而卖方无法向买方以令人信服的方式显示物品的质量或者买方无法承诺履行支付义务，不对称信息将使得市场交易逐渐萎缩，甚至彻底消失。因此，诚信是影响网络交易的重要因素。信任和信誉是一种特殊的社会现象，在网络交易中，信誉反馈机制已经成为电子商务网站健康发展的重要保证，网上交易双方的信用成为制约交易发展的一个关键问题。

移动电子商务交易的性质决定了处于信息劣势的消费者面临更大的风险，这主要体现在以下几个方面：(1) 消费者主要通过网上的描述（文字、图片等）来获得商品的信息，而这些信息的可信度却无从得知。因此，消费者难以评估自己的交易风险。(2) 在现行第三方支付的环境下，对于有些商品来说，消费者在收到后的短时间内无法判断其质量是否真如商家所描述，而在这段时间内，消费者的付款已经完成，致使消费者利益得不到保障。(3) 虽然一些商家设有售后部门，但是由于商家的消极态度，当商品出现问题时，消费者的投诉往往得不到满意的处理。而向网络运营商投诉，即使有些问题可以得到解决，往往也达不到消费者的期望，且等待时间一般都较长。(4) 商业炒作。消费者一般倾向选择信誉较高的商家，而对于这些信誉的来源却不够了解。

移动互联网交易从关注和兴趣、搜索、行动、交易与分享分为很多节点，其中交易节点最为重要，影响交易节点间信任的因素也有很多，归结起来主要有交易金额、交易时间、交易次数、交易评价和风险因素等。交易金额是以历史交易金额为尺度来确定节点之间交易的重要程度，交易金额越大则对对方节点的信任程度越大，反之，则越小。交易时间是每次交易中，节点会记录下当前交易时间，距离当前时刻越近的交易越能比较真实地反映出节点之间的近期交易行为。两次交易的时间距离越小，对对方节点的信任值的评价意义就越大。反之，两次交易时间相差越大，越不能真实地反映出近期的交易行为，对对方节点的信任值的评价也就意义不大。交易次数是买卖双方的交易次数越多，双方越熟悉，就越容易在双方之间建立其信任关系。交易评价是一个主观因素，反映了一个节点对另一个节点交易行为的满意度。有了这个因素，可以促使节点的交易双方更好地为对方节点服务。在一次交易完成之后对方根据自身的要求和喜好给出此次交易的满意程度评价。风险因素是当一个节点与另一个节点进行交易时，一方的态度是决定是否进行交易的关键因素。在交易之前，交易一方要比较他将面临的风险和得到的利益。如果利益大于风险，他将会进行交易。这个因素往往和进行交易的金额有关系，当交易金额增大时，风险值也就随之增大[1]。

（三）始终以解决信任为第一位的淘宝

1. 淘宝的成功，首先在于解决了网上交易的支付安全性问题。解决了交易的"货币"的问题

支付宝是全球领先的第三方支付平台，成立于2004年12月，致力于为用户提供"简单、安全、快速"的支付解决方案，由阿里巴巴集团创办。自2014年第二季度开始成为当前全球最大的移动支付厂商。

第三方支付是移动电子商务中极其关键的一环，支付宝一直占据着绝对的垄断地位。支付宝主要提供支付及理财服务。包括网购、担保交易、网络

---

[1] 李道全：《电子商务信任管理模型与方法研究》，山东科技大学博士学位论文，2011年。

支付、转账、信用卡还款、手机充值、水电煤缴费、个人理财等多个领域。在进入移动支付领域后，为零售百货、电影院线、连锁商超和出租车等多个行业提供服务。还推出了余额宝等理财服务。2010年12月23日，支付宝与中国银行合作，首次推出信用卡快捷支付。2013年8月，用户使用支付宝付款不用再捆绑信用卡或者储蓄卡，能够直接透支消费，额度最高5000元。2014年6月19日，支付宝钱包与住建部合作推出城市一卡通服务，将NFC手机变身公交一卡通，可实现35个城市刷手机公交出行。自2015年9月25日起，支付宝和麦当劳进行大数据合作，全上海地区的麦当劳将可使用支付宝支付，并将进一步推广至全国门店。

支付宝是如何解决人与货币的信任问题呢？

支付宝实名认证服务是由支付宝（中国）网络技术有限公司提供的一项身份识别服务。支付宝实名认证同时核实会员身份信息和银行账户信息。通过支付宝实名认证后，相当于拥有了一张互联网身份证，可以在淘宝网等众多电子商务网站开店、出售商品。增加支付宝账户拥有者的信用度。

支付宝卡通、支付宝数字证书、支付盾、支付宝服务窗、刷脸注册开通等提供了一系列的信任手段。

支付宝交易是互联网发展过程中一个创举，也是电子商务发展的一个里程碑。支付宝品牌以安全、诚信赢得了用户和业界的一致好评。支付宝被评为2005年网上支付最佳人气奖、2005年中国最具创造力产品、2006年用户安全使用奖；同时支付宝也在2005年中国互联网产业调查中获得电子支付第一名，名列中国互联网产业品牌50强以及2005年中国最具创造力企业称号。2006年9月，在中国质量协会用户委员会及计世资讯主办的"2006年中国IT用户满意度调查"中，支付宝被评为用户最信赖互联网支付平台。另外，支付宝还获得2006年卓越表现奖之创新产品奖和2006年中国IT十佳市场策划等多项殊荣。2008年5月，支付宝获得2008年中国保险企业优秀支付解决方案提供商的称号。

作为一个"国民APP"，支付宝的背后是数以亿计的消费者，以及上千

第二章　移动电子商务市场行为

万家的线上、线下商家。支付宝还将联动阿里系的电商平台、云计算、广告营销系统等资源，共同为品牌合作伙伴提供品牌传播、会员营销、数据沉淀、交易引流等全方位的服务与价值。

支付宝的正式监管机构是央行。2010年6月，央行正式对外公布《非金融机构支付服务管理办法》对国内第三方支付行业实施正式的监管。根据相关规定，非金融机构提供支付服务需要按规定取得《支付业务许可证》，成为支付机构，而2011年9月1日成为第三方支付机构获得许可证的最后期限，逾期未取得的企业将不得继续从事支付业务。2011年5月26日，各界期待已久的第三方支付牌照终于首度发放，支付宝获得了央行颁发的国内第一张《支付业务许可证》。据悉，这张许可证全面覆盖了互联网支付、移动电话支付、银行卡收单、预付卡发行与受等众多支付业务类型。

2. 淘宝的成功，还在于解决了消费者对"交易物"的信任问题

淘宝发明了人对货物认知的评价体系。如图2-9所示。

卖家信用得分	卖家信用等级
4分~10分	♥
11分~40分	♥♥
41分~90分	♥♥♥
91分~150分	♥♥♥♥
151分~250分	♥♥♥♥♥
251分~500分	♦
501分~1000分	♦♦
1001分~2000分	♦♦♦
2001分~5000分	♦♦♦♦
5001分~10000分	♦♦♦♦♦
10001分~20000分	👑
20001分~50000分	👑👑
50001分~100000分	👑👑👑
100001分~200000分	👑👑👑👑
200001分~500000分	👑👑👑👑👑
500001分~1000000分	👑
1000001分~2000000分	👑👑
2000001分~5000000分	👑👑👑
5000001分~10000000分	👑👑👑👑
10000001分以上	👑👑👑👑👑

图2-9　淘宝卖家信用等级图示

当卖家信用等级过低时，买家根本不会将其纳入考虑集，这也就解释了为何淘宝卖家频繁出现违规刷信用的现象来使自己快速提升到一定信用等级范围内。而当卖家的信用等级过高时，买家也对其不敏感，因为已将其纳入考虑集，进入计算商品和总体效用阶段。虽然卖家信用等级仍对总体效用有一定的积极作用，但此时还有其他属性参与计算。如果只是信用等级高，而其他属性表现差的话，也会失去潜在消费者。总之，烧钱促销来提升卖家信用只有在卖家信用等级偏低但接近敏感区间的时候才会对提高销量有显著的积极作用。

商家信誉也是影响客户购买行为的主要因素，客户对商家信誉的掌握，主要通过相关用户的反馈评论、电商平台的相关认定等信息中获得。良好的用户品牌和商家信誉，可减少客户选择商品的时间精力成本，打消客户购物决策前的疑虑，增加客户对该商户和商品的信任度和依赖度，促进客户的购买行为，提高客户的购买意愿。

为有效推动和监督网上交易的购买行为，C2C平台的典型代表——淘宝网，提供了"如实描述""7天退换"等一系列保障服务。

之前，关于淘宝卖家对给出"差评"的消费者采取电话央求、返现诱惑甚至骚扰恐吓等多种手段，以使消费者最终删除差评的新闻屡见不鲜。消费者虽然很难接受这种违反道德甚至违法的方式，但购物是一种既可以出于功能性目的又可以出于享乐性目的的行为，消费者为避免麻烦也不影响心情，大多选择直接与卖家沟通解决，而且尽量不再给出差评。针对这种现象，淘宝进行了多次集中打压行动，以保证平台上在线评论的质量。

近期众多卖家纷纷推出主动鼓励消费者评价获得返现的"好评返现卡"。消费者接到货物后，若按照卖家具体要求完成评价并截图给卖家客服检查通过，即可得到支付宝返现或者店铺优惠券等返利。2014年12月，在淘宝上以"好评返现卡"为关键词搜索，出现3887件商品，可见其市场需求规模。不同店铺返现卡的具体要求也不尽相同，大致包括如下几种：好评、评论要有文字内容且达到一定字数、上传图片即所谓晒图、追加好评。进一步，以

"晒图返现卡"为关键词搜索，出现120件商品；以"追评返现卡"为关键词搜索，出现3件商品。可见操纵好评和要求有评论内容，是大部分卖家的普遍需求。但晒图和追加好评，还没有得到卖家的深入关注，但也有卖家逐渐认识其作用，开始进行操纵行为。

另外，当消费者浏览卖家某商品的累计评论时，可以发现淘宝提供了IT分类查看工具，依次为"全部""图片""追评""好评""中评""差评""有内容的评价"，这也证明了淘宝平台管理者对这几项属性的重视。

为了改善评价体系，淘宝于2012年4月和6月，先后推出了追评和图片评论这两种新型评论形式，并且在交易评论页面为消费者提供了单独查看所有追评或图片评论的IT工具，方便消费者查看，这也凸显了这两种新型评论的重要性。

所谓"图片"评论，就是允许消费者在交易结束后进行评论时，除了通过评分和文字描述，还可以通过发布图片表达购物体验。所谓"追评"，即追加评论，是指在交易完成后的180天内，消费者可进行一次追加评论，且追加评论后无法进行修改或删除。

在卖家过度操纵评论的环境下，传统的好中差评对销量的影响仍然存在，而且中差评更加受到消费者关注。而且，研究结果还表明淘宝推出的有图评论和追加评论已成为消费者表达不满意见的新途径[①]。

三、企业三大行为

移动电子商务企业从外界环境中吸收人才、资金、物料、技术。同时，电子商务的触角逐渐伸向社会经济生活的方方面面，其系统边界也越发不清晰。在各级政府、行业主管部门、行业协会和电子商务服务企业、电子商务应用企业、电子商务配套服务企业的共同努力下，电子商务服务已覆盖商业经济的各个方面。

---

① 王墨涵：《开放式在线评论对消费者购买决策的影响研究》，哈尔滨工业大学博士学位论文，2015年。

(一) 变革

移动互联网正在彻底改造社会生产生活的价值链条，"互联网 +" 成为驱动生产、消费与服务的重要力量。就生产者而言，从研发、制造、销售直到用户运营，每一个环节都或多或少地正在重构，一个更扁平化、更有效的价值链正在形成。无论是传统服务与信息服务提供者，都在试图用移动互联终端实现服务价值链重构。就消费者而言，从价值观念、需求到行为每一个层面都或多或少被移动工具所渗透，移动互联网正在加快经济社会的变革。就企业而言，现代企业理论认为，企业的发展，存在的价值在于其从"单个的人"到"团队中的人"到"组织中的人"的整体性磨合，在于个体行为、团体行为到组织行为的演进，在于组织合力所产生了远远超过单个的劳动价值所创造的"1 + 1 > 2"的系统性创造，基于对"现实的人"与物质、技术资源和环境整合的企业整体能力才是企业经济性之源。

我们把管理（能力）作为生产要素因素的微观经济学研究。权威的管理能力一直是钱德勒研究中的重点，管理能力作为"看得见的手"应该纳入微观经济学的分析框架。

由詹森和麦克林（1983）可知：$Q = F\theta$（L、K、M、Φ、T） (2 - 1)

其中，Q 为产出数量；L、K、M 分别为劳动、资本、原材料收入；T 是一个描绘与生产有关的知识和物质技术的向量；Φ 是一个广义化指数，用来描述一系列的"组织形式"的选择，或者是一定的条件下企业可选用的内部博弈规则；θ 是描述企业赖以生存的契约和产权体系的有关方面的一个特征向量或参数向量。

结合企业理论和管理理论，将 L、K、M 理解为团队生产 Tw；Φ 表述为管理能力；T 表述为技术（技术创新所带来的可能的经济效益只有通过组织创新才能被实现，钱德勒，1990）；θ 为外部环境的变量。

则有 $Q = F\theta$（Tw、Φ、T） (2 - 2)

θ 作为外部环境的变量，直接影响了 Tw 和 Φ。当外部环境不变的条件下，常识和现实的情况都是外部环境越有效率，外部制约替代了内部制约，

团队生产 T_w 就越有效率,管理能力 ϕ 的贡献就越小,因此,模型可以转化为:

$$Q = TT_w \phi^{1-\theta} \qquad (2-3)$$

其中,T 表示一定的生产技术(由于资本、设备和人员具有不可分割性,我们假设 T 具有相对稳定性);T_w 表示团队生产;ϕ 表示管理能力;θ 表示外部环境(社会资本)。

因此,当外部环境发生剧烈变化时,尤其是发生革命性的变革时,从组织环境,到组织结构,到组织资源都应相对地发生变化[1]。

移动互联网正深刻地改变着我们生活中衣、食、住、行的方方面面,也为企业提供了全新的商业模式和发展空间。我们可以通过智能移动终端实现以往只能在桌面终端实现的功能,甚至更加高效,而且具有方便、快捷、不受时空限制的特点。现在,我们可以很方便地通过手机获取商铺信息,查看餐馆位置,预订酒店,购买火车票、飞机票等。这些功能的实现,有赖于移动通信技术、移动定位技术、移动支付技术、生物识别技术等先进技术的运用。不断进行技术变革并加以运用,正是移动互联网产业得以蓬勃发展的动力所在。

随着各领域、各行业之间的交叉融合化,电子商务也逐渐呈现向着电子服务扩张与升级的趋势。电子商务平台服务还能覆盖某行业或某领域产业链,甚至能全面应用于企业采购、研发、生产、招商、市场、零售、企划、行政、财务、人力、设计等几乎所有的常规部门。

在带动制造业、物流快速、流通化、宽带、支付等产业发展方面,电子商务发挥着重要的整合和关联作用。电子商务通过构建新的经济组织,创造新的服务方式、开拓新的商业模式,有力地推动着传统经济的转型换代和技术升级。可说,电子商务的发展将广泛地影响我国的经济生活,主要体现在以下几方面。

首先,组织的营销模式得到根本性的改变。艾瑞公司的数据显示,与实

---

[1] 欧阳文和:《规模效率论》,湖南科学技术出版社 2015 年版。

体店相比，网店的营销成本缩减了55%，渠道成本下降了47%，运输时间减少了30%，运输成本节省了60%。跨越不同时间和不同地点，将相关资源进行有效整合和联结，是电子商务的一个本质特点。在互联网上，将分布在各个地域的不同规模、类型的企业联结在一起，由单一、分散的现实空间进入到现实空间与虚拟空间叠加复合的一个新的网络空间。面对此现状，企业应该从客户需求出发，站在客户体验的角度进行产品销售和企业营销。在这个网络空间里，互联网络技术的作用和发挥，使信息流和资金流高效流动、快速匹对，商业空间大大拓展，交易效率显著提高，客户和商家实现零距离交流接触，个性化消费及柔性化生产得到了有力实现和无缝对接，从而释放出巨大的市场消费潜力。

其次，企业组织方式得到变革。市场需求的日益个性化和多样化，使市场竞争加剧、产品生命周期缩短，使得传统的标准化、大规模生产受到了挑战，也使企业原有的组织方式受到了冲击。这种柔性化、个性化定制生产模式，势必会推动企业进行业务流程的改造和全新经营组织模式的变革，从而提高了企业的市场竞争为。随着通信技术的发展，特别是移动通信技术的出现，经济的全球化进程加速进行，组织规模越来越大，越来越呈现出地域分散化特征。移动商务这种实时网络环境下组织的分布式特性表现为地域会散，结点独立自治，活动并发进行等特点，这些特点导致结点间的资源、信息共享、行为协调成为分布式组织管理中的重要内容，也是移动商务环境下组织管理面临的重要内容。由于并发和分布，当前顺序执行的决策系统将不能有效用于未来的组织管理中，分布性将使组织、人员、信息、产品的流动呈现时间、空间、成本多样和复杂化。

移动商务环境所带来的组织管理冲击与影响主要体现为知识与信息的传递方式由等级制、命令链，转为平等共享，因而组织成员间体现为平等与合作、自我管理方式，而传统的管理的方式主要注重服从、管理、管理他人。专业技术与技能在组织分层中的作用加强，出于对移动商务和网络通信的依赖，具有较强移动商务网络知识与技能的员工往往得到重视，在组织中的地位也会得到提高。

再次，企业的创新性得到改善。企业构建移动互联网管控模式要具备较强的聚合性、引导性和创新性。产品的个性化较强带来目标客户群的细分和小众化，这样产品的差异化和丰富化是有效的手段，而任何一个企业要提供众多的产品类别会带来收益的递减和成本的上升，因此企业管控模式要能够聚合众多的开发者或合作伙伴，根据各自的市场定位和关键能力，选择特定的产品进行供应，以小聚多，形成产品的规模化和对用户的吸引力，才能构建比较好的盈利模式，也提高管控效率。

最后，商业模式要不断在产品提供、市场营销等业务模式上进行创新。一是满足客户需求的变化；二是提高对年轻群体的吸引力，通过掌控年轻群体带来示范效应。从消费者对移动互联网产品的使用感知越来越重视，要求不断提高的趋势中可以看到，移动互联网产品端到端服务的重要性正在不断上升，用户对产品的要求已经不再仅仅停留在终端、网络、应用某一单个层面，消费者在选择移动互联网企业产品时会进行更多的综合判断和决策。用户选择移动网络接入时，会考虑有哪些移动终端可以使用某种网络制式，用户在选择智能手机时，也会考虑手机的操作系统及应用的丰富程度以及安装便捷程度等因素。同样，在选择移动应用产品时，用户会考虑对终端的适应性和用户的网络规模效应等因素。本质上，用户这些客户感知的提升和要求实际上就是对移动互联网产业链成熟度的考量，也是对企业商业模式的选择，而要满足客户不断提高的要求，正是需要产业价值链参与主体在开放、合作的商业模式下，通过彼此能力的分享打造更有吸引力的应用产品，实现用户的规模化发展，并辅以有效管控模式，才能实现企业盈利性发展。伴随着消费者需求的变化，以及网络、技术、业务和终端的逐步融合，移动互联网的商业模式呈现不断创新的发展态势[①]。

（二）竞争

竞争是企业通过某种手段相互争胜、力图取得支配和主导地位的活动与

---

① 钟蔚：《基于能力分享的移动互联网商业模式研究》，北京邮电大学博士学位论文，2013年。

过程。在电子商务市场系统中，由于资源的有限性和企业生态位的重叠，竞争是永存的。互联网的世界里，有一个规律："数一数二，不三不四"。由于互联网的"超级马太效应"，一个细分市场，只有第一名和第二名有存在的价值，第三名以后的土地上，将寸草不生，商业营养严重缺乏。

国内移动互联网产业存在诸多问题，最典型的是无序竞争。产品集中度高、同质化严重，细分用户群规模不大，行业应用成熟度不高，消费者的关注度主要集中在几大典型应用网站上。移动互联网企业的商业模式仍处在模仿、探索阶段，对其他行业的拉动影响力不足，与国外移动互联网产业的发展仍有较大差距。

1. 伯川德陷阱

从互联网精神来看，互联网具有开放性和共享性精神，移动互联网也是如此，而开放必然导致同质性，因此移动应用的同质化发展必定成为一个难以回避的现实问题。

由于中国互联网市场的需求价格弹性、消费者异质性和平台产品无差异等特征，致使中国互联网平台厂商的竞争多数呈现一种伯川德竞争模式，同一市场内平台在博弈时容易进入"囚徒困境"。假设其在市场竞争中，有免费和不免费两种策略，电子商务市场中平台厂商争夺的是用户规模和市场占有率，当其使用免费和不免费的价格策略时，用户规模的竞争是其关注的焦点，所以，厂商只有一方采取免费策略的时候，会获得更大的市场用户规模和全部的市场份额，但无法实现利润，于是都不约而同地采取免费作为自己的占优策略，于是尽管双方都采取不免费时，直观上可能带来的总收益要大于都采取免费策略的收益（不免费时毕竟可以收取货币回报，而免费虽然做大的用户规模，但无法实现货币回报），但厂商仍然竞相用免费策略，陷入价格竞争的"囚徒困境"，厂商的利润无法实现。这样博弈双方恶性竞争的结果弱化了整个电子商务行业的竞争力，企业要么忙于烧钱造市场规模，要么疲于应付如何盈利的问题，无暇顾及新技术和新业务的应用和开展，进一步加剧了平台厂商的无差异化。

例如，在目前移动应用商店模式下，APP 的下载数量都被的热门应用所占据。一款移动应用的用户规模短时间内不能迅速扩张，很快会被淹没在海量的应用之中。在互联网服务业至少有 100000 个 APP，大家都在争抢市场份额。假如服务业有 500 个细分市场，每个细分市场留下 2 名幸存者，幸存者的数量刚好 1000 名。着就意味着要有 99000 个 APP 被淘汰出局，一点痕迹都不留。为占领市场，扩大用户规模，往往移动应用的开发者要付出高额的推广成本。以百度公司的"家洁"为例，如果不进行渠道推广，其所获得的用户数量寥寥无几，而进行推广以后，虽然获得了大量用户，但核算下来，每个用户均摊成本高达 8 元。为赢得用户，企业付出高额推广费的同时，面对的却是盈利模式的单一和消费者付费的排斥。

从伯川德模型的结论表明：只要有一个竞争对手存在，厂商的行为就同在完全竞争的市场结构中一样，价格等于边际成本。得出的结论是，只要市场中厂商数目不小于 2 个，无论实际数目多大多会出现完全竞争的结果。

中国电子商务市场经过近十年的洗礼，eBay 等的退出越发清晰地表明中国电商市场已经进入了寡头竞争的"伯川德陷阱"。淘宝的崛起，并不是某种本土商业模式战胜国际巨头商业模式的佐证，而是中国互联网市场的伯川德竞争陷阱所致[①]。

2. 纵向一体化策略

企业是否采用一体化策略与消费者对互补品多样性的偏好程度相关，与消费者的多样化消费有关。

随着网络效应强度的增加，企业会增大纵向一体化倾向。一体化后企业产品质量的提高增加了边际利润，同时，纵向一体化也提高了消费者福利，企业纵向兼并可消除系统产品各组件间的不兼容性，提高用户效用；纵向兼并后的产品质量高于兼并前的质量，因为一体化后的企业统一了技术标准，

---

① 傅瑜：《中国互联网平台企业竞争策略与市场结构研究》，暨南大学博士学位论文，2013 年。

成本减少，效率提高；纵向兼并后产品的价格也低于非一体化时的价格，因为纵向兼并避免了上下游的双重加价效应。

纵向网络即由行业中处于不同价值链环节的企业共同组成的网络型组织，如供应商、生产商、经销商等上下游企业之间组成的网络，如图2-10所示。有一些企业借助电子商务技术缩短供应链，直接面对消费者；有一些企业将自身业务的一部分外包出去，从而专心于自己的优势业务，增加了供应链长度；有的企业从市场中发现新的商机，改变了产业链的结构。总之，电子商务使得供应链产生更大的价值。

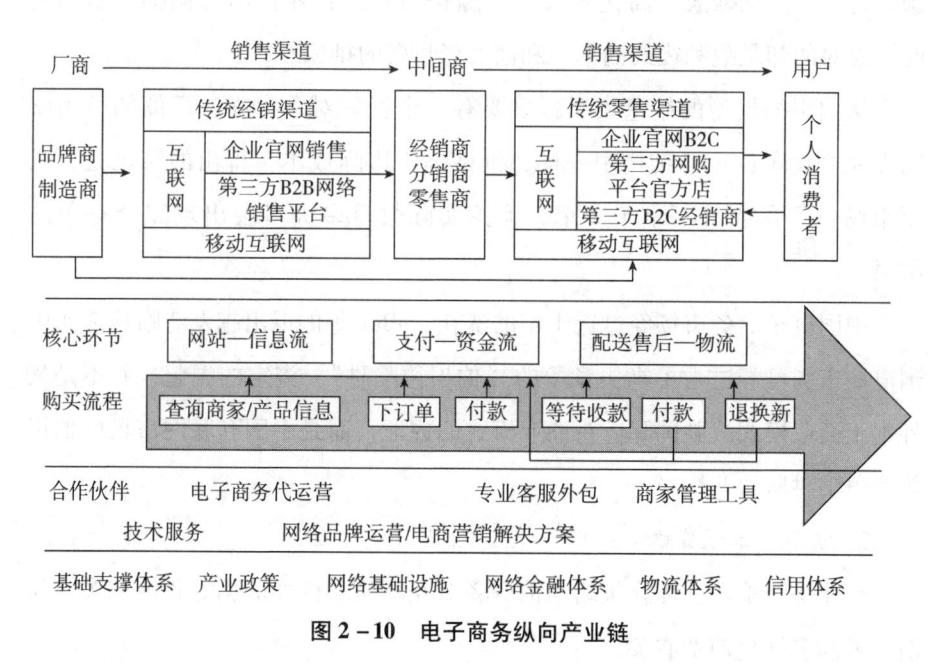

图2-10 电子商务纵向产业链

资料来源：田志虹：《基于自组织理论的电子商务市场网络的演化机制研究》，北京交通大学博士学位论文，2015年。

3. 横向一体化策略

第一，横向规模一体化。横向网络指由处于不同行业的企业所组成的网络。这些企业之间发生着业务往来，在一定程度上相互依存。例如，阿里巴巴对口碑网和雅虎的巨额投资，管理上相互参与，资源上共享，在重大战略决策上采取集体行动，各方之间保持着长期和紧密的联系。阿里巴巴集团近年来投资或收购的部分企业如图 2-11 所示。

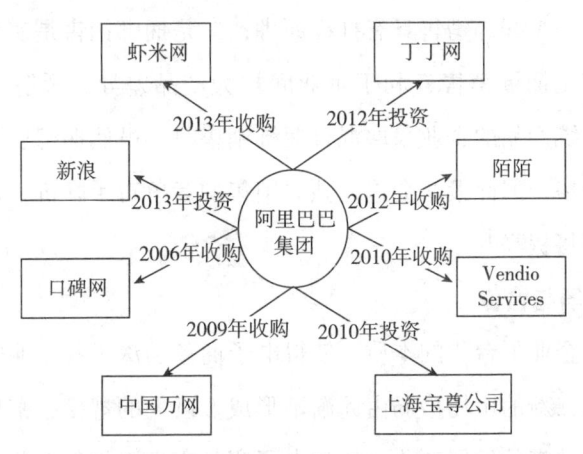

图 2-11 阿里巴巴近年来投资或收购的企业（横向网络）

资料来源：田志虹：《基于自组织理论的电子商务市场网络的演化机制研究》，北京交通大学博士学位论文，2015 年。

第二，产品横向化。这种效应来源于产品需求的互补性。当硬件产品的网络规模扩大时，会吸引更多的软件企业为其提供互补品。互补品种类和数量的增加又使硬件产品使用者有了更多的选择，更好地满足了其多元化的需求。互补品的种类和数量是企业关键竞争要素，如果相互竞争的企业都生产系统产品，则捆绑销售是主要竞争策略；如果企业只生产系统产品中的一种，则一体化策略则成为考虑的重点。

消费者购买了旧产品，在不能进行价格歧视的情况下，如果企业只向新用户高价销售新产品利益更大，企业会选择新旧产品兼容，利用旧产品的安装基础和网络效应来提高新产品的价值和价格；而如果企业同时向新老两类用户销售新产品更加有利可图时，从而促使老用户购买新产品，慢慢缩小旧产品的用户规模。垄断企业具有扩大新旧产品的兼容性以图利润最大化的动机，且利润随前向兼容和后向兼容的网络效应的差异而变化。

捆绑销售分为纯粹捆绑与混合捆绑两种：生产企业如果只销售系统产

品,而不单独销售软硬件产品,称为纯粹捆绑;如果既销售系统产品又分别单独销售软硬件产品,称为混合捆绑。捆绑销售被认为是提高企业利润的有效竞争策略:一是捆绑销售具有杠杆原理;二是捆绑销售是实现价格歧视的有效手段;三是捆绑销售有利于企业间扩大产品差异、缓解伯川德价格竞争。当生产系统产品的企业采取混合捆绑销售时,虽然捆绑后的价格低于独立销售时的价格,但此策略会迫使独立销售的竞争对手降价,最终捆绑销售企业的总利润将提高[①]。

(三)竞争与合作

电子商务企业平台化的本质,使得电子商务加深了各行业间的联系,打破了地域限制,新的市场格局由此渐渐形成。巨大的规模、密切的竞争和合作关系,以及动态的发展变化,导致电子商务市场更加复杂化、生态化。在3G、4G时代的移动互联网环境下,占据主导地位的是第三方平台,其在信息服务的实现过程中扮演着重要的角色,主要以APP,即"应用程序"的方式完成"一站式"的服务,包括对用户信息的收集、分析、整理到信息服务的提供。

平台模式的出现,给整个移动电子商务产业带来了深刻的变革。原来泾渭分明的产业链上下游厂商之间的界限逐渐变得模糊,各方都在依托自身现有的竞争优势向平台模式拓展,以期在竞争日益激烈的移动电子商务产业中立于不败之地。

目前,各大传统互联网公司都在向移动端转型,新兴的移动互联网公司也都跃跃欲试,都想在移动化的浪潮中抢占有利的位置,而商家则是各家"拉拢"的主要目标,是移动电子商务的突破点,哪家公司平台下聚集的商家越多,越能够吸引用户关注,从而提高自身平台的商业价值,吸引更多的商家入驻,以此打造一个良性循环的闭环商业模式。为了将商家纳入自己的商务平台中,各家公司都在移动端推出了针对商家的信息服务平台,最有代

---

① 傅瑜:《中国互联网平台企业竞争策略与市场结构研究》,暨南大学博士学位论文,2013年。

表性的四家公司的产品分别是阿里巴巴的支付宝服务窗、腾讯的微信公众号、百度的百度直达号、360 的 360 来店通。这些服务的共同特点是通过信息服务的推送将线上进行搜索、浏览、查询的用户导入到线下的实体商铺中，并且可以自由地切换线上、线下服务，让商家和用户之间通过信息平台进行沟通和交互，帮助商家挖掘用户。

那么，构成平台模式的特点有哪些？(1) 平台具有开放性特征，如阿里巴巴、亚马逊等公司就将公司名下的平台完全开放，任何人在不违反规定的情况下都可以在平台中进行商务活动。(2) 平台模式具有双边市场和网络外部性特征，简单来说就是平台吸引的提供商越多，客户就越感兴趣，数量也会相应增长，反之亦然。(3) 市场中有大量潜在的参与者与用户需要对接，也就是说平台要有潜在的需求才能发挥最大的效益。(4) 平台企业具有至少一项核心能力或应用是其他厂商不具备的，可以成为企业的核心竞争力，可以是资金、品牌、关键技术、渠道能力、运营能力，如新浪微博、360 安全卫士、QQ 等"杀手级"应用。(5) 平台企业和合作伙伴不是直接的竞争者，两者应当是互补的。(6) 平台企业能够通过平台模式的运营为自身和合作伙伴带来更大的收益。

移动电子商务现在的发展，已经完全符合平台模式产生的要素，因此平台模式应当是今后发展信息服务的必然选择。在移动互联网的马太效应下，单一的信息服务提供模式将难以为继，社交网络、移动通信、搜索引擎、线上游戏等都将转为平台化发展的商务模式。强者往往因为平台的规模效应出现收入的几何级数增长，可以掌控全局，而弱者则只能得到"残羹剩饭"，呈现出非常明显的"数一数二，不三不四"特征。

移动电子商务服务链将各类服务主体紧密连接起来，通过主体共同作用为移动电子商务活动提供一体化服务，在此基础上对服务质量进行有效控制。其中，电子商务企业作为与用户直接交互的服务主体，是服务链上其他成员围绕的核心，各成员通过自身业务开展为其提供支持性服务。在服务运作与质量控制中，各主体基于一定的利益关系展开广泛合作，彼此间存在着复杂的交互关系，从移动电子商务服务链上的主体交互关系可以看出，通过主体间的有序竞争与合作，不仅有效地整合了分散的服务资源，而且提高了服务绩效，充分发挥各成员的服务功能和优势，为客户提供个性化、多元化移动服务。同时，各成员自身优势及其在长期交互过程中产生的相互信任，是移动电子商务服务分工协作的集体效率的组成基础。服务成员间的稳固合作关系，一方面有助于各主体在持续合作中形成整体协同效应；另一方面能有效促进服务联盟的产生，实现服务质量协同控制。竞争和协同是相互矛盾又相互依存的。竞争导致生态多样化，导致分工、细分市场、创新模式；而协同使个体行为联合起来并加以放大，使系统自组织出新的有序结构，甚至改变系统的宏观形态。两者是电子商务市场系统演化的重要驱动力。

在电子商务市场的发展过程中，可以看到竞争与合作机制的作用过程。在电子商务的发展初期，主要的电子商务模式是展示企业的产品信息。生产企业、商业信息展示平台和浏览者构成了一个三元素的循环，如图2-12所示。商业展示平台网站为生产企业提供获得更多订单的机会，其本身可以获得一定的推广费用，浏览者通过该平台可以了解更多产品信息，同时提高平台的访问量和人气。三元素之间是单纯的互利合作关系。

随着市场的发展、技术的更新换代，更多商业模式出现。B2B平台、B2C平台和C2C平台作为电子商务市场的核心元素，聚集了大量相关个人和组织，包括技术服务商、生产企业、物流企业、金融企业等，如图2-13所示。其中，既有电子商务的服务对象，也有电子商务的基础支持者。电子商务市场从一个简单的三元素循环扩展为复杂网络，元素之间相互依赖、协同发展，成为关系复杂、纵横交错的超循环系统。

然而，竞争与合作的演化并没有停滞不前，反而越发扩张。如图2-14所示，电子商务核心商业模式之间发生融合和变异，例如，C2C模式在削弱，模式在兴起，B2C和B2B模式有发生融合的趋势。同时，除了电子商务支撑行业和衍生行业的快速发展外，电子商务的服务对象一方面深入传统产

第二章 移动电子商务市场行为

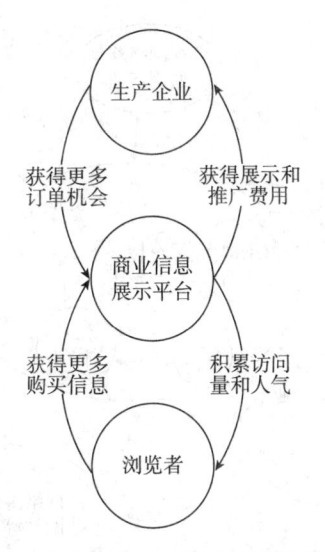

图 2-12 生产企业、商业信息展示平台和浏览者构成的三元素循环

资料来源：田志虹：《基于自组织理论的电子商务市场网络的演化机制研究》，北京交通大学博士学位论文，2015 年。

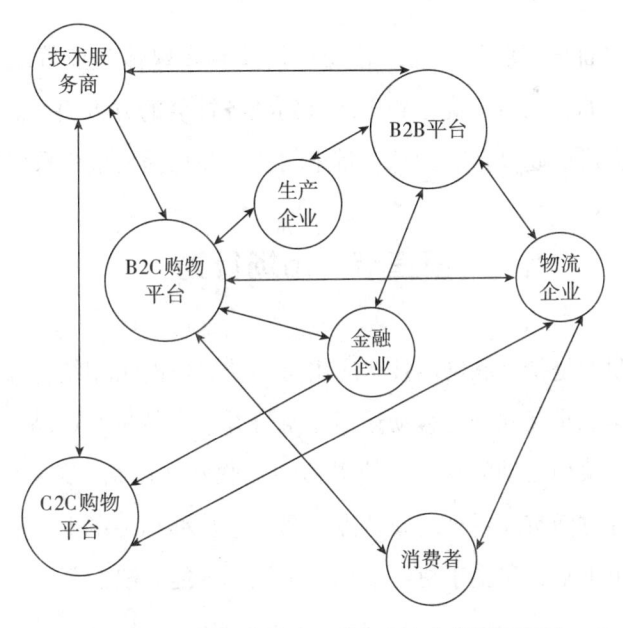

图 2-13 拓展到其他企业的电子商务超循环系统

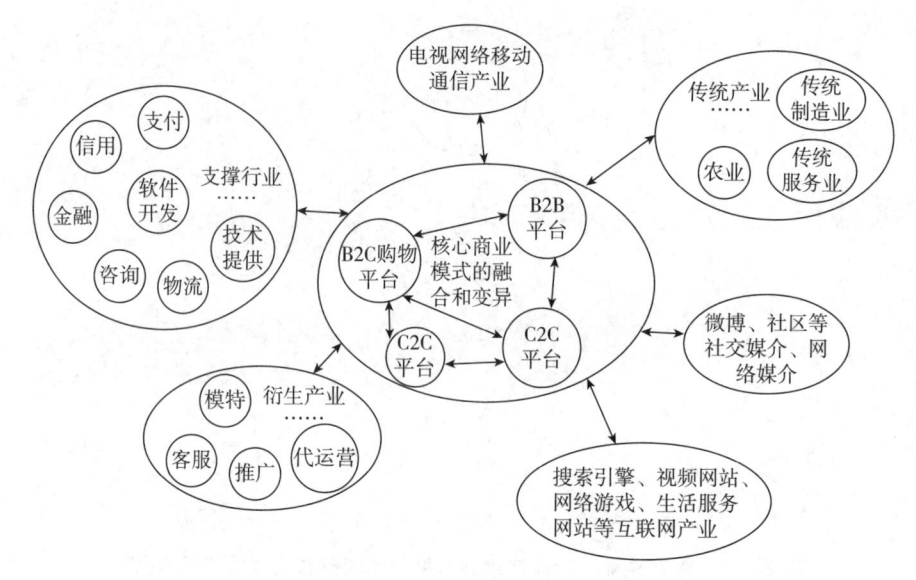

图 2-14　拓展到其他行业的电子商务超循环系统

资料来源：田志虹：《基于自组织理论的电子商务市场网络的演化机制研究》，北京交通大学博士学位论文，2015 年。

业中，另一方面与互联网产业、移动通信业和多媒体产业等结合越来越紧密。可以说，如今的电子商务触角深入到经济社会的方方面面。只要有合作的价值，就会形成超循环，为双方带来利益，并且提高整个系统的价值①。

第三节　市场行为

移动互联网是指互联网的技术应用与移动通信网络相结合并产生的实践活动的总称，也是互联网与移动通信相融合并，即技术、产品、服务、内容和模式上的一系列活动的集合。使得移动互联网在网络、终端、产品形态，及商业模式等方面有一系列的新特点。第一，从移动终端上，移动终端在功能和形态上更丰富，包括手机终端功能手机、智能手机、平板电脑、消费电

---

① 田志虹：《基于自组织理论的电子商务市场网络的演化机制研究》，北京交通大学博士学位论文，2015 年。

子产品、行业专用终端等。第二,从移动网络技术上,既有 2G、3G、4G 等移动通信网络,也包括 Wi-Fi 等其他接入技术。第三,从内容服务上,可以实现传统互联网内容的移动化,也有基于移动终端特性的创新型应用服务,如定位服务、移动支付、移动视频监控等。

移动互联网在本质上即兼有了桌面互联网的免费、开放、无中心特点,又具有了移动通信的便捷性、隐私性、实时性、无处不在等特点。

一、一条系统产业链

移动电子商务体系是一个包含企业和商家、电信运营商、电子商务提供商等主体在内的商务系统。该体系还包括其支撑、支持作用的终端厂商、金融及支付服务商、物流商和其他类型服务提供商。根据移动电子商务体系中各个主体在产业上下游所处的位置,各个主体通过信息、物流和资金流链接组成移动电子商务的产业链,如图 2-15 所示。

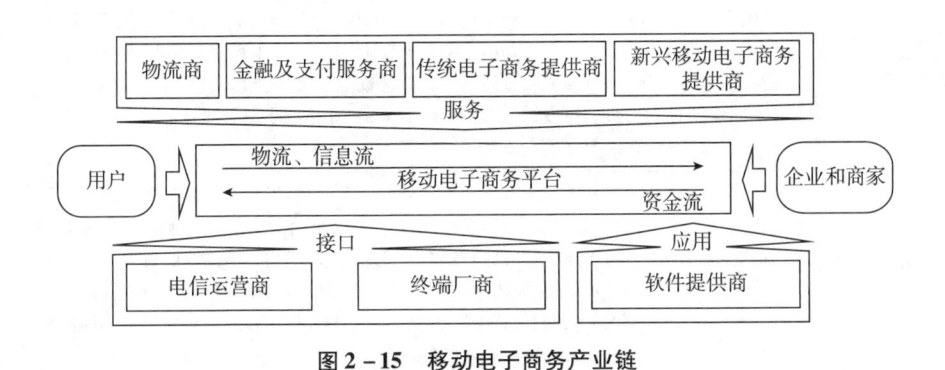

图 2-15 移动电子商务产业链

(一) 六大主体

移动电子商务产业链的六大主体分别为终端设备提供商、移动网络运营商、金融及支付服务商、移动电子商务提供商、软件提供商、物流运营商,这六大主体的市场定位如表 2-1 所示。

表 2-1　　　　　　　　移动电子商务产业链主体及市场定位

产业链主体	典型企业	市场定位
终端设备提供商	苹果、三星、华为、中兴	提供中断识别及其应用。移动电子商务的硬件接口,对于提升用户体验具有重要作用。移动电子商务的用户体验在很大程度上,取决于终端产品的硬件配置和处理能力,大屏幕、全键盘、高信息处理能力的手机终端,可大大提高用户应用移动互联网进行电子商务的便捷性
移动网络运营商	中国移动、中国联通、中国电信	网络接入服务与运营。处于移动电子商务产能及信息交汇的核心地位,拥有移动电子商务末端的所有用户资源,任何移动电子商务的应用服务均需通过运营商的信息通道进行,电信运营商因其在移动电子商务产业链中的位置特殊性,在移动电子商务产业发展中发挥极其重要的作用
金融及支付服务商	包括银联、各大银行,以及支付宝等内在的金融服务机构和第三方支付机构	交易资金的在线支付。对资金链具有天然控制力。商业活动中所有资金的流动最终都要通过金融机构进行划转和结算,因此移动电子商务活动,银行、银联等金融机构有着天然的资金链控制优势。在实际的电子商务活动中,第三方支付平台确保了资金支付的安全性和合理性,其在移动电子商务产业支付环节中同样具有重要作用和现实意义
移动电子商务提供商	包括传统电子商务提供商,如淘宝网、当当网等,以及新兴移动电子商务提供商	移动电子商务平台服务。目前,淘宝网、当当网和卓越亚马逊等传统电子商务企业已经完成了在移动电子商务的布局,传统电子商务提供商在 PC 端电子商务积累了成熟的运用经验,使整个移动电子购物在产业链各主体中更具有最为成熟的电子商务服务体系。新兴移动电子商务提供商中,爱购商城等,已经通过运营模式的创新,在移动电子商务细分市场中得到了良好的发展
软件提供商	用友、UCWEB、OPERAD 等	电子商务企业应用软件服务。为移动电子商务平台服务提供信息及应用入口。近年来崛起的 UCWEB 等移动互联网浏览器软件,已经在移动互联网发挥了门户网站式的重要作用。未来,相应的应用软件提供商将形成对用户信息及应用入口的有效控制,移动电子商务服务平台将更多地依靠应用软件提供商提供用户进入的通道
物流商	EMS、顺丰等	仓储、物流、配送

资料来源:傅瑜:《中国互联网平台企业竞争策略与市场结构研究》,暨南大学博士学位论文,2013 年。

(二)四大主导服务方式

根据艾瑞咨询在近期对中国移动电子商务市场的研究,艾瑞咨询将当前中国移动电子商务服务模式总结为四类,分别是电信运营商主导的移动电子商务、传统电子商务提供商主导的移动电子商务、软件提供商主导的移动电子商务和新兴移动电子商务提供商主导的移动电子商务,如图2-16所示。

```
                          电信运营商
    中国移动通信    通道+平台    注重凭借用户人口优势搭建
                  借用户搭平台   移动电子商务平台
                              强调对移动电子商务产业
                              价值链的控制

    淘宝网                               用友
    当当网
    亚马逊
            品牌+运营   移动电子商务   软件+服务
            打品牌促运营   主导方式   以软件推应用
    传统电子商务提供商                          软件提供商
    注重品牌影响力和                         注重软件对移动电子商务
    运营实力的发挥                          服务中的应用
    强调对移动电子商务客户                    强调对移动电子商务商户
    消费个性化需求的把握                    运营多样性需求的满足

              专注+创新
              靠专注谋创新
    立购        新型移动电子商务提供商
    爱购        注重对移动电子商务服务
    24小时移动商城  特殊性的专注
              强调对移动电子商务专有
              服务模式的创新
```

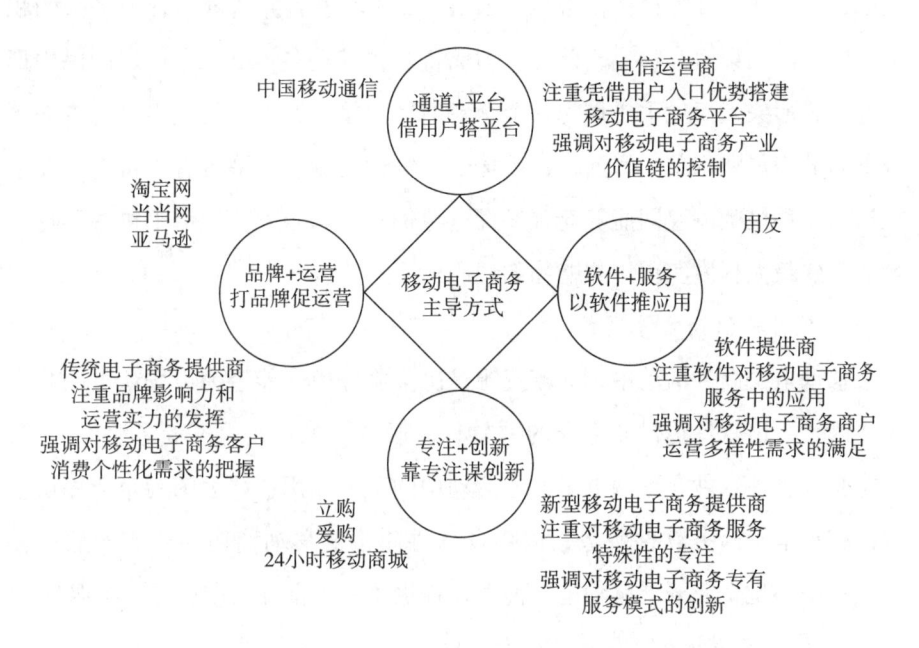

图2-16 中国移动电子商务四大主导方式

资料来源:艾瑞咨询。

1. 电信运营商主导模式

在由电信运营商主导的"通道+平台"的移动电子商务服务模式中,电信运营商在产业链中信息传递的核心位置,使其拥有规模庞大的潜在用户基数,凭借用户信息通道的巨大优势,电信运营商搭建移动商务平台水到渠成。如移动商城,中国移动面向移动手机用户、广大互联网用户,以及商家提供电子商务服务,商城可以通过PC和手机两种方式进行访问。在手机端,通过以手机积分、手机话费、专用账户及手机银行为主的支付手段,通过邮政系统、快递公司向用户配送货品为主的货物流通方式,移动商城实现了物流、信息流、资金流一体化的移动电子商务模式。

2. 传统电子商务提供商主导模式

在由传统电子商务提供商主导的"品牌+运营"的移动电子商务服务模式中，传统电子商务提供商务依靠其在 PC 端电子商务运营、管理经验的积累，以及商品渠道、物流仓储的实力储备，尤其是多年以来在广大网民中形成的品牌形象，仅凭手机作为一个全新的用户接入通道，就能为自身带来源源不断的客户和订单。目前，在市场上已经运营成熟的平台有手机淘宝和手机当当。手机版淘宝网能够充分发挥资源优势一马当先，凭借手机端购物平台的搭建最大程度实现用户购物的便利化。

3. 软件提供商主导模式

移动电子商务活动中，商家资源是决定服务模式能否为市场认可的一个重要因素。由软件提供商主导的"软件+服务"的移动电子商务服务模式，注重企业管理软件在移动电子商务活动中的重要作用，并力图为企业提供全程的移动电子商务软件服务，以用友软件旗下的移动商街为代表的服务模式，为中小型企业开展移动电子商务，提供了一个良好的市场进入机遇。

4. 新型移动电子商务提供商主导模式

在移动电子商务发展的过程中，移动互联网本身诞生了一批专注于移动电子商务的新兴商务平台，这些移动电子商务平台主导的模式以"专注+创新"为主要特色。移动电子商务服务模式本身具有区别于传统电子商务的特点，新兴的移动电子商务提供商摆脱传统电子商务发展的僵硬思路，专注于对移动电子商务专有服务模式的创新。

（三）移动电子商务的具体应用

目前，移动电子商务主要提供以下服务：

（1）银行业务。移动电子商务使用户能随时随地在网上安全地进行个人财务管理，进一步完善因特网银行体系。用户可以使用其移动终端核查账目、支付账单、进行转账，以及接收付款通知等。

（2）交易。移动电子商务具有即时性，因此非常适合股票交易等应用。移动设备可用于接收实时财务新闻和信息，也可确认订单并安全地在线管理股票交易。

（3）订票。通过因特网预订机票、车票或入场券已经发展成为一项主要业务，其规模还在继续扩大。移动电子商务使用户能在票价优惠或航班取消时立即得到通知，还可随时支付票款或在旅行途中临时更改航班或车次。借助移动设备，用户可以浏览电影剪辑、阅读评论，然后订购邻近电影院的电影票。

（4）购物。借助移动电子商务，用户能够通过移动通信设备进行网上购物，如订购鲜花、礼物、食品或快餐等。传统购物也可通过移动电子商务得到改进，例如用户可以使用无线电子钱包等具有安全支付功能的移动设备，在商店里或自动售货机上购物。

（5）娱乐。移动电子商务将带来一系列娱乐服务。用户不仅可以利用移动设备收听音乐，还可以订购、下载特定的曲目，而且可以在网上与朋友们玩交互式游戏，还可以参加快速、安全的博彩等活动。

（6）无线医疗。这种服务是在时间紧迫的情形下，向专业医务人员提供关键的医疗信息。医疗产业十分适合移动电子商务的开展。在紧急情况下，救护车可以作为治疗的场所，而借助无线技术，救护车可以在行驶中同医疗中心和病人家属建立快速、实时的数据交换，这对每一秒都很宝贵的紧急情况来说至关重要。无线医疗使病人、医生、保险公司都可以获益，也会愿意为这项服务付费。

（7）移动应用服务。一些行业需要经常派遣工程师或工人到现场作业。在这些行业中，移动应用服务提供商将有开展业务的巨大空间。移动应用服务提供商结合定位服务技术、短消息服务、无线应用协议技术以及呼叫中心技术，为用户提供及时的服务，提高用户的工作效率，使用户得到更加满意的服务。

（四）一个拓展的产业链

移动电子商务产业链既有其支撑行业，涉及技术提供、软件开发、信用、金融、支付、物流等，还有其衍生行业的客服、推广、模特、代运营等，也包含有线电视网络移动通信产业、搜索引擎、视频网站、网络游戏、生活服务网站、微博社区等社交媒介，还能拓展到传统产业，从而形成一个庞大的产业链，改变我们的生活方式和生产方式。如图2-14所示。

　　这是一个无比庞大的产业链，新增了很多内容，每年都在变化和扩大。比如说微博社区。这一类型是近来出现的新模式，并且是未来的发展趋势之一，即借助社交网站、微博、社交媒介、网络媒介等传播途径，通过社交互动、用户自生成内容等手段来辅助商品的购买和销售行为。例如，基于共同兴趣的社交商务网站——蘑菇街和美丽说等；基于已有电子商务网站构建的社区，如淘宝社区等；基于社区的社会化电子商务营销，微博营销等。

　　比如说O2O，也是顺应移动电子商务发展趋势而产生的一种立足于本地生活服务的电子商务模式。O2O的本质就是把线上潜在的有消费需求的消费者带到线下的实体店中去，消费者采用移动支付的方式购买线下的商品或服务，再到实体店中领取物品或享受服务。实体店通过O2O应用在线提供打折、团购、优惠券等信息服务，把线下的信息推送给线上的用户，吸引用户消费，从而将他们转化为线下实实在在的消费客户。

　　比如说APP。有人更直接地把移动电子商务＝"手机"＋"APP"＋"网民"。APP是移动电子商务的载体，智能手机是硬件，网民通过"手机"和"APP"进行的活动就叫移动电子商务。APP是移动电子商务发展实现途径中最核心的一个要素，APP的发展潜力很大程度上影响了移动电子商务的发展潜力，移动电子商务侧面也能影响APP的发展程度。APP的诞生更是将图片、音频、视频等各种方式的移动营销完美地整合在一起。此外，APP给消费者带来了新的网上购物体验，其不仅节省了消费者网购的时间，而且使消费者摆脱了空间上的束缚，大大提高了网购的效率，这也使得网上购物向移动购物的方向发展。

　　比如说移动电子商务在娱乐休闲领域的应用。移动娱乐休闲是指通过移动终端利用无线网络玩游戏、看电子杂志、听音乐和看视频。手机游戏如愤怒的小鸟，风靡一时；在手机游戏市场中，中国手机游戏活跃用户达数百万户，其中手机网络游戏用户占总体手机游戏用户的近半数，一出现同时在线规模几十万的手机网游，如腾讯出品的斗地主等；电子杂志如杂志可以随时随地下载更新最新的杂志内容，杂志种类多种多样，涵盖领域十分广泛；音乐下载和收听应用如百度音乐、酷我音乐等可以随时下载最新流行曲目；视频应用如优酷、爱奇艺等不仅收罗了院线电影，同时上传了诸多原创影视作品。

比如说移动电子商务在社交通信领域的应用。社交网络服务是为了帮助用户建立个人社会性网络的互联网应用。移动是基于互联网发展而来，因其定位功能和移动特征使其应用更具优势。由腾讯公司推出的即时通信应用"微信"同样是社交类典型应用，其摇一摇、朋友圈、附近的人等功能帮助人们基于不同的方式建立和保持个人社交网络。

二、一个中心

移动电子商务具有移动性、即时性、便利性、个性化、位置性等特点，移动互联网用户也具有不一样的特点：一是比传统互联网更具有普适性，用户规模更大；二是用户的参与度比以前更深；三是用户的参与更具有互动性，无论在内容应用的接收和提供方面都更具有用户的参与和体验；四是用户对移动互联网的需求更加多元化，除了传统的通信、娱乐外，更多地与人际关系维系、个人日常生活及工作学习紧密联系起来了。如图2-17所示。

移动电子商务市场的主体已不仅是传统互联网时代的用户和互联网企业，电信运营商和传统线下企业也将参与进来，形成以用户为核心的环形产业链。

第一，用户之争替代了流量之争。国际数据公司认为，移动电子商务市场需要以单个消费者为核心进行业务模式的重新构建，而不仅仅是简单地把传统固定电脑端的内容过渡到移动端。由于用户使用的任何一个移动互联网业务都与终端性能、网络质量、应用产品功能紧密相连的，因此在电信运营商、终端提供商和服务提供商之间存在紧密的信息流和能力流交互。可以看

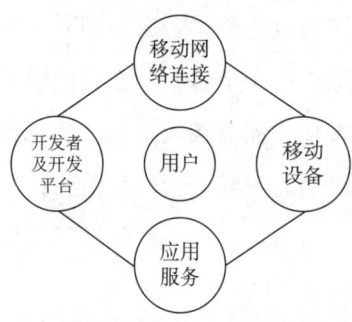

图 2-17 移动互联网发展生态

资料来源：艾瑞咨询。

出，虽然用户的独立选择性更强了，但是由于移动互联网产品体验重要性的上升，使得参与主体在产品提供上的合作更为紧密。用户是第一接触点，也就是终端和浏览器的争夺日趋激烈的对象。为了普及移动互联网应用，掌握和控制用户接触点，各类企业均期望抢占产业价值链的主导权，提前进行战略布局。智能终端首当其冲成为争夺的焦点，电信运营商通过资费计划进行补贴、捆绑，互联网企业通过贴牌生产或深度定制推广企业应用产品。移动互联网用户成为运营企业争夺的焦点。不论是天猫、京东等电子商务企业，还是像苏宁、国美等线下线上模式转型的零售业，或是联合利华、可口可乐、星巴克等品牌厂商，甚至连移动、电信、联通这三家电信运营商都将成为未来这一市场竞争中的重要参与者。消费者自身将成为各方竞争的焦点，以此替代之前的流量入口竞争。

第二，用户的新特点使得移动互联网应用产品的新特点。一是产品服务的个性化特征越来越明显。由于移动互联网技术的发展，对业务创新带来了前所未有的可能性。用户通过移动终端可以实现业务的定制，运营企业通过客户消费数据的挖掘，也能进行个性化的服务提供。二是应用产品使用人群的广泛性。移动互联网产品的消费群体出现了明显年轻化趋势，年轻人、受较高教育人士和商务人士引领着目前的移动互联网市场，尤其年轻人是移动互联网的主流力量。此外，时尚人群对应用产品的引领对移动互联网也具有巨大的促进作用。随着互联网的普及，中老年用户的群体也越来越大。三是消费体验特征明显。类似电信服务，移动互联网产品也具有服务即产品，是消费与服务过程的合一。因此，用户的产品使用感知对移动互联网应用产品的创新具有重要的作用。消费者对移动互联网应用产品的客户体验感知对业务的发展模式也至关重要。

第三，用户价值观替代了企业价值观。移动互联网产业价值链在演化的过程中，不论各种主体之间是如何对产业利益进行竞争或分配，有两点是移动互联网产业价值链在变化中尤其值得关注的，一是消费者的地位是不断得到加强的，消费者的价值主张也越来越得到重视，消费者的诉求和需要始终是产业链的核心；二是消费者与产业链中各方的关联也是越来越密切的，其信息流、价值流的交互也是越来越复杂的。是由于消费者地位的提升，客户价值和客户体验得到重视，产业单一主体对用户的掌控力度在减弱，从而要求产业价值链各参与主体更加重视彼此之间的合作。

第四，用户的消费行为、决策购买行为对商业模式，尤其是其业务模式、盈利模式的构建具有重要的作用。对消费者来说，移动互联网既是一种数据业务产品，也是一种新的消费模式，为用户创造了一种全新的服务体验。移动互联网发展对消费者带来一些新变化的同时，用户对移动互联网产品的使用也提出了新的要求。因此各参与主体在产品开发和服务提供上的分享更多，彼此基于产品的交互更加频繁。这种合作不仅仅是原有的资源、信息的共享，通过共享来实现各主体自身能力的提升，从而使合作创造更大的价值，以应对用户日益提高的消费要求。移动互联网将向以用户为中心，多元竞合，协同发展的产业价值链形态方向发展。

第三章 移动电子商务市场结构

第一节 移动电子商务市场结构概述

移动电子商务是移动信息服务和电子商务融合的产物。3G技术到4G技术的发展进化,转变了人们的消费观念和商家的经营理念,当今时代,移动电子商务已经成为一种新型的商务模式,与人们的生活密切相关,其发展前景广阔,并对中国的经济产生深远的影响。

随着中国移动通信技术的快速发展,智能手机等移动终端设备越来越普及,在这些设备上,可以随时随地购物、订票、社交、游戏、娱乐,以及办理银行业务等,其快捷又方便的特性使人们越来越依赖手机,甚至成为日常生活中不可或缺的一部分。基于此,包括这些移动终端设备经营的移动电子商务迅速崛起,市场份额逐步提升。

一、移动电子商务市场结构与现状

(一)应用现状

1. 移动购物市场份额飞速增长

近年来移动购物的市场结构占比增长迅速,已变为占比最大的细分行业(见图3-1)。移动互联网时代,信息渗透无处不在,消费者进行消费已经不受时间和空间的限制,趋于社交化、场景化,迎合了当下人们更加碎片化的空闲时间,同时,微商、直播营销、VR、O2O等各种各样的消费方式可供选择,这些都促使了移动购物的快速发展。近几年,移动购物从无到有，发展迅速，一方面是因为移动终端设备的普及，转变了消费者的消费习惯和消费观念，进而推进移动购物的发展；另一方面，传统企业在移动互联网上的大力布局和电商企业的推动也都促进移动购物的快步发展。

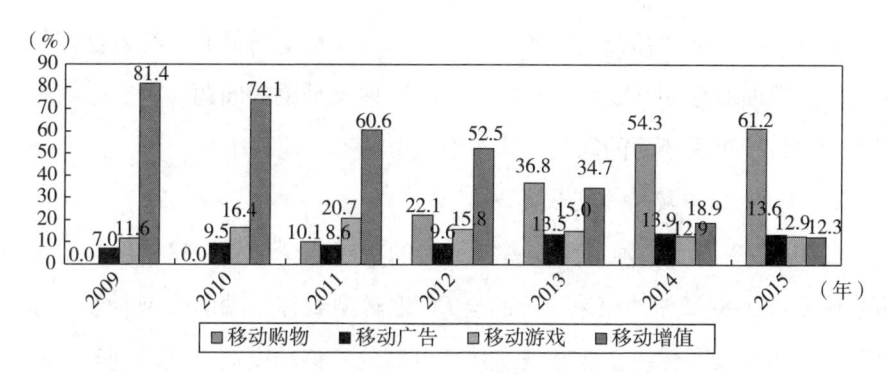

图 3-1 中国移动互联网细分行业结构占比

资料来源：艾瑞咨询；2015 年数据来自中国产业信息网。

移动广告市场在 2015 年已进入成熟化发展阶段，市场占比为 13.6%。一方面，各搜索企业稳步推进移动流量商业化进程，移动搜索广告收入大幅增加，带动了整个移动广告行业的增长；另一方面，移动广告市场逐步走向成熟，市场竞争有序化，品牌广告主投入不断增加，决定了整体广告市场将在一定时间内保持高速增长。

在移动游戏市场，由于 2013~2014 年的渠道之战，2013 年移动游戏市场在整个移动互联网行业中占比有所下降，但是手游的从业者大多是从端游和页游转型过来的，有大量的游戏运营经验。因此，这之后，运营将是各家企业的另一个主战场，通过适当的运营技巧延长产品的生命周期，增加用户黏性，吸引潜在用户，促使整个市场继续增长。一方面，以网易为代表的传统端游企业大规模进军手游市场，推出了如《梦幻西游》这类端游 IP 的移动端产品，深受玩家欢迎；另一方面，长通勤时间和快生活节奏使得玩家对游戏移动化的需求加深。

移动增值业务市场是指利用电信通信网络、移动互联网网络等方式连接消费者和生活服务行业，满足消费者在日常生活领域中的娱乐、信息获取、交易的需求的服务业务市场。移动增值业务市场的发展根基为中国手机用户数、3G/4G 手机用户数及移动互联网用户发展规模。在手机用户用数保持规模的同时，通信技术的革新，从 2G 到 4G 网络的逐步升级，使移动增值业务可以和移动互联网相结合，更加贴近用户需求，移动增值业务有着良好的市场空间。但面对移动互联网普及过程中盗版现象严重的问题，以及在盗版环境下用户付费意识淡薄的问题，移动增值市场不断地被压缩。

2. 移动电商市场集中度较高

如图 3-2 所示，阿里无线占据绝对的垄断地位，其在移动网购市场中市场份额占比 84.2%。京东、唯品会 PC 端转型到移动端的典型企业，苏宁易购、国美在线是传统企业转型到移动电商的，移动电商时代的到来，吸引力越来越多的新势力进入市场，竞争愈加激烈，各企业也在不断努力实现创新改革，抢占市场份额。

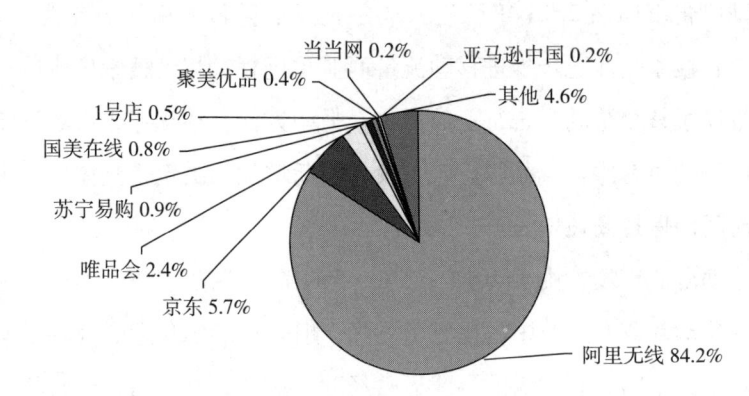

图 3-2 2015 年中国移动网购企业交易规模市场占比

资料来源：艾瑞咨询。

在 2015 年移动电子商务企业市场份额中，阿里无线之所以占有绝对优势，一方面，归因于其强大的流量基础和品牌优势，其垄断地位占据多年，无法撼动；另一方面，其自身技术和服务不断创新，绑住老用户，吸引新用

第三章　移动电子商务市场结构

户，因此，市场份额逐年增加。

京东占比5.7%，排名第二。首先，在近两年内，京东陆续投资几档流行的综艺节目，在广告下宣传方面下足工夫，还在手机端不断进行优惠促销活动以迎合用户喜好，保证自己的市场份额。其次，自2014年3月腾讯和京东商城宣布达成战略联盟，通过股权投资和深度业务合作共同发展中国实物电子商务业务，预示着京东商城将会与阿里巴巴成为移动电商两大巨头，互为竞争对手。最后，垂直品类经济或人群经济成发展新趋势，移动电商将提供愈加精准的服务，各垂直品类细分的市场格局显示一家独大（见图3-3）。随着国家经济发展水平的提高，人民生活水平显著提升，消费者开始更加注重生活品质，对商品的质量提出更高的要求。基于此，适合特定人群的垂直品类经济成为移动电商发展的新趋势。例如，贝贝网围绕母婴人群发展的"妈妈经济"。基于特定人群，打造一站式购物入口；以易果生鲜为代表的生鲜电商和以土巴兔为代表的家装电商崛起，基于垂直行业深入发展。

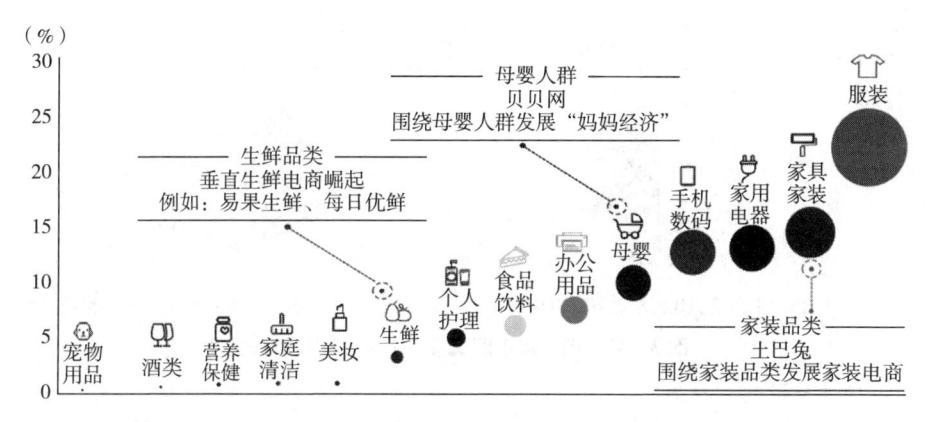

注：统计品类包括服装、家居家装、家用电器、手机数码、母婴、办公用品、食品饮料、个人护理、生鲜、美妆、家庭清洁、营养保健品、酒类、宠物用品。

图3-3　2016年中国移动购物品类细分

资料来源：艾瑞咨询。

3. 母婴电商市场广阔且渗透率不断提高

自 2011 年以来，母婴电商发展迅速，渗透率不断提高。2015 年同比增速为 98.4%，渗透率达 15.5%（见图 3-4）。随着"二孩政策"开放，社会将迎来一波新生儿潮，母婴电商发展前景向好。从市场格局来看，综合母婴电商平台中，天猫仍占据主导；垂直母婴电商平台中，贝贝网发展迅速，占据优势地位。

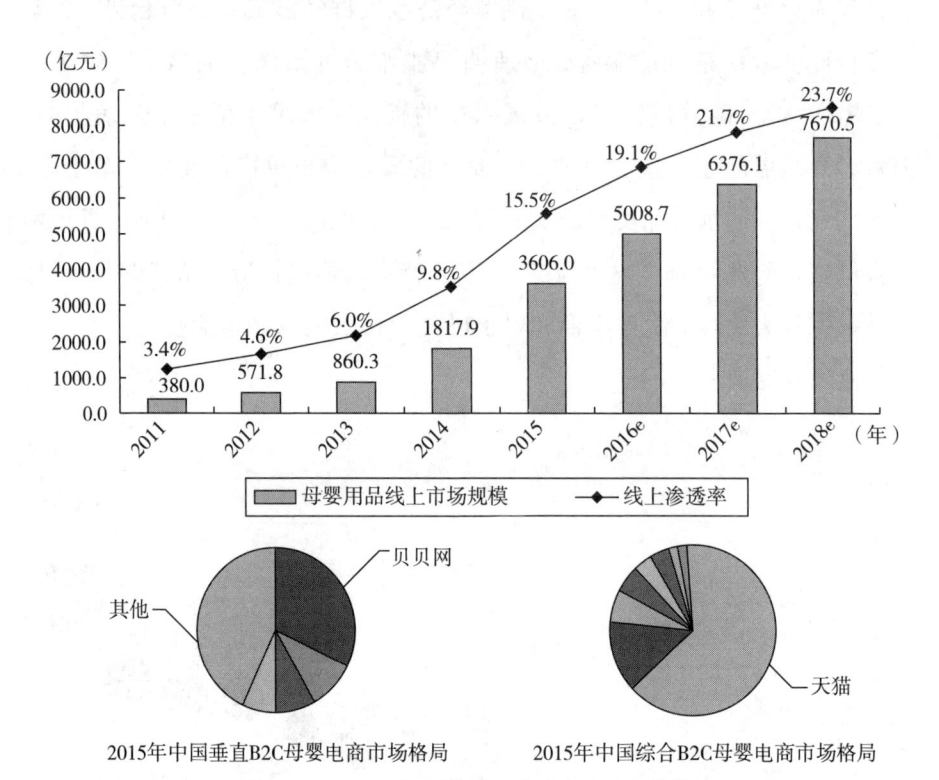

图 3-4　2016 年中国母婴移动电商市场格局

资料来源：艾瑞咨询。

4. 中国生鲜电商呈现低渗透、高增长特征

中国生鲜电商市场发展迅速，平均每年保持 80% 以上的增长率。但是渗透率较低，2015 年生鲜电商占农产品零售总额的比例仅 3.4%，发展空间广阔（见图 3-5）。

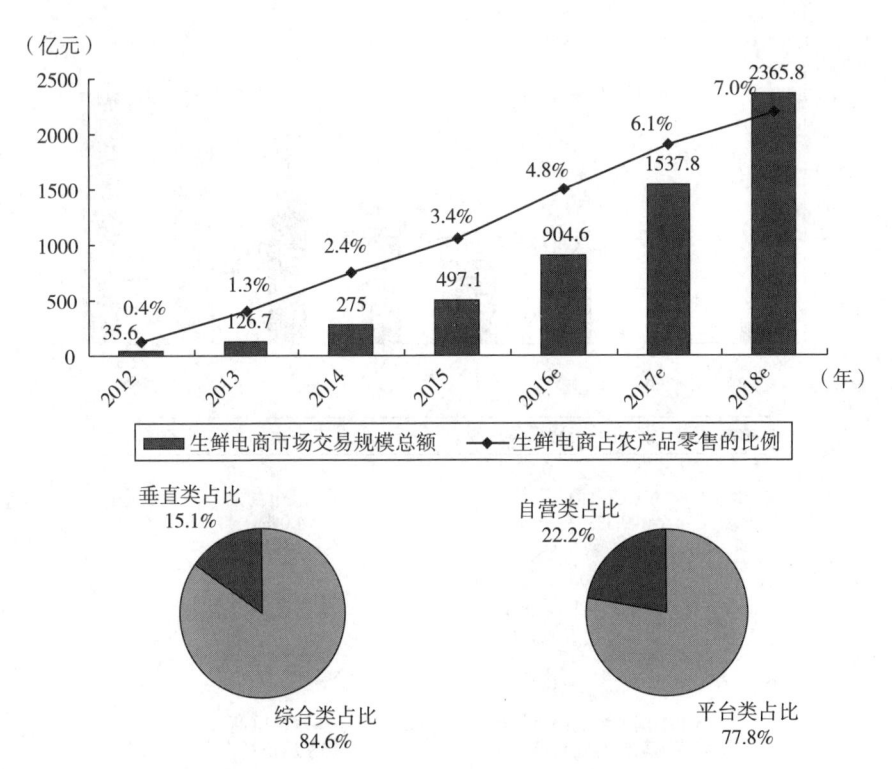

图 3-5　2016 年中国生鲜移动电商市场格局

资料来源：艾瑞咨询。

5. 家装行业整体渗透率较低，发展空间大

2015 年中国家装电商市场规模达到 1660 亿元，比上年增长 38.7%。在建材家居市场规模中占比约为 4%；在住宅装饰装修市场总产值中占比约为 9.3%。整体来看，家装行业互联网渗透率相对较低，未来仍有较大的发展潜力（见图 3-6）。

6. 直播行业向移动端发展

移动端网民数的快速增长，直接推动直播行业向移动端转移，为移动直播平台的发展带来新的契机。随着网速的发展和人们进行移动上网行为的转变，即时通讯、移动视频、移动直播等移动在线娱乐方式成为填充人们碎片化时间的重要方式。智能手机保有量的提高，并且手机配置逐渐提高，特别

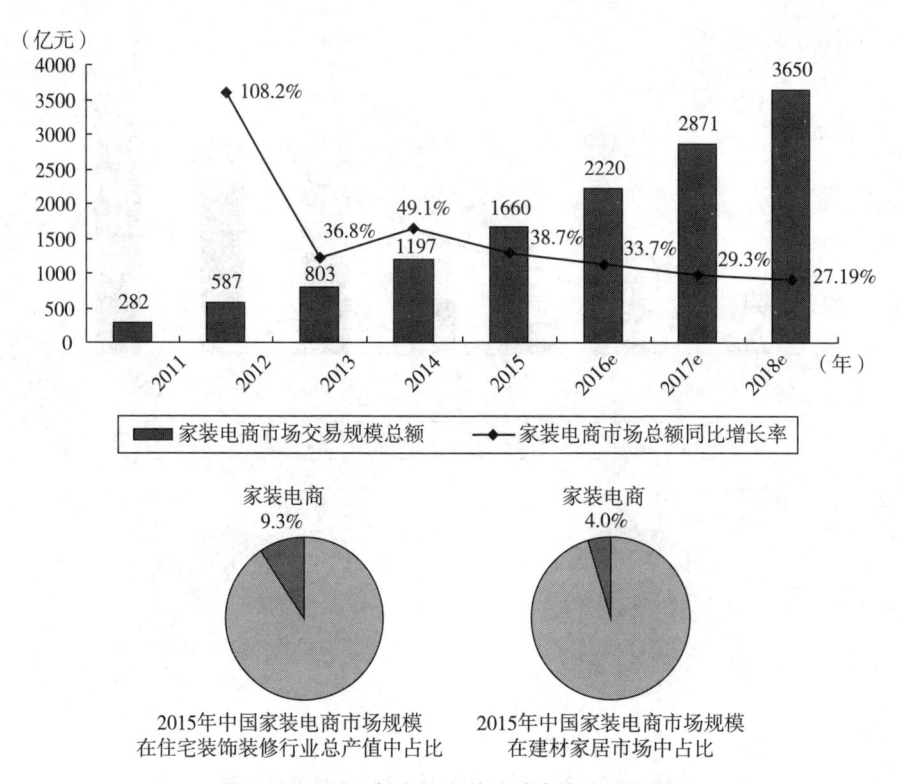

图 3-6 2016 年中国家装移动电商市场格局

数据来源：艾瑞咨询。

是像素、处理器等硬件的提高，保证了制作移动直播的拍摄质量，美观度、清晰度、流畅度等提升，从而使得直播平台观看到的户外直播内容比例的提高，直播内容更加丰富。直播过程的美观度、清晰度、流畅度等提升从拍摄到分享时间的减少，直播内容的丰富、多样化，极大程度上提高了用户从拍摄到分享的体验。

当前移动直播市场主要包括四类直播平台，即泛娱乐类、游戏类、垂直类和版权类。泛娱乐类直播是与主播高度相关的直播类型，直播的主要内容在于观众和主播的交流互动，带有较强的情感色彩与社交属性，而未来发展主要集中在内容升级层面；游戏类直播是伴随着游戏产业的兴起而发展的，通过评论、弹幕等与用户实时交互，以游戏直播内容为主的直播平台；垂直

第三章 移动电子商务市场结构

类直播即"直播+垂直行业",直播作为一个传播载体,可以与其他行业良好的结合并获得"1+1>2"的效果。目前主要有"电商直播""旅游直播""财经直播"等;版权类直播包括电视直播、活动直播及自制节目直播。属于较为传统的直播类型,以第三方客观角度对活动现场情况进行传递。

目前移动直播平台中,泛娱乐类平台因主要为 UGC 内容,企业除基础运营费用外,投入较少,同时相关主播资源丰富,是四大类直播平台中准入"门槛"最低的一类,占比超半数,达51.1%,也是2016年以来获得爆发式增长的平台类型。游戏类平台与游戏厂商关系密切,人群垂直度较高,因此一直处于稳定发展阶段,平台数量无明显增长,在所有平台中占比18.0%。随着移动直播技术的兴起,及用户对直播热情的提高,"直播+"发展迅速,目前占比达27.8%,仅次于泛娱乐类。版权类直播属于较为传统的直播类型,因电视台及相关活动资源稀缺,平台数量相对较少,仅占3%(见图3-7)。

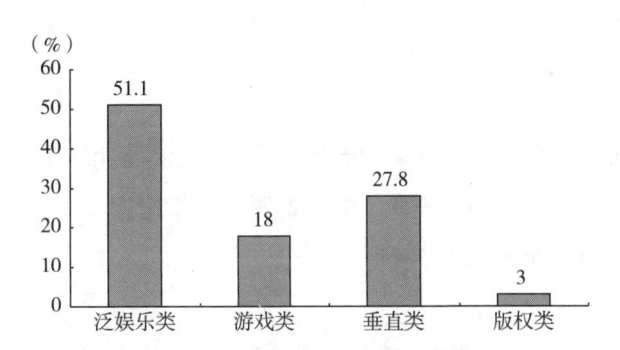

图3-7 2016年中国移动直播平台市场格局

资料来源:艾瑞咨询。

(二)市场竞争局势现状

中国移动网购市场从产品、服务、用户、供应链等维度分析,与网上零售基本相同,但随着移动互联网时代的来临,移动终端在呈现形式、使用方式的差异,改变了原有网上零售市场的竞争格局,如图3-8所示。

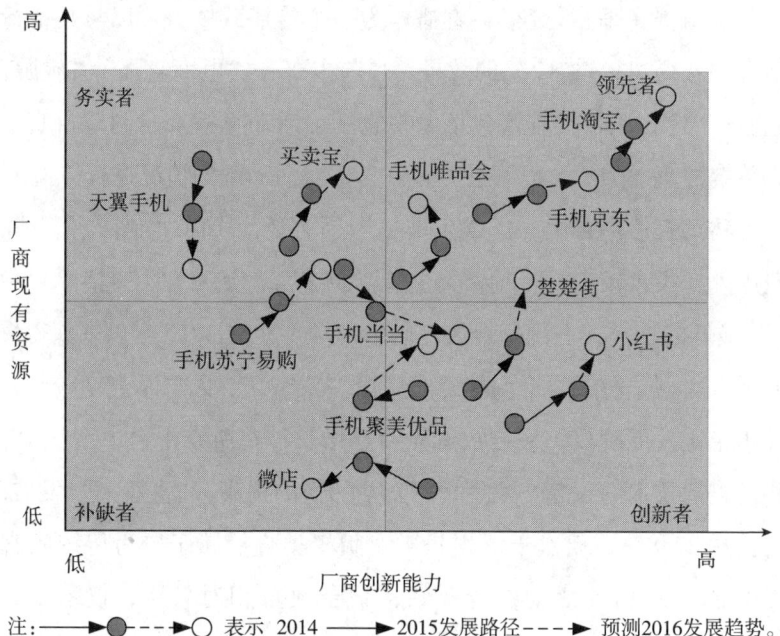

图 3-8 2015年中国移动网购市场实力矩阵

资料来源：易观智库。

1. 厂商现有资源

在厂商现有资源方面，移动网购依然遵循网上零售市场的资源格局。易观智库选取市场规模、用户规模、配套资源、增长速度、资金实力等维度分析各厂商的现有资源（见表3-1）。

表3-1　厂商现有移动网购资源（纵轴体现）

项目	权重(%)	定义域说明
市场规模	30	从企业的整体交易规模、市场份额等维度进行评判
用户规模	20	从活跃用户数、入驻商家数量（平台业务）等维度进行评判
配套资源	20	从产业链各环节资源覆盖情况（金融、仓储、物流等）进行评判
增长速度	15	从主营业务增速、新兴业务增速、用户增长情况等方面进行评判
资金实力	15	从盈利能力、资金储备、融资情况等方面进行评判

资料来源：中投顾问产业研究中心。

2. 厂商创新能力

移动网购在创新方面和PC端差异较大，在整个网上零售市场新的创新模式和创新点基本聚焦于移动端，但从本质上来说，仍是对用户的争夺（见表3-2）。

表3-2　　　　　　　　厂商创新能力情况（横纵体现）

项目	权重(%)	定义域说明
产品创新能力	30	从创新产品、创新功能和创新业务等几个维度进行评判
技术实力	30	从仓储、物流技术、IT信息技术、营销、大数据运用等方面进行评判
人才及团队	20	从企业人才储备、团队规模等方面进行评判
投资布局	20	从企业各个领域的投资布局以及相关性、协同性等方面进行评判

资料来源：中投顾问产业研究中心。

移动网购市场根据横纵比较又可分为以下四大类别：

（1）领先者象限分析。领先者在商业模式创新或产品与服务创新性上拥有较强的独特性，同时具有很好的系统执行力能够把创新性提供给市场并获取较高的市场认可。

2015年中国移动网购市场领先者——手机淘宝、手机京东、手机唯品会。手机淘宝是中国较早期尝试移动网购的厂商，阿里在移动端的成功，除了领先竞争对手的布局外，其店铺模式也是重要的成功因素（淘宝消费者会经常光顾加关注的店铺，这一特点使其在移动网购发展初期凭借便利性、易用性得以快速普及）。手机京东的快速发展，首先得益于京东的体量优势。另外与腾讯的合作，使其在微信这个重要移动互联网渠道上超越了主要竞争对手（微信对淘宝不予开放），手机京东的潜在风险，来自于移动网购以低额单价商品为主，而京东的主力商品集中在3C数码、家电等高额单价商品，受品类限制，移动端的整体渗透率提升难度较大。唯品会特卖模式的特点使其在移动互联网快速普及的背景下，业务得到迅速发展。目前唯品会移动端销售额占比远高于行业平均水平，但随着其规模的提升，模式的"瓶颈"也愈加明显。

（2）创新者象限分析。中投顾问在《2016－2020 年中国电子商务市场投资分析及前景预测报告》中表示，创新者在商业模式、技术或者产品服务的创新性上有独特的优势。

2015 年中国移动网购市场创新者——楚楚街、小红书。楚楚街专注移动电商的发展，通过"品牌特卖""9 块 9 包邮"等形式迅速聚龙了一批年轻消费者。在营销方面，楚楚街积极通过综艺节目提升其影响力，对以"90后""00 后"为主的新兴消费群体的定位较为精准。小红书的兴起，得益于两个方面：一是跨境电商的兴起；二是电商社交化的引入。小红书很好地将两者进行结合，通过网友的自发推荐，粉丝效应，充分利用社交资源的优势，成为跨境电商领域的创新者。

（3）务实者象限分析。务实者评价拥有丰富的资源，执行能力较强，但创新优势不明显。

2015 年中国移动网购市场务实者——买卖宝、苏宁易购。买卖宝作为国内较早期开拓农村市场的电商，其在品类选择、物流配送、用户基础等方面已形成一定优势。京东的战略投资，或将加速两者渠道下沉的步伐。但目前农村电商整体尚处于起步阶段，短期内买卖宝或无法实现业务跨越式增长。苏宁易购在移动端的表现鲜有亮点，主要原因是苏宁易购的品类集中于高额单价家电、3C 等商品。获得阿里战略投资之后，移动端将得到更多流量支持，但受限于品类特性，移动端占比仍难以达到行业平均水平。

（4）补缺者象限分析。

2015 年中国移动网购市场补缺者——微店。微店在 2014 年迅速崛起，但 2015 年发展遭遇"瓶颈"期，一方面，本身平台的核心流量入口购物的流量持续降低；另一方面依托朋友圈推广的模式亦未能转化成实际销售额的增长，公司业务开始衰退。

二、移动电子商务市场结构影响因素

自移动电子商务诞生以来，市场结构变化的总体趋势是由分散向集中过渡，由竞争向垄断过渡。近几年，移动电子商务市场结构随着移动端技术的提高、消费者需求等经济形势的变化而不断调整，产品差异化现象慢慢显现出来，但同时市场中的行业集中度依然很高，垄断情况依然存在。

在移动电子商务市场中，影响市场结构的因素有很多。从整个市场角度看，市场的进入退出壁垒会影响市场中企业的规模和市场集中度进而影响市场结构的形成和演化；从市场中企业自身来看，科学的战略规划和先进的营销手段是其屹立不倒、不被淘汰的重要保障。从这两个方面具体展开如下。

首先，考虑企业自身的发展，有效的营销手段使一个移动电子商务企业扩展规模、抢占市场份额的保证，也是传递移动电子商务价值体现的可实现途径，移动电子商务市场中的营销模式主要包括以下五个方面。

（1）移动端产品营销。将具有特色互动模式的移动终端产品销售给用户，并不断改善更新设备内部的各项性能，同时没有停止技术创新的步伐，研发出更方便快捷、运行速度更快的新产品，满足消费者对设备使用的各种需求。根据消费者不同的消费习惯和消费需求，制定计费套餐供消费者选择，匹配个人的喜好。

（2）推广营销。开拓不同的渠道、平台，向消费者及上下游产业链主体宣传推广企业自身的主营业务、品牌优势、服务模式和商务战略等，掌握移动网络的规模经济，以使其快速发展。

（3）价格营销。针对市场中不同年龄层的消费特点和趋向，实施价格策略。20～30岁的年轻人普遍使用并经常换用移动终端设备，且他们的需求在于社交活动、娱乐新闻、购物、游戏等移动电商形式；而商务人士比较倾向于股票交易、手机银行、便捷的文件处理和数据资料传输等。因此，要做到以用户为中心，用户需求为导向，又要以获利为目的，就要建立有针对性的定价策略。比如将售予年轻人的移动终端设备价格压低，创建多样化的移动应用，并以此赚取利润；推出具备适用于商务人士的移动应用——数据处理、股票交易等的设备。

（4）细分市场。随着人们生活水平的提高，对品质的追求逐渐成为消费者关注的焦点，细分市场就是对消费者每一方面的需求都做到更加精细化、品质化。但首要的是对客户需求的认知，并把它转换成商机。例如，新兴移动电商贝贝网，打造了以"妈妈经济"为核心的家庭购物入口。是扩展移动电商细分市场的典型成功案例。细分市场，尤其是垂直领域，其营销重点在于，透彻了解消费者的偏好和兴趣所在，并提供个性化精准服务，按照消费者喜好设计移动应用，保证他们有崭新的体验。这样既达到盈利目的，又能保障持续的发展竞争力。

（5）锁定目标。通过信息挖掘，锁定移动电商市场潜在客户的兴趣所在。在这一方面，大数据将成为很好的利益推动点。掌握用户消费全过程，提供及时、动态的行业上下游数据及其他相关数据。对于企业，可以据此调整供应链和营销策略；对于消费者，根据消费记录，精准匹配其需求商品，有针对性的推送可能感兴趣的产品服务。

其次，考虑整个移动电子商务市场，市场的进入退出障碍对市场结构也有一定影响，它决定集中度、规模分布等市场结构的演变，是反映产业内市场竞争程度的重要产业组织特征。其中进入障碍是主要影响因素，它是指新兴移动电商企业进入这个市场时所面临的一系列障碍，包括生产成本、必要资本量、产品差异及政策法规等。

生产成本大小是根据该企业要销售的具体产品种类而定，一般生产成本较低的领域，市场进入障碍较薄弱，会有很多商家可以轻而易举地进入市场，如果获利大，就继续留下，扩大规模，反之，经营不善导致利润为负的话，商家自动退出市场。而生产成本较高的领域，商家不会轻易进入市场，为避免损失惨重，他们会有足够好的销售策略时再选择进入市场。因此，生产成本越低的领域，市场集中度越低，众多商家之间的竞争越激烈，市场结构越偏向完全竞争市场。

必要的资本量也是移动电商企业进入市场的关键筹码，它与生产成本类似，甚至可以算作生产成本的一部分。所以，所需资本量越大的领域，市场结构越偏向垄断市场。

政策法规是政府为了维持整个移动电子商务市场健康有序发展而实施的限制性措施。一般是在不太干预市场的前提下以激发市场活力为目的而创建的，对市场结构有一定的影响，但一般影响不大。

产品差异是影响市场结构的关键要素，一种新产品和新技术的诞生是可以改变整个市场的结构的。企业间异质性的存在是其市场竞争力的体现，而技术创新是产品差异的本质特征。移动电商市场中垄断地位的竞争，最根本的就是移动电商企业之间的技术竞争，技术创新是最有效的市场竞争手段。在网络经济下，消费者一旦对某种操作程序熟悉之后，很容易产生路径依赖，这时不断地技术创新对一个移动电商企业来说是很有必要的。某一种技术的垄断可以使企业暂时处于领先地位，同时这只是新一轮激烈竞争的起始，下一轮新技术的垄断被谁掌握，谁就是下一轮的垄断者。技术革新得越快，垄断地位的轮换周期就越短，整个移动电商市场在竞争——垄断——竞争的不断循环中发展壮大。

在所有市场进入障碍中，产品差异既是影响市场结构的重要因素，也是推动移动电商市场向前进的根本动力。事实上，占据垄断地位的企业之所以会花费大量人力、物力、财力在技术研发上，一方面是自身战略规划需要，另外很重要的一方面是市场的潜在进入者和已进入的新兴企业对其垄断地位的威胁，这些因素的存在是促使移动电商企业进行技术创新的重要推动力。大规模新兴企业的进入，通过市场化选择，淘汰掉低技术水平的企业，可有效推进整体移动电子商务市场技术水平和自主创新能力，是市场健康有序发展的有力推手。

三、移动电子商务市场结构发展趋势

移动电子商务发展至今，移动应用方面整体可以归纳为模式探索期、互联网服务迁移期、模式爆发期、小众需求挖掘期，在用户刚需基本得到满足、用户应用兴趣下降的当下，细分行业的渗透以及与创新技术的结合，将会成为未来应用市场的增长点，如图3-9所示。

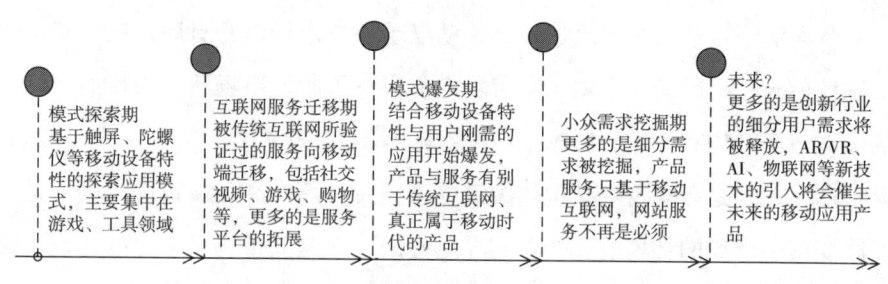

```
模式探索期          互联网服务迁移期      模式爆发期          小众需求挖掘期        未来？
基于触屏、陀螺     被传统互联网所验    结合移动设备特     更多的是细分需      更多的是创新行业
仪等移动设备特     证过的服务向移动    性与用户刚需的     求被挖掘，产品      的细分用户需求将
性的探索应用模     端迁移，包括社交    应用开始爆发，     服务只基于移动      被释放，AR/VR、
式，主要集中在     视频、游戏、购物    产品与服务有别     互联网，网站服务    AI、物联网等新技
游戏、工具领域     等，更多的是服务    于传统互联网、     不再是必须          术的引入将会催生
                   平台的拓展          真正属于移动时                         未来的移动应用产
                                       代的产品                               品
```

图3-9 移动电子商务市场移动应用发展趋势

在每个发展时期，都不断有移动新势力加入移动电子商务市场，市场结构也在不断演化。随着技术创新和企业战略创新，移动电子商务市场结构的发展主要可以体现在四大趋势。

（一）需求导向市场，核心竞争点从基础服务提供转为个性化精准服务

在移动电子商务市场中，商家为了吸引更多的消费者成为忠诚用户，往往会展示一些非主营业务的相似应用或者消费者可能会喜欢的应用，例如根据用户的空间地理位置定位他附近的餐厅、加油站、银行等以方便用户的各种需求；在用户浏览商品时推荐大众评价较好的相关内容；根据消费者平时消费过的平均消费水准，适时推送符合用户需求的目标商家；在影音产品中，每天推荐的音乐、视频都是依据用户的观看或收听记录判断其喜好的类别；甚至某些网站会根据用户个人的家庭情况推送相关家庭用品。当消费者因此购买产品，就形成了引导消费者消费的商业模式。

这种个性化精准服务对移动电商企业来说是有很大优势的，可增加用户黏性，打响品牌知名度，同时对用户也起到减少时间成本、提高效率的作用，甚至可以作为移动生活小助手了。

现在移动电商的商家在为客户提供多样化的选择的同时，为提高客户的忠诚度，移动电商网站往往需要主动地有针对性地向客户推荐其有可能会购买的产品。推荐的针对性越强，客户的忠诚度越高。对技术含量高的制造类企业来说，如果将消费者的个人偏好融合到商品的设计和制造过程中，将大大增强企业的市场竞争力。这是移动电商发展的契机，也是移动电商企业取

得成功的关键因素，因此，为抢占市场先机，各移动电商企业运作模式在往内容种类多样化、品牌服务个性化方向发展。例如，贝贝网围绕母婴人群发展的"妈妈经济"，基于特定人群，打造"一站式"购物入口。

（二）移动电商新势力崛起，更多企业形式加入移动电子商务市场

移动电商时代的到来，吸引了一些老牌成熟企业转移至移动端，与此同时，垂直领域崛起，成为移动电商新势力。目前的移动电商市场中，不仅有传统 PC 电商企业进入和传统企业直接转型，还有很多完全新兴移动电商企业进入市场，且占有不小的市场份额。天猫、贝贝网和蘑菇街是三个代表性案例。

天猫——传统成熟电商企业典型代表，不断扩展业务布局，打造电商网购生态。天猫为传统 PC 购物时代的强势品牌，也是移动端转型成功的典型代表。主要得益于大平台的自愈能力，拥有较多的资源和雄厚的势力进行转型布局。同时积极布局跨境和 O2O 业务，打造立体生态格局，完善阿里电商生态圈。其全渠道运营能力和大数据是优势。经过多年积累，天猫平台成为大卖家和大品牌的集合，拥有较高的网站知名度和用户沉淀的大数据，不断优化平台服务体验，可以提供全渠道的解决方案。在新一轮线上线下融合布局中，拥有较强的竞争实力。

贝贝网——移动电商新势力典型代表，作为母婴行业先行者，引领着移动电商新方向。贝贝网于 2014 年成立，是国内领先的移动母婴特卖平台，发展迅速。2016 年 6 月，贝贝网上线两年，完成 D 轮融资。其中 D 轮融资金额达 1 亿美元，投资方为新天域、北极光、高榕资本、今日资本等知名投资机构，拥有移动互联网行业多种资源，是移动端流量红利时代和应用市场红利时代发展起来的典型代表，是围绕母婴人群发展垂直用户经济。

蘑菇街——模式历经转型的移动电商，是"社交+直播"历经转型后发展起来的代表。蘑菇街最早为电商导购平台，2013 年下半年淘宝限制导购业务之后，转型为垂直电商。2016 年蘑菇街与美丽说、淘世界合并，目前发展为集 B2C 和 C2C 模式为一身的女性时尚电商，社交、直播等新型营销方式成为发展特色。

（三）依赖品牌和服务实现产业发展，移动电子商务产业链整合将继续深入

随着移动电子商务市场逐步发展、成熟，企业为提高市场集中度，扩大市场势力，从而获得垄断利润，选择对产业链上相同类型企业进行横向整合，或者纵向整合，即与产业链的上下游企业形成一体化，通过产量或价格控制实现纵向的产业利润最大化。近些年常发生股权并购或战略联盟型产业链整合，这些行为是可以提高整个产业链及企业自身竞争力的。

在技术角度整合方面，随着物联网、大数据、LBS技术的应用，移动电子商务市场的技术环境逐渐走向成熟，移动电商市场的开放模式也促使产业链主体之间的技术共享逐步深入，推动企业不断提供创新型服务，也有利于整个中国移动电商市场的技术革新。

在信息角度整合方面，信息整合即在一定组织领导下，实现对信息资源共享化，进而实现信息资源有效利用率最大化、应用领域多样化和信息价值体现最大化。将企业的信息资源有效管理和综合利用，可有效提高市场效率，对消费者提供更精准化的服务。

在资金角度整合方面，如美团和大众点评的合并，最主要的原因就是双方为抢占市场份额大打价格战，损害的不仅是两家的利益，投资方也不愿用烧钱来维持一家企业生存，最终的妥协大部分是投资方的意愿。两家相同类型企业资金的整合不仅显著扩大市场规模，还避免了不必要的损失。

在未来的移动电子商务市场，将会有更丰富多样的产业链主体之间的合作方式，出现多产业链主体和多层次协作的网状产业链形态。

（四）移动购物在电子商务中影响越来越大

近年来随着3G、4G技术的发展及智能终端的普及，用户消费行为的场景逐渐转移，从家庭和工作地点变为上下班路上和公共娱乐场所，且越来越丰富，时间也趋于碎片化，更多人已经选择了移动购物。移动购物模式不限时间、不限地点，给予用户的选择愈加丰富，所占市场份额逐年增加。未来移动购物会继续发展升级，同时消费者支付系统也会不断更新。基于此，越来越多企业持续发力移动端，试图在移动电子商务市场占据一席之地。

另外，人们大量使用手机、PDA 等移动终端设备，已经兴起了一股移动电子商务风潮，人们用这些设备进行娱乐、经营和管理。相较于其他移动端应用，移动购物具有更宽广的发展空间，也是目前零售的主流渠道。随着网购品类的丰富度逐渐增加，未来移动购物在移动电子商务细分市场中将占有更大份额。

第二节　移动电子商务市场结构度量

一、市场集中度

集中度（concentration ratio，CR）在产业组织学中是最基本和最常见的指标，用于度量市场结构，其变化直接反映了市场垄断竞争状况的变化。市场集中度反映了在市场中处于优势地位的企业，其市场份额的大小直接反映出企业在当前市场的垄断程度。一般来说，市场的集中度随市场中卖者数目减少而提高，卖者越少也就越容易形成垄断；同时，如果市场是由一个非常大的企业和若干个小企业所构成，则出现市场垄断的概率大大高于会有较多大规模的企业所构成的市场。

绝对集中度（CR_n）和相对集中度分别体现了两类不同市场内容的集中度。

处于市场规模前列的企业所占整个行业比重的累计数是绝对集中度 CR_n，主要体现在产品生产、市场销售、资产规模、员工素质等多方面。

计算公式为：
$$CR_n = \frac{\sum_{i=1}^{n} X_i}{\sum_{j=1}^{n} X_j} \tag{3-1}$$

式（3-1）中，集中度用 CR 表示；企业表示为 x；处于行业前列企业

的个数为 n；全部企业的个数为 N。如果 CR_n 越大，则企业在市场中所占的份额就越大，该行业的垄断程度也越高。

而市场中所有企业的总体分布情况的反映指标为相对集中度，其统计的办法主要有赫芬达尔指数（H 指数，herfindahl index）、洛伦兹曲线（lorenz curve）、基尼系数（gini coefficient）等。这当中最为常用的是 H 指数，表示产业中所有企业的市场份额的平方和，在 0 和 1 之间取值（$0 \leq H \leq 1$），市场的垄断程度越高，H 值越趋近于 1，$H=1$ 表示完全垄断市场，$H=0$ 表示完全竞争市场。H 指数是一个综合指标，与选取企业的个数无关，这弥补了绝对集中的缺陷，即 CR_n 指标受企业数 n 取值影响。

如表 3-3 所示，根据市场支配力和市场份额两种指标，Shepherd（1985）把整个市场结构划分为 6 种模式。

市场集中度是判断一个产业的市场结构是垄断还是竞争的首要指标，它是指某一具体产业规模在市场中前几名的企业所占的市场份额。市场集中度越高，垄断力量越大，竞争程度越低。对市场集中度的测定主要有绝对集中度和相对集中度，绝对集中度指标包括行业集中度和赫芬达尔—赫希曼指数，而相对集中度指标包括洛伦茨曲线和基尼系数。前者主要是对某一产业中领先企业的集中程度的体现，后者则体现了该企业规模的差异程度。

（一）行业集中度

行业集中度（CR_n）指的是某一产业前几名规模的企业的销售额、资产投资总额、职工人数等在整个市场中所占比例。通常行业集中度的指数越大，则市场的垄断程度越大。它的计算公式为：

$$CR_n = \frac{\sum (X_i)_n}{\sum (X_i)_N} (N > n) \qquad (3-2)$$

其中，CR_n 指该产业中规模较大的前几家企业的绝对集中度；X_i 指第 i 家企业的产值、产量、销售额、销售量、资产总额等；n 指该产业中规模较大的前几家企业的数量；N 指该产业中的企业总数。

通常 $n=4$ 或者 $n=8$ 时，就分别表示该产业内规模较大的前 4 家或者前

8家企业的行业集中度。表3-3是贝恩对市场结构进行的划分。

表3-3　　　　　　　贝恩对市场结构进行的分类

类型		前四位企业市场占有率 (CR_4)	前八位企业市场占有率 (CR_8)
I	极高寡占型	75%以上	—
II	高集中寡占型	65%~75%	85%以上
III	中(上)寡占型	50%~65%	75%~85%
IV	中(下)寡占型	35%~50%	45%~75%
V	低集中寡占型	30%~35%	40%~45%
VI	原子型	—	—

根据贝恩对市场结构的分类，我们可大致计算出2012~2015年的前4位和前8位企业市场占有率，相关数据可见图3-10和表3-4。

表3-4　　　　　2012~2015年中国移动电子商务市场结构分类

年份	类型	前4位企业市场占有率 CR_4	前8位企业市场占有率 CR_8
2012	极高寡占型	87.4	91.2
2013	极高寡占型	83.7	85.4
2014	极高寡占型	93.3	95.0
2015	极高寡占型	85.1	87.0

从图3-10和表3-4可以看出，中国移动电子商务市场的市场集中度很高，市场结构属于高度寡占型市场，企业间竞争激烈，还不断有新企业进入市场抢占市场份额。

（二）赫芬达尔—赫希曼指数

运用CR_n指数虽便于收集所需要的数据，但它并没有反映出该产业前几家规模较大的企业所占的市场份额的内部分布情况，而且也无法反映出剩下的份额及其他运营商之间的份额分布情况。赫芬达尔—赫希曼指数（*HHI*）

(a) 2012年中国移动购物企业交易规模市场占比

爱购网 0.40%
移淘 0.70%
亚马逊中国 0.70%
当当网 0.70%
凡客 1.70%
买卖宝 1.90%
手机腾讯电商 3.90%
手机京东 5.20%
其他 8.40%
淘宝 76.4%

(b) 2013年中国移动购物企业交易规模市场占比

凡客 0.50%
亚马逊中国 0.60%
当当网 0.60%
苏宁易购 0.90%
腾讯电商 1.50%
京东 5.20%
其他 14.70%
淘宝 76.1%

(c) 2014年中国移动购物企业交易规模市场占比

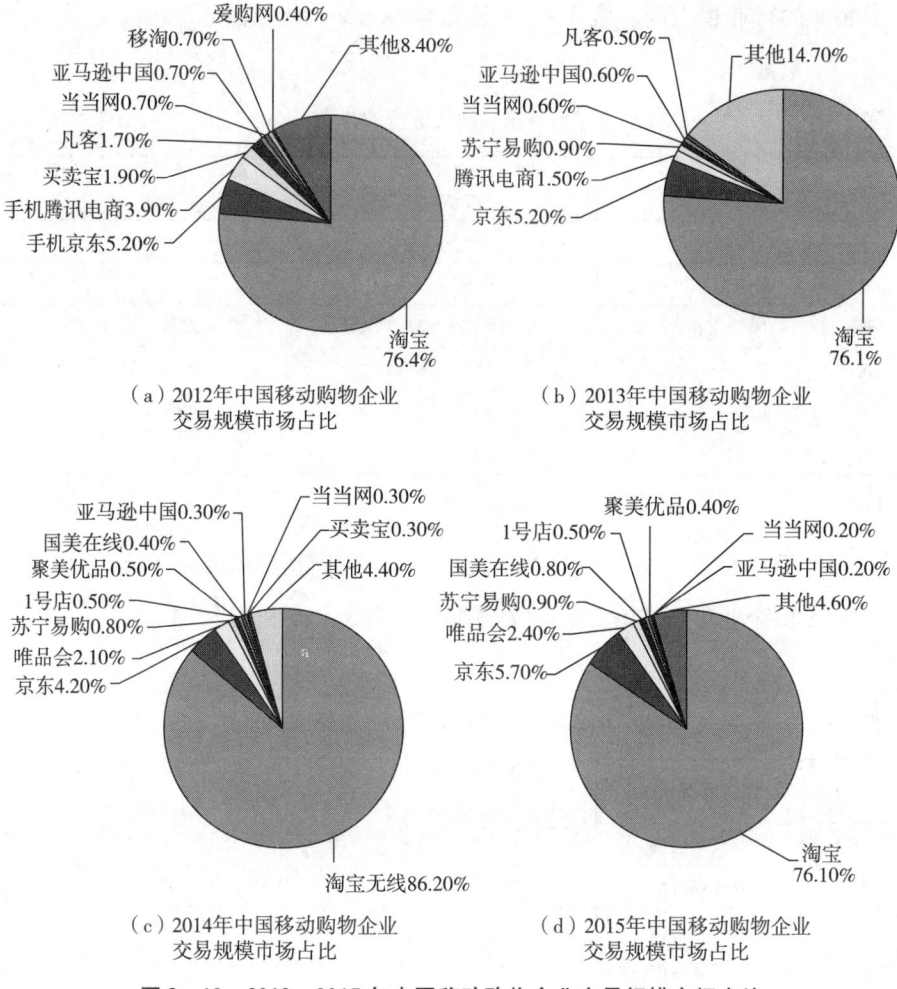

亚马逊中国 0.30%
国美在线 0.40%
聚美优品 0.50%
1号店 0.50%
苏宁易购 0.80%
唯品会 2.10%
京东 4.20%
当当网 0.30%
买卖宝 0.30%
其他 4.40%
淘宝无线 86.20%

(d) 2015年中国移动购物企业交易规模市场占比

聚美优品 0.40%
1号店 0.50%
国美在线 0.80%
苏宁易购 0.90%
唯品会 2.40%
京东 5.70%
当当网 0.20%
亚马逊中国 0.20%
其他 4.60%
淘宝 76.10%

图 3-10 2012~2015 年中国移动购物企业交易规模市场占比

在一定程度上弥补了 CR_n 指数的不足。HHI 指数的数值在 0~1，当 HHI=1 时，市场中企业数量为 1，该市场处于完全垄断状态；当 HHI=0 时，市场中有许多家企业，该市场处于完全竞争状态。赫芬达尔—赫希曼指数的计算公式是：

$$HHI = \sum_{i=1}^{N}\left(\frac{X_i}{T}\right)^2 \quad (3-3)$$

其中，X_i 表示产业中第 i 家企业所占的市场份额；N 表示产业中企业的数量；T 表示市场总份额。

从公式（3-3）中可以看出，一般情况下，HHI 的数值应该在 0~1，但是为了更能直观，我们常常将得到的数值乘以 10000，将其放大，使其介于 0~10000，根据 HHI 对市场结构进行的分类如表 3-5 所示。

表 3-5　　　　　　　赫芬达尔—赫希曼指数市场结构分类

市场结构	寡占型				竞争型	
	高寡占Ⅰ型	高寡占Ⅱ型	低寡占Ⅲ型	低寡占Ⅳ型	竞争Ⅰ型	竞争Ⅱ型
HHI 值（0~10000）	>3000	>1800	>1400	>1000	>500	<500

根据艾瑞咨询研究数据显示国内移动电子商务的统计数据，2015 年移动端交易规模占比超过 PC，进入移动电商大时代。截至 2016 年，移动电商移动端平均占比约为 70%，借助移动端红利，移动端新势力崛起，市场更多元化。

从艾瑞 mUserTracker（移动用户行为监测）数据来看，2016 年手机淘宝月度独立移动设备覆盖数最广，遥遥领先于其他电商网站；京东和唯品会次之，它们都有传统 PC 短的用户基础，因此具备一定的先行优势。此外，依靠移动电商红利发展起来的新兴平台发展迅速。例如，闲鱼、贝贝网，月度独立移动设备覆盖数均保持比较强劲的增势，如图 3-11 所示。

从图 3-11 明显地看出，移动电子商务市场是一个市场集中度极高的行业，用户对手机淘宝、京东商城、唯品会、天猫等这些老牌企业的依赖程度很高。考虑到移动电商企业的一个特点就是它们的存在是以移动终端设备上的 APP 的形式，用户的移动终端设备存储空间有限，不可能把所有平台都安装，往往会选择其中一个安装使用，并且因注册账号、使用时长、交易次数、会员等级等限制，用户不会轻易更换 APP，这也是手机淘宝在移动电商垄断位置屹立不倒的其中一点原因。

市场集中度如此之高，形成极高寡占型市场结构的原因包括以下三个方面：

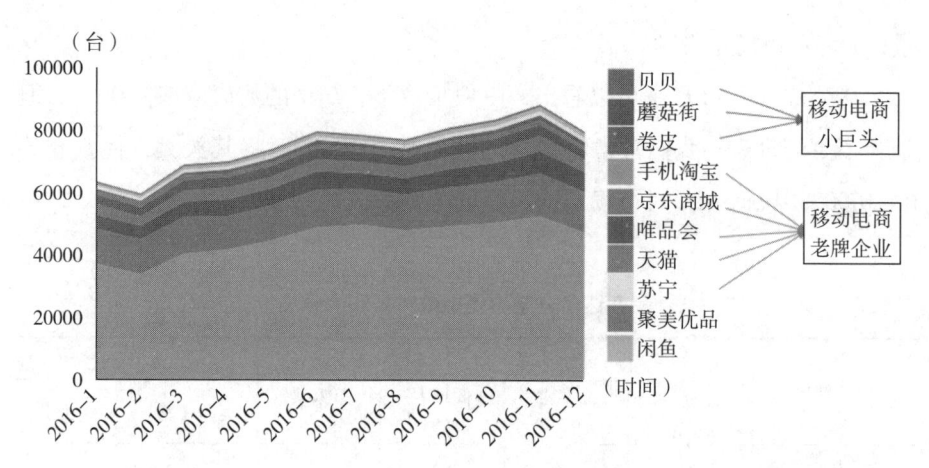

图 3－11 mUserTracker－2016 年主要电商企业月度独立移动设备数

资料来源：mUserTracker 基于日均 400 万台手机、平板移动设备软件检测数据，与超过 1 亿台移动设备的通讯检测数据，联合计算研究获得。

其一，免费低价策略。消费者从实体店消费转换为虚拟平台消费，原因除了快捷方便之外，就是其更优惠的价格策略，中国消费者的大众消费水平还是比较低的，且不论买到的商品是不是正品好货，单单看免费包邮、赠送礼品、折扣优惠，就能吸引到不少人去争相购买。像淘宝、天猫等移动电商巨头，一年设置很多超大折扣的购物节，如年中大促、"双十一"、"双十二"、开学季等已经深入人心的购物狂欢节，且销售额非常可观。包括滴滴打车、美团外卖之类的生活服务电商也设定一些优惠免费计价规则，吸引用户去注册使用。

其二，产品服务差异化策略。产品差异化是一个企业抢占市场份额的法宝，如果缺少这一特性，就会被兼并或者淘汰。比如，在所有移动购物平台都打着免费低价策略时，淘宝极大程度地丰富其产品种类；天猫通过综艺节目、线上线下的广告宣传和一整套完善的售后服务体系，打造正品销售的理念；京东商城以其领先的物流运输速度吸引了大批客户。而美团外卖和大众点评两者的产品和服务大致相同，所以最后两家公司疲于价格战，资金不支，以合并收尾，市场份额反而增加了。

其三，品牌差异化策略。消费者的路径依赖主要来源于品牌，这也是市场集中度高的主要原因之一，在用户心中树立良好的品牌形象非常重要，这是企业规模扩大的基础，主要依靠用户评价宣传和自身投入广告宣传。

另外，中国移动电商在起始发展阶段基本是资本消耗期，处于无法盈利的状态，后期发展起来之后的获利空间不会很大，主要靠规模和时间站稳脚跟，就导致很多死在摇篮里的小网站、小商家，进一步奠定了大平台的优势，市场集中度自然就提高了。

从移动电商企业市场集中度来看，头部企业在移动端整体网购交易规模中占比超过80%；中等企业的市场规模就明显差了一大截，占比只超过10%；小企业的市场规模只约占5%，市场份额非常小，但数量居多，移动电商的低创立成本还是吸引了不少创业者和投资商的。总体而言，移动电商头部企业占有绝对竞争优势，中等企业内部变化相对较大，初创企业在新兴领域和新模式探索方面仍有一定发展机会（见图3-12）。

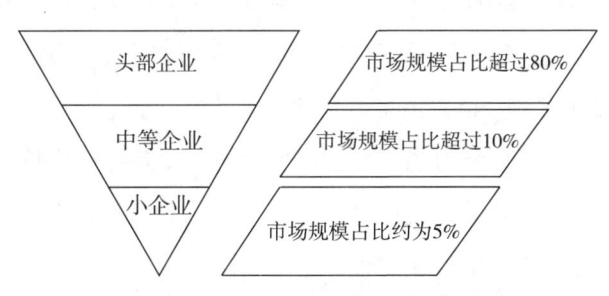

图3-12　2016年移动电商企业市场集中度

资料来源：艾瑞咨询。

二、产品差异化

产品差异化（product differentiation）多个企业销售同类型产品，但产品在某些方面有差异，从而对消费者有一定的吸引力。例如，某些消费者在小的溢价条件下也喜欢购买某企业的品牌，或者是由于它用户评价高，或者物流运输比较快，或者产品有其他特别指出等。Tirole 曾指出，产品是差异化的，超出边际成本的价格，能够（也将）在产品差异化情况下得以维持。产品差异性防止了对消费者的不受拘束的竞争，即使是在非重复的关系中也是如此。根据产业组织理论，产品差异是市场结构的一个关键因素，企业在市场中占有的市场份额的高低取决于它们自身产品差异化的成功程度。通常产品差异是普遍存在的，它是企业在市场中形成竞争优势的有效手段。

在中国移动电子商务平台市场中，产品差异化主要体现在以下三个方面。

第一，主营商品种类差异化。虽然目前比较大的移动电商平台都是综合性的，但每个移动电商平台最初都有其主要经营的产品种类。比如有些电商网站主营服饰配件类，有些主营美妆洗护类，还有些主营数码家电类。且长时期的发展下来，消费者心中会有比较，哪个平台的某种商品种类更好一些，所以在消费者心中，或许有不一样的主营商品种类设定。例如，淘宝和天猫都是大的综合性电商平台，但经过消费者自身体验比较之后，认为购买生活用小商品就去淘宝，购买家电类的话，天猫比淘宝更适合。久而久之，在用户心中也行成了一套"主营商品种类差异"。

在中国移动电子商务市场中，B2C 平台的产品差异性比较明显，大部分 B2C 平台都有自己的代表性主打产品，而 C2C 平台几乎没有这种差异，商品种类相似度较高，产品同质化比较严重。

第二，产品与服务质量差异化。一些相同类型的移动电商企业虽然销售同类产品或服务，但它们在品牌、质量、价格上各有不同，消费者在每个移动电商平台商进行分类搜索、问题咨询、购买支付、产品评价和售后服务等操作时，会有不同的体验，这时，就说这些移动电商企业的产品与服务质量差异化。

这种差异存在的根本原因在于每个移动电商企业的内部技术水平的不同。在开放的移动电子商务市场，商业模式是可复制的，要想区别于其他企业，吸引到潜在用户，就要走技术创新和服务创新这条路，让用户在其网站上享受到更便捷、更有特色的体验。

第三章　移动电子商务市场结构

但是，对于中国的移动电商平台，在服务创新方面，不管是B2C还是C2C平台，没有显著差异。用户使用的操作程序大致相同，都具有分类搜索、系统自动推荐、第三方支付系统、评价系统等服务，尤其是综合类购物平台，提供的商品种类和界面布局往往只有细微的差异，产品同质化是非常严重的。

例如淘宝网、京东商城和聚美优品这三个市场份额比较大的综合性移动电商平台，它们给予用户的体验几乎一样，都是分类搜索、购物车、咨询、支付，但其市场份额却不同，淘宝的优势在于用户存量大，商品种类更加丰富，京东商城的物流速度更快一些，聚美优品则比较迎合年轻人的需求。因此，一个移动电商企业有其特别优越之处才能立足于市场。

第三，企业品牌差异化。大多消费者都有一个品牌依赖的心理，一旦消费者认定某一个品牌特别值得信赖，商品的质量高且用户体验特别好，就会产生路径依赖，成为该品牌的忠诚客户。针对这一特性，企业要想提高用户黏性，增加品牌普及率，不仅要提供物美价廉的商品，有真材实货作为基础，还要通过线上线下的广告宣传树立良好的品牌形象，并设定有别于其他企业的独特标识，以吸引更多潜在用户，进而扩大企业规模，提高市场份额。

例如，移动电商平台代表——天猫，目前拥有7万多个品牌商和5万多家生产商，因其商品的质量有保障且相比于淘宝网用户评价较高，同时企业自身有足够的品牌宣传力度和有力的售后保障体系，深得民心，用户存量很可观；另一个移动电商平台代表——京东商城，以快速的物流运输以及给予用户品质生活的广告策略扬名于中国移动电子商务市场，满足了快节奏生活的现代都市人的需求，因此立足于移动电商市场，并拥有不小的市场份额。

因此，在中国移动电子商务市场中，企业品牌存在差异，且这种差异是每个企业的标志，是其市场竞争力的有力体现。

三、进入退出壁垒

在进入退出壁垒方面，Joe S. Bain 认为在位者是存在优势的。芝加哥学派的 George J. Stigler 认为，进入退出壁垒是企业进入新行业和退出行业产生的一份必需的成本支出。

(一) 进入壁垒

进入壁垒是指一个企业进入某一个新行业必须具备的前提条件，或者说是新企业于已在位企业竞争的阻力，也是在位企业相较于潜在进入者拥有的优势。进入壁垒是影响市场结构的重要因素，进入壁垒按照成因的不同可以被分为资本壁垒、产品差异壁垒和政策壁垒等。

资本壁垒是指行业的新进入者进入该行业所必须投入的最低资本量，这是最基本的一个进入障碍。在中国移动电子商务市场，传统的资本壁垒其实并不高，因为不需要厂房、车间、机器、门面等实体店必需品，建立一个虚拟化的网站或者加盟一家平台即可。但由于事实证明，移动电商平台运营商在开业起始往往是处于无法赢利的状态的，必须依靠投资方的大量注资来支撑。如淘宝网，创立之时为吸引客户实施免费策略、赠送优惠策略，而这些策略是需要大量资金来维持的，阿里巴巴曾对其进行三次注资，金额达64.5亿元。创立于2014年4月的贝贝网在8月获得联合注资1.5亿元，B轮融资3000万美元。2015年4月，8个月大的移动电商——Spring获得2500万美元的B轮融资；美柚于2016年8月完成了10亿元人民币的融资；运动应用Keep自2015年2月上线，前后获得了300万元人民币的天使轮投资、500万美元的A轮融资、1000万美元的B轮融资和3200万美元C轮融资。因此，在移动电子商务市场，强大的资本后盾才能破除该行业的资本进入壁垒。

产品差异壁垒是指由于在位企业的产品设计已经在移动电子商务市场占有一定的市场份额，赢得了消费者的认可，这对潜在进入企业来说是一种阻碍，新企业必须提供有别于在位企业的、拥有自身特色的产品，才有可能吸引到客户，它的进入才有价值。移动电子商务市场有别于传统市场的是存在交叉网络外部性和转化成本。一方面，交叉网络外部性是推动移动电商扩大规模的力量之一，电商网站的产品差异化，以及服务和技术方面的差异化是这种效应的催化剂，新进入的企业即使提供相同的产品、服务和技术，也很难与在位企业竞争；另一方面，在移动电子商务市场中，企业的转化成本大

第三章 移动电子商务市场结构

部分都体现在产品的差异性上，移动电商企业必须在技术和服务方面有迎合用户需求的突破性进展，才能吸引到潜在用户，这对于新进入企业不是一件很容易的事。总而言之，产品差异化形成的进入壁垒是比较显著的。

政策壁垒是指政府为引导市场良性竞争、合理配置资源而实施的公共政策。中央政府曾出台一系列指导移动电子商务市场发展的措施，现在的移动电商发展还不成熟，需要政府的扶持和鼓励，政策壁垒的存在是市场健康有序运行的保障。而且，给予政府的减免、扶持政策，可以看出移动电子商务市场的政策进入壁垒比较低。

综合以上分析，中国移动电商市场的进入壁垒主要在于资本壁垒和产品差异壁垒，这两个方面都很重要且影响重大。同时两者也是相辅相成的，新进入企业如果不能同时突破资本壁垒和产品差异壁垒，依然不能成功进入市场；一旦其突破了资本壁垒，就有投资方愿意注入资金。一方面企业可以拥有实施各种低价免费策略与已在位企业抗衡；另一方面，这些资金可以用来投入技术创新，用于创造有特色的产品服务，相当于突破了产品差异壁垒；如果新进入企业只突破了产品差异壁垒，只需要把自身特色宣传出去，不愁吸引不到风投，资本壁垒的问题也就解决了。

共享单车市场就是一个关于资本壁垒的典型案例。2017年是共享单车快速发展的一年。可以说是拥有天时地利人和的外部发展环境的。其中的"人和"，即最重要的就是资本与资源。资本自不必说，团购、外卖、打车软件打完之后，大家都在寻找新的"流量入口"，共享单车因此应运而生；与此同时，腾讯与阿里在争夺"生活平台"的路上，需要更多的场景加持，这导致创业者与巨头之间的天平开始倾斜——阿里的芝麻信用一口气接入了6家单车平台，也体现其"放下身段"的一面，毕竟上一轮滴滴快的对战败给了腾讯，曾经投资的美团也倒向了腾讯。不过其发展速度实在是太快。共享单车行业才半年时间就出现了摩拜、ofo两家"头部企业"。资本方组队对垒开始了，"选拔选手""补充弹药"的窗口也关闭了，但"入场选手"依然前赴后继。工商注册资料可以看到，从2017年1~7月注册名字带有"共享单车"的企业就有 13 家，7 月将有单车企业陆续拿到 A 轮融资。

共享单车作为新生事物，一直备受大众关注。在摩拜单车高调宣布完成超过 6 亿美元的融资，创下行业最高纪录的同时，正式运营仅 5 个月的悟空单车却宣布退出市场。无独有偶，随后又一家共享单车公司 3Vbike 发布公告称，因为大量单车被盗最终停运，宣布倒闭。

在两家共享单车倒闭背后，非常类似的共同点之一就是资金链断裂，找不到接盘侠。比如说，悟空单车曾经找过 ofo 想要其收购悟空单车，但是 ofo 方面拒绝了。3Vbike 巫盛华早在 2016 年 9 月就准备进入共享单车领域，但一直融不到钱。

共享单车几乎是互联网创业项目中最诱人的一个。因为它的"门槛"比以上所列的风口都要低，低到只要有创业启动资金，就能做，而且单车又都是流量自来水，有车就有人愿意去骑，有人骑就有押金，有押金就能沉淀资金与用户。并且不需要像一般互联网企业需要通过海量补贴砸钱来培育用户习惯，继而产生的现金流，而共享赶车依赖押金模式就能解决暂时的现金流与成本开支，又不需要技术含量，先造个几千辆车贴个二维码投放到街上先试试再说。

创业者应该反思，投资人的资本一般都会全力扶持第一或者有潜力与第一争雄的第二、第三，比如当前摩拜、ofo 两家公司推出共享单车业务仅仅一年时间，就合计拿到了近 21 亿美元的融资，而不会去扶持一个没有想象空间无法为资本增值的末流企业。再往下第三、第四梯队没有特色的单车公司是没有多少接盘的价值的，接盘无非是花钱接了一个烫手的烂摊子。对于共享单车的小玩家，如果缺乏资本输血，车辆供应与体量跟不上，没有核心价值与竞争力，就连被合并的价值都没有。

根据麦肯锡研究报告及汉能研究数据，目前国内单车出行的市场规模在 1720 亿次，按照每客单价 1 元以及 1% 的渗透率计算，共享单车的市场规模为 17.2 亿元，对比当前动辄几亿美元的共享单车融资额，当前的投资回报率与市场饱和度可想而知。

事实上，在大热的没有"门槛"的风口背后往往有更多的隐形风险，共享单车看起来没有"门槛"人人可以做，但在这背后是，需要巨额资金与高企的运营成本以及维护折旧成本、顶级供应链的掌控以及各种资源关系的掌控力。悟空单车创始人就表示：摩拜、ofo 都可以和全球最大的供应链厂商合作，而悟空单车合作的都是小厂商，产品品质上不是特别好，车子容易坏。

所以背后隐含的事实却是，越是没有"门槛"的项目，风口就更容易被有资源与资本的大玩家拿下。ofo 的背后有飞鸽和凤凰，它的模式是与全国各自行车厂战略合作并联合生产。摩拜的背后有富士康，采用的是定向制造模式。一旦涉及硬件的生产，共享单车就涉及物流供应链运营效率与产业链之争，供应链与资金实力的掌控就成了不可或缺的核心竞争力。

（二）退出壁垒

退出壁垒是指现有企业在市场前景不好、企业业绩不佳时意欲退出该产业（市场），但由于各种因素的阻挠，资源不能顺利转移出去。决定退出壁垒大小的主要是沉没成本和资产的专用性。当沉没成本大，且资产专用性大时，该产业的退出壁垒就比较大。

在移动电子商务市场中，一些固定资产如电脑、网络连接等构成退出市场的沉没成本。沉没成本的大小与企业的规模直接相关，一般规模大一些的企业沉没成本会相对高一些，反之则低一点。对于资产专用性，移动电子商务市场因为其绝对开放、虚拟交易等特性，固定资产都是可以转让的，所以资产专用性非常低。

整体来看，移动电子商务市场的企业退出壁垒是很低的，因此经常由电商企业因营销策略失败、资金运转困难或者技术落后等原因倒闭或转型。

第三节 移动电子商务市场结构演进

一、移动电子商务市场结构演进规律

（一）移动电子商务市场结构的发展历程

从移动电子商务市场结构的发展历程来看，其大致经历了以下几个

阶段：

第一，以"自由放任"为特征的完全竞争型市场结构（1999~2007年）。

从1999年初开始，就有很多媒体和咨询机构开始广泛使用移动电子商务 M – Commerce 这个名词。随着互联网技术的不断革新，消费者对生活越来越高的需求促使移动电子商务市场的诞生，并呈现出凶猛的发展势头。新兴市场的巨大可能性吸引着众多企业纷纷试水，而手机以其多功能及便捷性成为人们工作和生活的不可或缺的工具，移动电子商务也将成为继传统互联网电子商务后又一令人关注的领域。

可竞争市场理论（theory of contestable markets）是鲍莫尔、帕恩查和韦利格等人在芝加哥学派产业组织理论的基础上提出来的，1982年《可竞争市场与产业结构理论》一书的出版，标志着该理论的形成。该理论认为良好的生产效率和技术效率等市场绩效，在传统哈佛学派的理想的市场结构以外仍然是可以实现的，而无须众多竞争企业的存在。它可以是寡头市场，甚至是垄断市场，但只要保持市场进入的完全自由，只要不存在特别的进出市场成本，潜在竞争的压力就会迫使任何市场结构条件下的企业采取竞争行为。在这种环境条件下，包括自然垄断在内的高集中度的市场结构是可以和效率并存的。与芝加哥学派的观点类似，鲍莫尔等人认为，在近似完全的可竞争市场中，自由放任政策比通常的政府规制政策更为有效。政府的竞争政策与其说重视市场结构，倒不如说重视是否存在充分的潜在竞争压力，而确保潜在竞争压力存在的关键是要尽可能地降低沉没成本。发展初期的移动电子商务市场结构整体呈现出这种可竞争市场的态势。

在这一阶段中，涉入该领域的只有少部分人，且此时的服务品种和质量都有很大的局限性，移动终端的价格和电子商务服务费用又偏贵，所以很多人抱有观望态度。

技术障碍和市场认知度在一定程度上影响着移动电子商务的发展。技术这一关键要素对新兴企业的发展会起到决定性作用，尤其是在对技术要求很高的移动电子商务市场。技术方面主要包括网络技术、移动终端、计费技及业务安全性。而在市场认知度方面，影响用户接受移动电子商务的因素包括市场需求、服务的便利性、服务的可用性及网络安全性。这一阶段是移动电商企业拥有最新技术但企业战略定位还在摸索的时期，是移动电子商务市场的发展初期，消费者从传统交易方式转换至虚拟交易的过程还存在不少问题和阻碍。

虽然用户对移动电商还存有诸多疑虑，政府的相关规制立法还未构成完善的体系，一些交易的安全隐患也真实存在，各产业链主体间的合作竞争关系还不清晰，没能实现帕累托最优，但是大众对未来的移动电商依然充满信心，包括消费者在努力转变消费习惯，尝试接触新事物，支持新兴产业，企业也抓住机遇，思考最佳的发展战略，不断研发新技术、提供创新型服务，向大众用户推广宣传移动电商有别于传统企业的优势，以用户为中心制定营销策略，在3G商用时代的起始阶段占据"制高点"，规范诚信机制，完善支付手段，把移动电子商务做大做强。

第二，以"规章建制"为特征的垄断型市场结构（2008~2014年）。

2008年电信重组、手机上网资费下调及2009年初的3G牌照发放，手机网络应用正得到快速发展，中国迎来了3G时代，移动电子商务市场迈入新的台阶。以高速上网为主要特征的一些创新性的手机应用进一步显现，智能手机用户迅速扩展，丰富的应用服务和广阔的发展前进吸引着消费者和商家，移动电子商务市场呈现出越来越繁荣的面貌。蓬勃发展的网络技术、庞大的潜在用户群以及政府的积极倡导都推动着传统企业向移动电子商务市场迈进。

政府规制和扶持也在不断完善。从2011年的抓住信息化和工业化融合发展机遇，推广移动电子商务和物联网在金融证券、商贸流通等领域的应用，培育新兴产业，促进产业优化升级。2012年的推广智能移动终端的应用，拓宽移动电子商务覆盖面，支持打造电子商务示范基地和示范城市，以及中小电子商务企业孵化器。2013年的重点推进移动电子商务产业园及产品创新基地建设，推动手机支付业务发展。到2014年的加快国家移动电子商务试点示范工程建设，重点扶持一批移动电子商务创新项目，注重技术研发基地建设，深化移动网络在企业运营、电子政务、便民服务中的应用。政府没有停过对移动电子商务的关注和扶持。

明显地，移动电子商务市场逐步走向成熟，不少传统企业和 PC 端的电子商务企业开始转型，凭借其已有的用户群和品牌优势，抢占市场份额，占据垄断地位。在这一阶段的移动电子商务市场，虽然每一个移动电商都在各自扩展规模，不断进行技术革新，但总体来看已经形成以淘宝为首的电商巨头占据绝对优势地位、其他企业争夺剩余的蛋糕的动态均衡的布局，在激烈的竞争格局中，针对移动电子商务的服务品牌、客户品牌、业务品牌的培育、宣传、推广是必不可少的。

总之，由于平台的广泛性和客户基础的差异性慢慢拉大，在不断的兼并和进入壁垒的存在，移动电子商务市场逐渐形成各领域中电商巨头独大的局面。

第三，以"高度繁荣"为特征的竞争性垄断型市场结构（2015 年至今）。

2015 年移动端电商交易规模占比超过 PC，进入移动电商时代，移动电商新势力崛起，市场更加多元化。近年来，中国移动电子商务市场中老牌成熟企业成功转移至移动端，优势依旧，继续领跑，同时垂直领域崛起移动电商新势力。核心竞争点从基础服务提供转为个性化精准服务。社交化、内容化、场景化是移动电商发展新趋势，垂直领域、垂直用户经济及新模式创新为新机会点。市场竞争加剧，竞争与垄断并存。

为满足消费者更为个性化、舒适化的体验需求，移动电商企业服务范围逐渐向更深更广阔扩散，随之而来的是一些创新型的新进企业慢慢占领一席之地，如贝贝、蜜芽、聚美优品、蘑菇街等。总的来看，综合类平台巨头凭借其强大的流量基础形成规模优势，在移动电子商务市场占据了绝对的领先地位，如天猫、淘宝、京东、苏宁易购等。垂直类平台则深入某一细分领域，不断向产业链上下游延伸，探寻更多增长可能。母婴行业有贝贝、红孩子、蜜芽、麦乐购、宝贝格子等；生鲜行业有易果生鲜、天天果园、本来生

第三章 移动电子商务市场结构

活、沱沱工社、每日优鲜等；跨境电商有网易考拉海购、洋码头、小红书、达令、丰趣海淘等；家装行业有土巴老、家装e站、齐家、爱空间、有住等；时尚行业有蘑菇街、卷皮、聚美优品、尚品等。

新兴移动电商企业依靠自身特色发展迅速，这也迫使天猫、淘宝这些巨头有一点危机感，激发在位企业技术创新、服务创新的动力，整个市场呈现出强烈竞争性与巨头垄断并存的态势，如图3–13所示。

1999~2007年
从1999年初开始，就有很多媒体和咨询机构开始广泛使用移动电子商务这个名词。在技术更新与社会需求的交替推动下，移动电子商务以其独特的发展机遇呈现了不可阻挡的发展势头。发展初期的移动电子商务市场结构整体呈现出这种可竞争市场的态势

完全竞争型市场结构
自由放任

2008~2014年
2008年电信重组、手机上网资费下调及2009年初的3G牌照发放，移动电子商务市场迈入新的台阶。政府法规也在不断完善。由于平台的广泛性和客户基础的差异性慢慢拉大，在不断的兼并和进入壁垒的存在，移动电子商务市场逐渐形成各领域中电商巨头独大的局面

垄断型市场结构
规章建制

2015年至今
2015年移动端电商交易规模占比超过PC，进入移动电商时代。核心竞争点从基础服务提供转为个性化精准服务。社交化、内容化、场景化时移动电商发展新趋势，垂直领域、垂直用户经济及新模式创新为新机会点。市场竞争加剧，竞争与垄断并存

竞争性垄断型市场结构高度繁荣

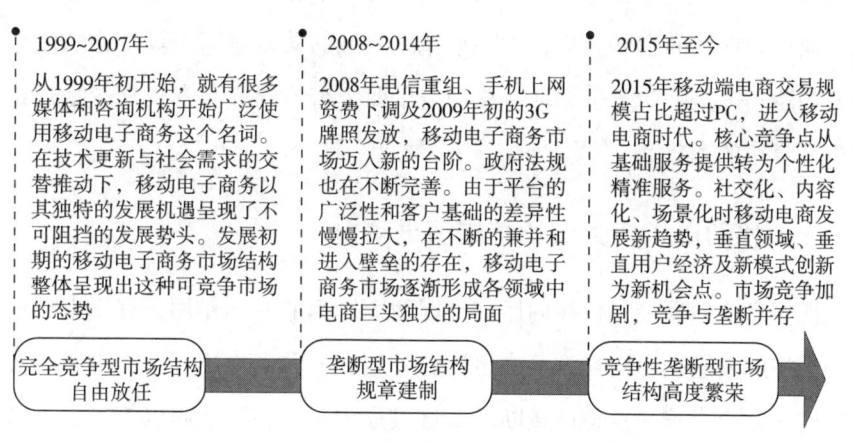

图3–13 移动电子商务市场结构发展历程

（二）移动电子商务市场结构演进的一般趋势

随着移动电子商务市场的不断发展，市场集中度逐步提高，产品差别化趋势成为重要的竞争策略，产业竞争活力不断增强，市场进入壁垒呈降低趋势。优化移动电子商务市场结构，必须推动制度创新，充分利用产业融合和战略联盟来提高移动电子商务市场经济效益和竞争活力，建构健康有序竞争的市场结构。

过去几年时间里，中国移动电子商务市场集中度总体上呈提高趋势，其主要原因在于产品差异壁垒的存在。由于移动电子商务市场也存在资本壁垒，平台企业间的兼并融合受到较大影响，市场集中度提高幅度越大，越有利于行业做大做强。

产品差异化程度不断提高，竞争性越来越强烈，主要通过产品主体差别化、品牌差别化及营销模式差别化三种方式抢占市场份额。过去，包括现在也存在，一些平台企业定位趋同、内容趋同、风格趋同，过度的同质低效竞争必然导致恶性竞争，早晚被淘汰，只有技术创新、服务创新才能在竞争激烈、优胜劣汰的环境下生存下来。产品和服务差异化的存在不仅强化了市场垄断的性质，而且是市场结构转化成垄断型市场的主要推动力。

总之，在市场细分化、技术服务化的环境下，中国移动电子商务市场结构呈现出周期性的发展趋势，每一个新兴领域的移动电商市场结构从完全竞争向垄断——垄断向竞争循环。移动电子商务市场的参与者越来越呈现出既竞争又合作的态势。

二、移动电子商务市场结构演进动力

任何事物的发展都存在内因和外因两个方面的共同作用，移动电子商务市场结构的演进动力同样需要内生性和外生性的共同作用。移动电子商务市场结构从完全竞争到竞争性垄断的演进过程中，生存驱动和以缩减成本为目的的效率驱动等是其内在的演进动力，而消费需求、公众促进及整个移动电子商务市场的蓬勃发展则是其外在的演进动力。通过归纳，移动电子商务市场结构演进的内外动力总结如下。

（一）内在动力

1. 生存和发展因素

移动电商是一个企业、机构或公司在移动互联网上建立的虚拟店铺，它们是相对独立的个体。发展战略就是通过吸引更多消费者在店铺做交易，然后不断扩大规模，抢占市场份额，作为一个移动电商企业，想要在竞争激烈的市场中生存下去，首要的就是完善自身条件，不断革新，才不会被市场淘汰。

2. 利益因素

移动电商首先是一个商人，存在的最终目的就是实现收益最大化，为达到这一目的，行业内所有企业都需要不断改良移动电商系统、提升技术水平、提高市场效率，企业之间会不断地竞争和淘汰，共同推动整个移动电子商务市场结构的演进。

3. 成本因素

企业为实现获利目标，其中一个很重要的途径就是降低成本，往往会通过扩大规模来降低运营成本，通过与产业链主题合作降低物流成本，通过完善相应技术降低信息量成倍扩大导致的信息处理成本等。现在的大数据处理技术就能有效快速解决大量信息处理的问题。

4. 企业能力因素

移动电商作为企业中相对独立的一部分，其本身就具备企业能力，在与其他电商竞争时，依靠自身能力实施高效营销手段，布局合理的战略规划。每一个移动电商依据其自身企业能力的大小，在市场中匹配相应的地位，并随着每个移动电商变化着的能力水平呈现出不同的市场结构。

（二）外在动力

1. 移动电商大环境的蓬勃发展

整个移动电子商务市场的演进与每个移动电商的发展是分不开的，它们相互依存，相辅相成。只有每个移动电商向前进一小步，整个移动电子商务市场就往前进一大步；移动电子商务市场的大环境蓬勃发展，会吸引更多企业进入市场，激发市场活力，推动每个移动电商在愈加激烈的竞争大环境中抢占市场份额，不断发展壮大。

2. 社会消费方式的转变

传统消费方式就是实物实体交易，消费者去实体店选择、体验、购物，商品都是看得见摸得着的。电子商务时代的到来，让消费者的购物有了崭新的体验，不用出门就能浏览上百家商铺，进行价格比较，交易场所从实体店铺转变为虚拟店铺，交易方式有现金交易过渡到电子货币交易，满足了现代人快节奏生活需求。移动电商的普及与社会消费方式的转变，给予了消费者极大的便利，人们对移动电商的态度越来越依赖，这也反过来增强了移动电商发展演进的动力。

3. 经济发展趋势的影响

除农业、工业、服务业这些传统产业外，当前的经济产业中，以 IT 技术为核心的信息产业已经成为非常重要的第四产业。信息产业的发展使得市场上信息获取更加便利，在信息开放的时代，创新性的技术或商业模式都是可复制的，这样一来，企业间竞争更加激烈，有力地推动了移动电子商务市场结构的演进。越来越成熟的信息产业将会把移动电子商务演变成更科学、更高效的信息生态系统。

4. 理论和技术的革新

由于信息时代的到来，市场中信息流转、理论模式学习更加高效，知识创新的速度加快，理论和技术的革新逐渐成为企业间竞争的关键要素。如今的大数据处理、云计算、信息生态理论等正在尝试应用到移动电子商务市场中，这些理论和技术将会促使移动电商市场中的服务水平和质量不断改善，移动电子商务市场也逐渐成熟。新技术的影响主要体现在新一代信息技术的应用对服务渠道和服务方式变革。新的技术手段使得交易成本降低、交易效率提高。在一些条件下，突破性的技术变革是具备垄断市场的条件的。它会通过降低交易成本，提高市场效率，进而垄断整个市场。在竞争性的市场体制下，所有降低交易成本的技术改进将被视为有效率的帕累托改进，并将随之引起移动电子商务市场结构的变化。

5. 政策的支持和引导

为推动网信事业特别是移动互联网健康发展，政府鼓励服务民生与移动电子商务结合的模式创新，包括农产品企业创新，完善市场交易规范和制度体系，保障交易的安全性和真实性；鼓励拓展更多领域开展移动电子商务应用，支持无线城市建设。可以发现国家对于移动电子商务产业开拓和发展的每一步高度关注，并不断给予支持和正确引导，为移动电子商务市场健康有序提供正确的方针策略。

由图 3-14 可知，理论、技术的革新是市场结构演进的根本因子，拥有理论的引导和技术的支撑才能从本质上革新，因此理论和技术的引导是移动电子商务市场结构演进的根本。生存与发展因素是孕育因子；企业能力是基础因子；利益和成本是促进因子；移动电商市场的蓬勃发展及经济走势的影响是激发因子；政策的支持和引导及社会消费方式转变是引导因子。

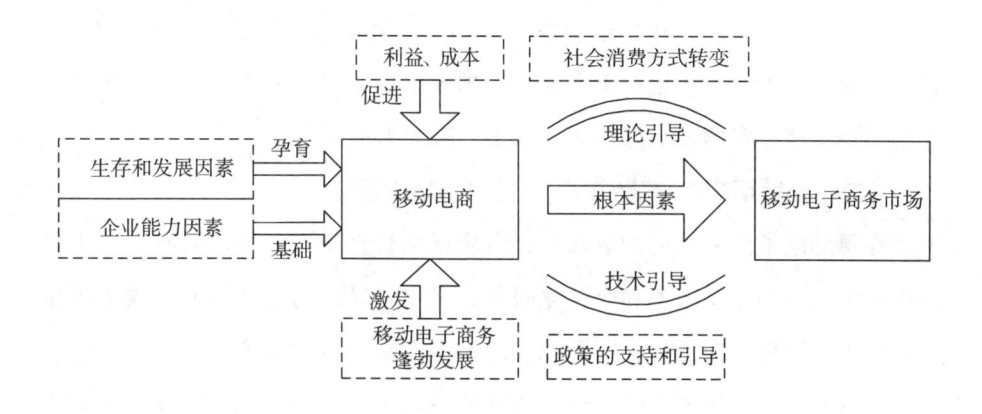

图 3-14 移动电子商务市场结构演进动力模型

三、移动电子商务市场结构演进路径

（一）抓住机遇，制定有效发展战略

在移动电子商务发展初期，移动电子商务通过无线联网的方式进行网上交易，新的商业模式不仅具备场景自由选择的便捷性，还在交易方式上采用电子货币交易，从而降低了交易成本，吸引大量用户和企业进入市场。在这一时期，移动电商企业的服务内容还不够丰富，主要是进行信息发布、业务咨询、广告宣传，以及预定和接收订单这些比较简单易操作的服务，通过移动终端设备向用户发送信息、沟通交流、提供服务。

虽然移动电子商务在未来有广阔的发展空间，当前具有巨大的发展潜力，但在移动电子商务市场还处于几乎等同完全竞争市场结构时，还是存在许多发展障碍的。比如在技术方面，不成熟的技术水平只能支撑移动电商企业做小规模的交易，在安全问题和支付问题不能解决之前，消费者的顾虑就无法打消，移动电商企业是依靠用户群生存的，得不到用户的认可就无法继续发展下去；在产品服务方面，消费者传统消费习惯对移动电商的发展有一定程度的阻碍。

在移动电子商务的早期市场，未来加速推进移动电子商务的发展，必须制定高效的战略规划，抓住这个发展机遇，在技术和产品服务上投入人力、物力、财力，为进一步抢占市场份额，加强市场竞争力提供保障。宏观战略影响微观主体，要增强战略构想复杂度，减弱聚焦度。

（二）培养用户，垄断并购，抢占市场份额

在移动电子商务市场的成长期，市场竞争日趋激烈，移动电商更加注重以用户为中心的品质服务和个性化服务，强化差异化的产品服务，致使产品差异化进入壁垒不断加强，匹配企业的精准营销手段和品牌推广，移动电子商务市场慢慢成长为成熟的产业。残酷的一轮竞争角逐之后，形成几个垄断巨头和剩余无数小规模移动电商。这些垄断巨头的规模扩大后在实施免费低价策略时更有优势，其他移动电商在规模达到一定程度之前除非有服务创新，否则很难超越垄断巨头。这些都导致了移动电子商务市场形成垄断型市场结构。

为抢占市场而并购的案例不在少数。阿里入股魅族，双方合作后，阿里通过智能平台提供底层服务，魅族利用自己的Flyme系统，提供适合阿里智能云平台的手机产品，既打破了现有的手机格局，又帮助阿里在抢夺移动争端的进程上更进一步，可谓是双赢局面。滴滴与快的两家实现战略合并，滴滴作为一个很年轻的企业，在企业早期便采取并购这样的战略手段，整合市场，结束长期以来出租车市场的烧钱大战，从某种层面来说其结果是积极的。滴滴和快的的合并，整合了长期以来交战的打车市场，聚拢了现有的资源，强化了网络媒体的优势，提高了用户的服务，并拉开了和其他竞争者的距离，无疑成为一名强大的市场领军者。美团和大众点评网也达成战略合作，由于资本市场日趋严峻，美团最新一轮的融资进展不顺，同时在经历了大众点评、百度糯米的各种烧钱大战之后，美团的亏损也在逐年增长，间接导致了其在融资过程中自身估值无法得到资本的认可。对于大众点评而言，既有与美团之间的斗争，也有与携程、去哪儿等这类垂直电商的遭遇战，还有与百度、阿里等大平台之间的虎口夺食，缓慢的发展速度，直接导致了大众点评市场占有上的劣势。美团和大众点评合并后，吃饭越来越容易，看电影越来越亲民，出行越来越便捷，成功打造了涵盖O2O上下游的全产业链生态平台，开启了中国新经济服务业升级的大门。58同城与赶集网的合并，则是抓住了O2O的尾巴，改善线下服务，给用户提供更好的服务体验。

并购代表企业的一种能力、一种战略方向，与产品、技术等能力一样，并购也无非为了抢占市场，为了取得更多更好的用户。并购作为一种资本手段，近年来越来越受到欢迎，可以说是，企业发展、扩大规模的一种有效手段。

（三）新企业纷纷进入，技术创新与制度创新，形成竞争性垄断

不同产业和产业演化不同阶段的创新特征差异，形成进入替代过程中的企业间异质性及其分布；市场对企业间异质性的选择，形成产业技术创新的实现过程；不同类型企业之间进入与退出、扩张与收缩的替代，是由动态市场结构特征表现的产业技术创新实现形式。能力演化是一个从量变到质变的过程，是能力复制和重构的过程。创新绩效是衡量技术创新能力是否随环境变化而演化的重要指标。

这个阶段的移动电子商务市场已处于比较成熟的发展时期，由于其技术和营销策略的可复制性，很多中小企业和创业者纷纷进入市场，虽然所占市场份额极少，但若其在服务创新、制度创新及技术创新上有所突破，对客户的吸引力也是不可估量的，竞争力不容小觑。移动电子商务市场依然属于高市场集中度的垄断型市场，但其竞争性在不断增强，因此逐渐形成了竞争性垄断的市场结构。

因创新争夺市场竞争力的案例很多，比如闲鱼以社区化二手电商的形态

进入市场，打开了移动电商垂直领域的新市场；支付宝与 ofo、哈罗单车、优拜单车、永安行、酷骑单车等共享单车合作，微信与摩拜单车合作，实现双赢；蘑菇街推出社交、直播的营销方式，从电商导购平台成功转型移动电商；京东在完善移动购物 APP 的同时，借助几档火热的综艺节目推出手机端促销活动以迎合用户喜好；苏宁易购、当当网、亚马逊中国等也针对移动端推出手机专属优惠券和返现活动，鼓励用户向移动端分流，创新营销模式。

第四章 移动电子商务市场效率

第一节 移动电子商务市场效率现状

一、移动支付提升支付效率

随着智能手机应用的普及,移动互联网逐渐超越传统 PC 成为居民接入互联网的主要方式,移动支付产业在席卷金融行业、第三方支付及电信运营商的同时,也融入日常生活的方方面面。

(一)行业规模持续增长

根据图 4-1 显示,中国第三方移动支付交易规模持续增长,2016 年移动支付交易规模约为 58.8 万亿元人民币,较上年同比增长 381.9%。艾瑞分析认为,这可以归因为以下三点:首先,移动设备的普及和移动互联网技术的提升为第三方移动支付提供了必要的发展环境;其次,现象级产品的出现

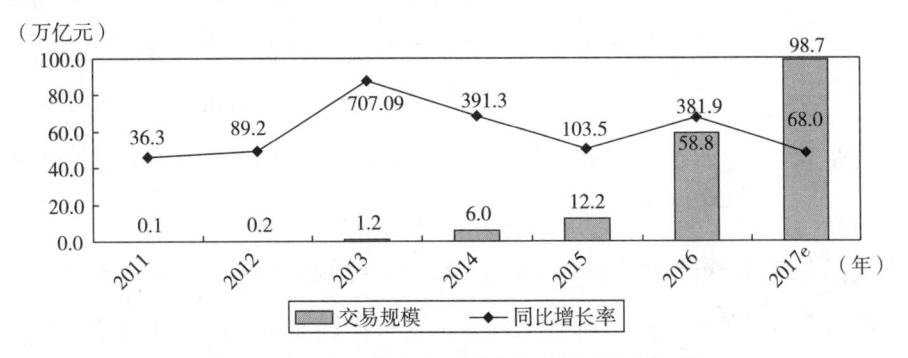

图 4-1 2011~2017 年中国第三方移动支付规模

使得移动支付用户数大幅提升；最后，移动支付对用户生活场景的覆盖度大幅提升使得用户使用频率增加。但随着移动设备渗透率和生活场景覆盖率的日趋饱和，行业规模的进一步发展需要从新的发力点进行推动。

（二）移动支付成为第三方支付行业的主要组成部分

移动互联网和现代移动通信技术的发展及移动设备价格的下降（见图4-2），带动了移动支付用户规模的增长，使其基础更加牢固。另外，互联网时代用户生活趋于碎片化，随之而来的是大量的随机性交易，移动支付受益于移动设备快捷、便携的特性，可以对用户的生活轨迹进行更广阔的覆盖，从而能够满足这种支付需要，使其相对于PC端具有更大的优势。

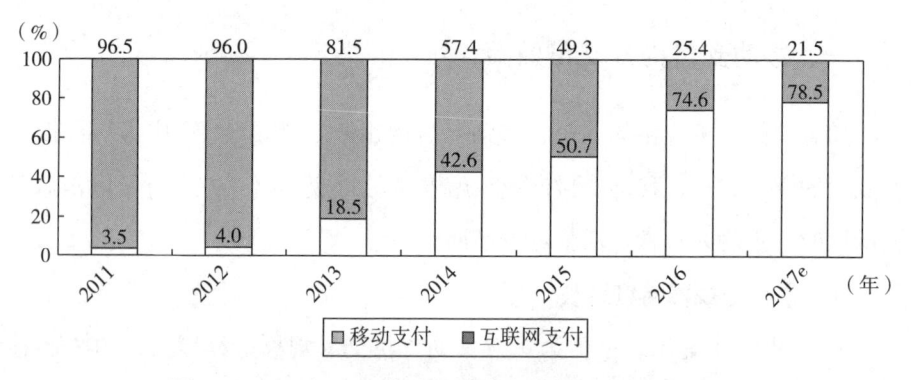

图4-2 2011~2017年中国移动支付与互联网支付占比

（三）市场份额高度集中于支付宝、财付通

2016年第四季度的数据显示（见图4-3），支付宝的市场份额达到了55%，财付通市场份额约为37%，其他众多支付企业的市场份额之和约为8%。值得注意的是，财付通前三季度市场份额增长十分迅速，但四季度开始行业格局趋于平稳，支付宝市场份额出现反弹。在行业整体规模增长迅速的同时，第三方移动支付行业出现了市场份额集中的现象。支付宝和财付通拥有庞大的用户群体和丰富的支付场景，占据了绝对的市场优势，并且仍在不断培养用户黏性、开拓新的支付场景以巩固行业地位。艾瑞咨询公司认为，正如其他的互联网细分行业市场份额高度集中在两三家企业一样，移动

支付行业形成支付宝、财付通占据主导地位也是市场选择的结果,而其他市场份额较小的企业也在积极发挥自身优势,走差异化发展道路,加之互联网行业创新速度较快,未来的行业格局对各个参与者都充满了机会与挑战。

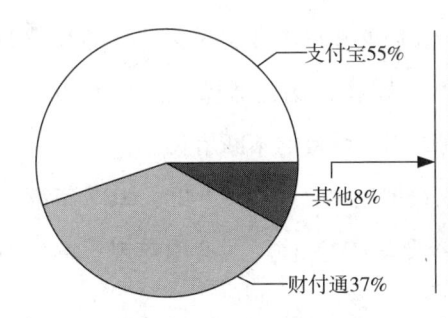

支付企业	交易规模(亿元)
壹钱包	4963.37
联动优势	1694.03
连连支付	1647.43
京东钱包	1621.50
快钱	1315.28
易宝支付	1184.30
苏宁支付	710.60

支付宝55%　其他8%　财付通37%

图4-3　2016年第四季度中国第三方移动支付交易规模市场份额

《2017年智慧生活指数报告》衡量了全国324个主要城市的智慧生活发展和普及状况,同时,也以6595个用户样本为调研基础,对移动支付带来的智慧生活习惯进行了详细的呈现。调研结果显示,银行卡、手机支付等非现金的支付方式作为智慧生活习惯可以在生活场景中广泛使用。报告还指出,移动支付的诞生和普及,并不是为了消灭或者取代现金,而是对现金支付形成新的补充,提升生活效率,目的是让金融更普惠、商业更智能、社会更高效,推动智慧生活的普及和智慧行业的升级。

报告显示,在用户日常消费习惯调查中,有40%的人出门带现金少于100元;52%人月均消费里仅20%用现金;超70%的人表示,只能用现金支付时才会使用现金,100元现金可以使用超过一星期;84%的人表示"不带钱,只带手机出门"可以很"淡定"。与用户习惯相呼应,截至2016年12月底,腾讯移动支付的月活跃账户及日均支付交易笔数均超过6亿笔。微信支付发挥了重要的作用。在公共服务方面,为公众解决了信息不对等、办事流程繁琐,排队时间长等难题。截至2017年6月底,微信城市服务已经覆盖362个城市,累计服务3.3亿用户。交通、医疗、旅游等接入微信支付、公众号、小程序等功能,用户可以事先通过微信实现交通查询与罚款、医疗预约、旅游出行等，通过微信支付1分钟内即可完成缴费，以往挂号难、排队久、效率慢的问题迎刃而解，这种智能化实现极大提升了消费体验。

二、移动购物提升消费效率

随着互联网的飞速发展，网购成为人们购物的主要方式之一。而移动网购方便快捷，成为人们的首选。随着网络购物市场的繁荣与宏观政策、经济、社会、技术的发展，促进了移动网购用户数量的不断增长。

比达咨询（BDR）数据中心的研究数据显示（见图4-4），2017年第二季度中国移动网购用户近5亿，环比增长2.1%。移动网购用户规模增长趋势逐渐呈现平稳增长趋势。

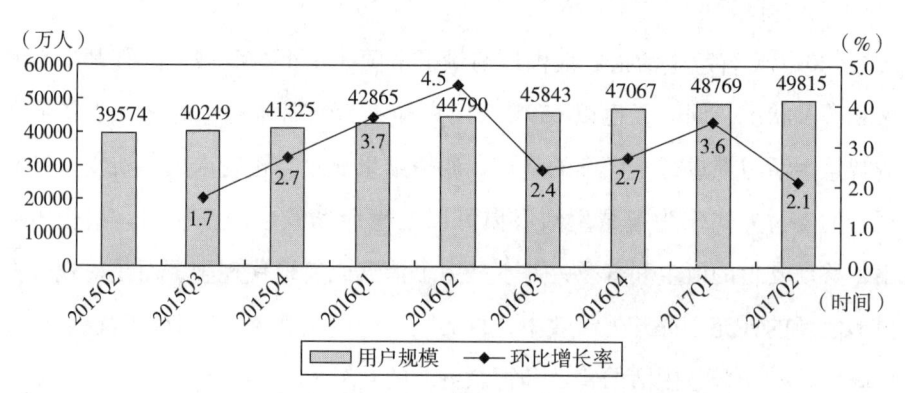

图4-4 2015Q2～2017Q2中国移动网购用户规模及增长率

以阿里巴巴"双十一"购物节为例，移动化越来越成为未来电子商务的发展趋势，2016年阿里巴巴"双十一"总成交额为1207亿元，其中移动端成交额988亿元，占总成交额的82%，2012年占比还只有9.4%，如图4-5所示。移动购物成为人们参与"双十一"的主流方式预示着整个电子商务行业发展趋势——用户正在极速从PC端向移动端转移。一方面，移动端相比PC端更大的优惠力度是消费者转战的主要动力之一；另一方面，移动网购的高便利性和对消费者碎片化时间的高利用率，也使移动网购能够迅速普及。目前移动网购因为移动终端设备的限制，在展示效果、内容搜索、购物及支付便捷程度等方面还有待加强，但移动网购无疑是未来电子商务发展的趋势。

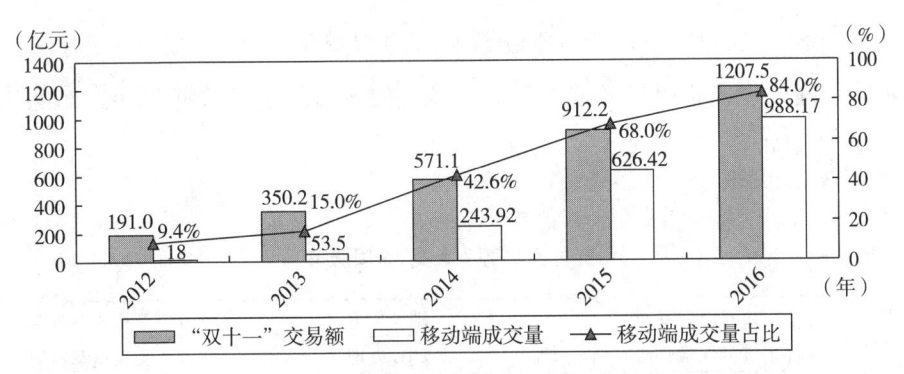

图 4-5　2012～2016 年移动端成交量及占比

三、移动服务提升服务效率

在移动互联网技术推动下，目前移动服务已经渗透到生活中吃喝玩乐、旅游出行、缴费就医、政务办事等各方面。以移动政务为例，随着网络的进一步普及和相关服务应用的推广，公众对便捷、高效和精细化的数字化政务服务期待不断上升，电子政务不断创新，迈入"互联网＋政务"的新阶段。2015 年全国新浪政务微博的发博量达到 2.5 亿条，其中原创发博总数近 1 亿条，所发微博总阅读量超过 1117 亿次。截至 2015 年底，新浪微博平台认证的政务微博达到 15.24 万个，其中政务机构官方微博 11.47 万个。

当前，支付宝共提供 7 大类 56 项政务服务，包括社会保障、交通、警务、民政、旅游、税务、气象环保等（见表 4-1）。其中，社会保障类最多，在支付宝上提供了 16 种服务；交通类和警务类也都超过了 10 种。在社保方面，支付宝平台上提供的服务包括生育保险、养老保险、医疗保险的查询；消费提醒、绑卡消费、医保充值、失业保险查询等。在交通方面，支付宝平台上提供的政务服务有地铁购票、ETC 办理、ETC 充值、交通卡充值、实时路况、公交查询、路况直播、路线查询、驾照业务、驾考报名、车辆年检等。警务方面提供的服务有违章查询和提醒、交罚缴纳、一键挪车、快撤理赔等。民政方面提供的服务包括身份证补办、结婚预约登记、法律援助、公证服务、民意咨询、房地产服务等。

当前,"支付宝+政务"覆盖了31个省级单位,347个城市。其中,东部沿海地区96个城市,中部地区83个城市,西部地区132个城市,东北地区36个城市。

表4-1　　　　　　　　　支付宝政务7大类56项服务

社会保障类16项	生育保险咨询	交通类15项	地铁购票	警务类10项	交通违章查询
	养老保险咨询		ETC办理		交通违章提醒
	医疗保险咨询		ETC充值		交罚缴纳
	消费提醒		交通卡充值		一键挪车
	绑卡消费		实时路况		在线学习
	医保充值		公交查询		在线销分
	失业保险查询		拥堵路况提醒		快撤理赔
	工伤保险查询		路况直播		一键报警
	考试报名		路线查询		出入境查询
	社保卡挂失		驾照业务		港澳通行证续签
	办理		驾考报名	民政类7项	身份证补办
	预约		车辆年检		结婚预约登记
	缴费		小客车摇号		法律援助
	全民参保登记		机场服务		公证服务
	公积金查询		高速路况		民意咨询
	公积金业务办理				房地产服务
气象环保类3项	灾害预警	税务类3项	发票验真	旅游类2项	新生儿重名查询
	空气水质查询		发票中奖		旅游投诉
	本地天气		个税查询		旅游线路服务

由此可见,越来越多的政务服务将通过数字化渠道来提供,公众对于政府的数字治理能力将提出更高的要求,包括信息服务的提供效率,突发事件的应急管理能力,大数据获取及分析应用的能力等。同时,移动服务平台将在云计算及相关技术的推动下,逐步走向统一。公众对便捷、低成本、高效

第四章　移动电子商务市场效率

的移动服务的期待也会不断上升。

四、移动数据提升运营效率

移动智能终端设备及互联网的普及，使得大数据的应用已经渗透到每一个行业和业务职能领域，成为企业预测市场、制定决策、洞悉消费者和竞争对手的重要依据。对于互联网企业而言，随着市场经济的发展和新经济秩序的出现，大数据已经超越资产、技术、规模等因素，成为企业参与新经济竞争格局中的核心资本。

随着大数据技术的出现与应用，电商可以根据大数据分析，为入驻商家和消费者提供不同的服务，减小替代品威胁。例如，淘宝为商家提供了淘宝指数、卖家云图等100多款数据分析产品，帮助卖家掌握搜索热点、消费趋势、细分市场等。为消费者提供了一淘搜索、细分的商品类别、发货方式、筛选功能等，提高消费者的购物体验。阿里巴巴大力发展互联网金融，通过对小企业的实时监控了解还款能力。京东根据顾客购物习惯分析，推出了如装机大师、家装城等一站式购物方式，以及搭配购、礼品购等新颖的购物功能。

阿里巴巴集团是一家由中国人创建的国际化的互联网公司，自成立以来，逐渐发展完善了B2B交易平台、支付宝、淘宝网、天猫等主要电子商务业务，并陆续在大数据、云计算等领域发力。阿里巴巴集团董事局主席马云在2014年召开的第十四届中国年度管理大会上表示，阿里巴巴公司其实并不是电子商务公司，实质上是一家数据公司。在淘宝网、天猫商城、阿里金融、菜鸟物流等产品的背后，阿里巴巴真正的目标都是数据。通过不同的服务或产品获取整个社会的相关数据，利用数据来预测用户行为和社会发展趋势，并创造价值。阿里巴巴之所以能够成为电商业巨头，离不开大数据分析。

淘宝网的数据来源主要有以下三种渠道：一是淘宝系统内部产生的数据，例如对某些种类商品的销量统计、地域购买趋势分析等，这是最大的数据来源；二是用户通过主动访问网站产生的点击、搜索等数据；三是渠道来自外部，如通过网页广告、搜索引擎、社交网络的推荐与链接等途径引进的流量等。这些数据包括评论、图片、文本、聊天记录等多种类型，来自于展示商品、卖家发布的信息、买家的浏览收藏信息等。

淘宝网汇聚了品牌旗舰店、淘宝原创店、个体户网店、二手市场、聚划算等多种类型，为不同入驻商家提供服务，为消费者提供商品。相比易趣的收费模式，淘宝依靠免费占据了绝大多数市场，形成了事实上的垄断。但近年来，同质化服务竞争越来越激烈、传统零售商不断蚕食电商市场，淘宝传统优势正在减弱。为适应用户需求的不断发展，经过多年的摸索与实践，淘宝做出了诸多转变，"精准营销"是其中最典型的转变。首先，淘宝升级了搜索引擎功能，利用搜索引擎对消费者需要进行分类。利用收集到的商品点击率和买家搜索记录数据进行关键词，使搜索引擎能够"聪明"的猜到消费者想要找什么。这种强大友好的搜索工具很快俘获了消费者的芳心，并逐渐成为同类网站的标配。其次，开发设计一批开放性平台，例如，"淘江湖""淘帮派""淘吧"等，鼓励消费者在这样的平台撰写购物感受、"晒"淘到的宝贝，或者上传淘宝经验等。通过对以上平台上的数据以及商品评价、旺旺聊天记录等大量非结构化数据的收集分析，结合消费者的浏览记录、页面停留时间等，判断出消费者想要购买的商品，并将合适的广告推送到消费者面前。而卖家根据分析结果，及时上架热销商品，针对性进行营销等，进一步提高网店交易额。

五、移动共享提升生活效率

共享经济是移动互联网时代一种基于共享闲置物品或服务的新的商业模式。在大众创业，万众创新背景下，共享经济的发展对于中国经济新常态下实现中高速增长和成功转型具有积极的意义。共享经济的快速发展得益于近几年技术的进步和其他配套设施的不断完善，作为一种新的商业模式，共享经济已渗透至交通、住宿、金融、餐饮、家政服务、农业生产等多个领域。

基于移动互联网、第三方支付、大数据、云计算等技术，以及资源闲置过剩、经济进入新常态导致了移动共享经济产生与发展。移动共享经济作为

第四章 移动电子商务市场效率

互联网下的"新经济""新商业"形态,借助网络等第三方平台,将供给方闲置资源使用权暂时性转移,通过提高存量资产的使用效率为需求方创造价值,提升生活效率,促进社会经济的可持续发展。

共享经济发展初期,主要以实现房产、汽车等成本较昂贵的固定资产的共享为主,如美国房屋租赁领域的 Airbnb 和汽车租赁领域的 Uber、RelayRides 等公司成为美国共享经济的典型代表。近几年,在中国的移动出行发展成为典型的共享经济模式。共享经济下的移动出行行业具有提高经济效益和社会效益的双重价值。这种新型的出行方式给出行行业带来了冲击及创新的活力。

移动出行诞生于美国,标志性的独角兽公司于 2009 年创建的 Uber。2014 年 Uber 就实现了 1.4 亿人次的乘坐频次,每日有 16 万人次的乘坐频率,业务收入是旧金山出租车市场的 3 倍多。Uber 在 2016 年年初市场估值已达 510 亿美元。共享经济模式下的移动出行平台普遍使用轻资产的成本结构、具有灵活的运营模式,在整个生态可延展性上相比传统企业具有更多的想象空间,所以更容易获得更高的资本溢价。中国的移动出行代表企业滴滴出行比 Uber 更具有平台化的态势。滴滴出行于 2012 年成立,在相继与快的打车与 Uber 中国合并后,在 2016 年 8 月市场估值已经接近 340 亿美元。滴滴从线上出租车叫车和预约服务起家,现在已经遍及出租车、快车(私家车)、专车(豪华车)、顺风车(顺路拼车)、租车、代驾和试驾七条事业线。同时在出行的不同垂直领域,也出现了各种带有共享经济特征的企业,涵盖了出行的方方面面(见表 4-2)。

表 4-2　　共享模式下的国内外移动出行平台

行业细分	国外公司	国内公司
租车 & 拼车	Uber:私家车搭乘服务	滴滴出行:私家车搭乘、拼车与在线预约服务、专车、租车服务
	Lyft:侧重社交的私家车搭乘服务	易到用车:互联网预约车平台,提供中高端的专车服务

续表

行业细分	国外公司	国内公司
租车&拼车	Sidecar：纯粹的私家车拼车服务	嘀嗒拼车：私家车拼车服务
	FightCar：机场闲置车辆共享，开车去机场上飞机后别人可以继续使用这台汽车	PP租车：汽车共享平台，对接限制的车辆和需要临时用车的用户
	Zipcar：会员制共享闲置汽车，会员可以预定按时计费或按天计费的汽车	一嗨租车：车主可以出租汽车给有用车需求的租客
出租车叫车	Fleet：在线提供群体的出租车服务	滴滴出行：出租车叫车、预约与拼车
	BIXI：加拿大在线出租车和自行车	
	Get Taxi：在线出租车、黑车和豪华车叫车平台	
自行车共享	ScootNetworks：提供手机启动的摩托车 Scoots：用于共享租赁	摩拜单车：共享无桩借还
	SocialBicycles：自行车共享平台	ofo单车：共享无桩借还
	Spinlister：点对点自行车租赁平台	Hellobike、酷比单车等

以Facebook、微信为代表的社交平台帮助用户与现实生活中的朋友、同事等分享生活体验，进而衍生出朋友间的协作消费。这种模式实现朋友间点对点、点对面的协作生活方式或者圈子营销，因此形成了社交式的共享经济模式。如借助微信平台的微商，实质就是"开放平台+朋友圈"，通过用户交流和互相关注，从个人在社交媒体里面的信息足迹和人际关系链出发，把线下产品或服务推广融入社交网络中，通过"口碑营销"在多个圈子群体形成几何级数传播。与国外共享经济通常以专门的网站各司其职的现象不同，国内则更多借助原本就有大量用户群的社交网站来实现协作消费。比如豆瓣小组、QQ群、论坛及微博中的微群等都出现了拼饭、拼车、拼屋的专门板块。

我们正在进入一个崭新的时代，工业技术的发展让我们能够以很低的价格享受到高品质的产品与服务，信息技术的发展又能把最近的资源与需求联系起来，这就是共享经济的核心，共享经济会让旧的商业模式被逐渐颠覆和淘汰，共享经济又让经济以新的方式再次焕发活力，让社会经济运转得更高效、更具价值。"这是最好的时代，这是最坏的时代"，只有直面共享经济，勇敢地接受和发展才能使中国经济尽快转型成功，尽早实现国家富强、民族复兴、人民幸福、社会和谐的中国梦。

第二节 移动电子商务市场效率度量

一、文献综述

当前,互联网呈井喷式发展,消费者的消费习惯极大改变,实现了从传统市场到电子商务市场的过渡。根据国家统计局数据显示,2016 年中国网络零售额达到 5.16 万亿元人民币,同比增长 26.2%,占社会消费品零售总额的 15.5%。电子商务的出现给学术界对于"无摩擦"市场的研究提供了极大可能。尽管学术界对于"网络市场具有更高市场效率"的命题争论不断,但对于互联网的优势终将转化为企业的效率优势这一观点是普遍认同的(谢莉娟、张昊,2015)。

以往对于电子商务市场效率的研究主要集中在两方面:一是对于电商市场与实体市场效率的对比分析;二是电商市场效率的影响因素研究。

对于电商市场与传统零售市场效率对比的研究已有很多。目前国内外学术界普遍认为价格水平、价格离散程度、菜单成本和价格弹性(陈凯,2011)是影响市场效率的主要指标。部分学者认为电商市场存在明显的效率提升,Stigler(1996)最早通过数理推导提出了如果消费者搜寻成本下降,那么价格离差减小、市场效率得到有效提升的观点,这可以作为互联网提高市场效率的理论基础。互联网市场更接近于"无摩擦"的市场,搜寻成本低,因此存在更低的价格离差以及更有效的市场效率,但是大量的实证研究并未证明电商市场上的价格离差明显优于传统市场这一结论。Bailey(1998)将线上和线下实体销售的图书、CD 以及软件的价格进行对比,发现线上市场中图书和 CD 的价格离差并未明显小于线下市场,甚至线上市场的价格水平要高于线下市场。随后,亦有许多学者使用了不同年份中图书和 CD 线上线下的销售数据证明了此观点(Brynjolfsson,Smith,1999,2000;Lee,Cosain,2002;Clay et al,2001)。但是 Ratchford 等(2003)利用 2000 年 11

月到 2001 年 11 月的全面数据研究了电子商务市场结构对消费者福利变动的影响。他们发现，价格离散度大幅在这期间持续下降并且电商零售商与零售价格之间的关系。Stork 等（2013）对 11 个非洲国家的移动互联网使用情况进行了分析，发现移动市场的竞争似乎解决了市场效率的差距，导致服务选择的增加和价格的降低。

形成电商市场价格离差的原因是复杂的、多方面的，如搜寻成本、服务差异化、市场结构特征、产品类别、零售商类型等（赵冬梅，2008）。越来越丰富的非价格信息导致消费者价格敏感性的降低，并且带来更大的价格离差。游春和张漪（2009）通过经验观察的方法试图证实消费决策的不确定性和搜寻模式是可以用来解释电子商务中消费者搜寻有效性的问题。李婷（2008）解剖了电子商务、交易效率及市场氛围扩大之间的演进机理，认为电子商务促进了交易效率的提升，进而促进专业化分工和市场范围扩大。梁士勇（2015）运用经典寡头理论对中国电商市场的效率进行了初步分析，认为无论是国内电商市场是属于古诺竞争，还是伯特兰竞争，都会带来更多的市场效率。Dong Ook Choi 和 Jongeun Oh 等（2011）利用韩国市场数据电商对利润和市场效率的影响。结果表明在广告市场，来自用户需求的电商效应是积极的，它通过增加用户访问提升电商市场利润。Rapson 和 Schiraldi（2013）估计了互联网对二手车交易量的影响。1997～2007 年，加利福尼亚互联网使用量翻了 3 倍，贸易额增加了 7.2%，这意味着通过电商配置效率的提高带来了福利的增加。

目前的实证研究并不能否定传统理论关于价格离散与电商市场效率的关系，但是，在影响电商市场效率的众多因素中，单独把价格离散、搜寻成本等的影响提取出来加以检验并用它来衡量市场效率的方法存在较大的难度（黄浩，2014）。因此，本部分尝试跳过价格离散、搜寻成本、价格弹性等因素对移动电商市场效率的分散研究，直接从宏观层面对移动电商市场效率进行整体测算。

二、市场效率测算

目前关于中国电商市场效率的研究成果大多从信息搜寻、价格离散的角度出发，选取的研究指标不外乎价格水平、价格离散程度、菜单成本及价格弹性（陈凯，2011），少有从宏观层面对电商市场的运行效率进行测算，而且关于移动电子商务市场效率测算的研究更是少之又少。基于此，本书运用数据包络分析法（DEA），从宏观角度对中国移动电子商务市场效率的大小进行测算。

（一）数据包络分析

数据包络分析是 Charnes、Coopor 和 Rhodes 于 1978 年首先提出的评价生产效率的重要的非参数方法。该方法的原理主要是通过保持决策单元（decision making units，DMU）的输入或者输入不变，借助于数学规划方法确定相对有效的生产前沿面，将各个决策单元投影到 DEA 的生产前沿面上，并通过比较决策单元偏离 DEA 前沿面的程度来评价它们的相对有效性。

DEA 方法以相对效率概念为基础，以凸分析和线形规划为工具的一种评价方法，应用数学规划模型计算比较决策单元之间的相对效率，对评价对象做出评价，它能充分考虑对于决策单元本身最优的投入产出方案，因而能够更理想地反映评价对象自身的信息和特点。同时对于评价复杂系统的多投入多产出分析具有独到之处。适用于多输出—多输入的有效性综合评价问题，在处理多输出—多输入的有效性评价方面具有绝对优势。DEA 方法并不直接对数据进行综合，因此决策单元的最优效率指标与投入指标值及产出指标值的量纲选取无关，应用 DEA 方法建立模型前无须对数据进行无量纲化处理。

生产效率评价的参数方法，主要有随机前沿面分析（SFA）技术。随机前沿生产函数于 1977 年分别由 Aigner，Lovell，Schmidt，Meeusen 和 van den Broeck 独立提出。该生产函数对包含由两个成分组成的误差进行了描述，可应用于面板数据；估计随时间变化和不变的效率；成本和产量函数等。实际工作中，一般多应用数据包络分析方法，以计算生产效率为目的，并考虑到了成本效率和分配效率，以及应用面板数据来计算总的因素生产率（TFP）的变化、技术变化、技术效率变化和规模效率变化的指数，即由 Färe et al. (1994) 提出的 Malmquist 指数。

现代效率的测度由 Farrell (1957) 首创，他在 Debreu (1951) 和 Koopmans (1951) 方法的基础上定义了一个单位化（取值在 0~1）的能考虑到多种投入的效率测度方法，该单位效率由两部分组成，即技术效率和分配效率，前者反映了一个单位在给定一系列的投入后获得最大产出量的能力；后者，即分配效率反映了一个单位以最佳的比例投入后所获得可观价值的能力。这两个方法都与提供一个总的经济效率测度方法有关。

根据 Farrell 的基本观点，采用投入—产出加以说明，并以减少投入为中心，这在计量经济学中通常称为面向投入的方法。

Farrell 使用了一个简单的例子，即各个单位以两项投入（x_1 和 x_2）得到单一产出（y），其前提是具有固定规模收益，即具有不变的规模报酬。

图 4-6 中 SS' 表示完全有效的公司（或单位）的产出等高线，代表生产前沿面。点 P 表示一个公司用相应数量投入来生产一个单位的产出，技术非有效可以用距离 QP 来表示，表示在不减少产出的前提下所有的投入可以成比例缩减的数量，通常用百分比率 QP/OP 表示。故一个公司的技术效率（TE）通常用下述比率表示：

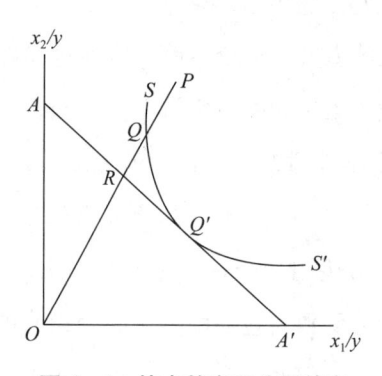

图 4-6 技术效率和分配效率

$TE = OQ/OP = 1 - QP/OP$

TE 取值范围在 0~1，如果值等于 1，则表示这个公司是完全技术有效率的，如图 4-6 中的点 Q 就是技术有效的。技术有效的所有点就构成了生产前沿面，如图 4-6 中曲线 SS′ 上的点。

如果我们已经知道了投入的价格信息，如图 4-6 中直线 AA′ 所示，则可计算分配效率（allocative efficiency，AE）和经济效率（economic efficiency，EE）。在点 P 的分配效率（AE）定义为 $AE = OR/OQ$；而经济效率（EE）定义为 $EE = OR/OP$。因为有 $(OQ/OP) \times (OR/OQ) = OR/OP$，所以 $EE = TE \times AE$。

图 4-6 中定义的这些效率方法是假定完全技术有效单位的生产函数已知。但实际情况下并非如此，因此完全有效的等值曲线必须从样本数据中估算。Farrell 建议：（1）建立一个非参数的分段线性凸面等值曲线使不可观测的点位于它的左侧或者下方（见图 4-7）；（2）建立一个参数函数，如 Cobb-Douglas 形式的模型，拟合数据，同样使得不可观测的点应该位于它的左侧或者下方。

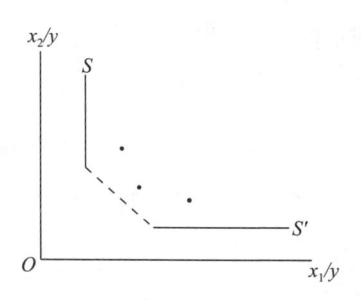

图 4-7 分段线性凸面等值曲线

以上是面向投入的技术效率分析方法。这就提出了一个疑问：在没有改变产出量的前提下有多少投入量能够适当比例减少？或者在投入量不变的情况下如何使产出量以适当比例扩大？这就是一个与上面讨论的面向投入的方法相反的面向产出的方法。

面向产出和面向投入方法之间的不同可以用一个简单的关于单一投入和单一产出的例子来阐述（见图 4-8）。

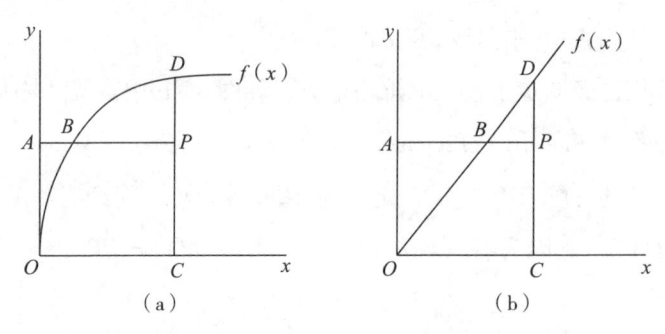

图 4-8 面向投入、产出的技术效率方法和规模收益

在图 4-8（a）中描述了用 $f(x)$ 表示规模技术收益的减少，点 P 表示一个非效率单位。Farrell 的技术效率，如果是面向投入的方法，那么其比值为 AB/AP，但如果采用面向产出的方法，则等于 CP/CD。当固定规模收益存在时，面向产出和面向投入方法得到的技术效率是一样的。但当规模收益出现增加或降低时它们将会不相等（Fare and Lovell，1978）。固定规模收益情况可用图 4-8（b）中来描述，对于我们谨慎选择的某一非效率点 P，可以看出 AB/AP = CP/CD。

要深入的理解面向产出的方法可以考虑包括两项产出（y_1 和 y_2）和一个投入（x_1）的情况。并且假设有固定的规模收益。这时可用在二维空间中的一个单位产出的可能性曲线来表示（见图 4-9）。图 4-9 中，其直线 ZZ′ 是单位产出曲线，点 A 则对应一个非有效单位。需要注意的是在这种情况下非有效单位点（A）位于曲线之下，因为 ZZ′ 代表产出可能性以上的区域。

Farrell 面向产出的效率方法如图 4-9 中的定义：AB 的距离代表技术非有效。也就是在无需额外投入的条件下产出所增加的量。因此面向产出的技术效率也即比值 TE_0 = OA/OB。如果已知价格信息那么我们就可绘出收益等高线 DD′，并且可定义分配效率为 AE0 = OB/OC，且经济效益可以定义为：

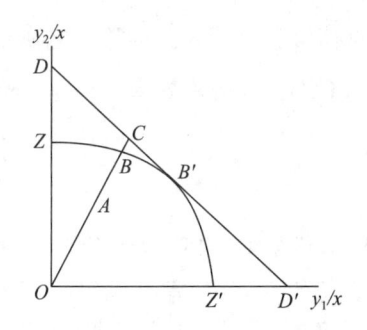

图 4-9 产出定向的技术和分配效率

$$EE_0 = (OA/OC) = (OA/OB) - (OB/OC) = TE_0 \times AE_0$$

这些效率的取值都在 0~1。各种效率，从原点到可观测点之间的线都是规格化的，即使改变测度单位（例如在测量劳动者数量时用年人数来取代小时人数）也不对效率测量值有影响。

（二）指标体系构建

本章选取了中国 29 个省、直辖市、自治区作为样本（其中西藏、青海及港澳台、南海诸岛由于数据获取不完全因而未列入本书的研究当中），并将每个省市作为一个独立的生产决策单元（DMU），使用了 2013~2015 年[①]中国的电子商务销售额、网络消费水平指数、电子商务企业数量、邮政从业人员数量、人均 R&D 经费投入作为投入—产出指标测算中国各省市的网络市场效率。其中，由于移动电子商务的数据连续性不强且难以获取，而电子商务的发展状况很大程度上反映了移动电子商务的发展状况，因此本章选择使用电子商务数据来反映移动电商发展情况，数据均来源于《中国统计年鉴》以及国研网相关统计数据。

三、实证分析

使用投入导向型超效率 DEA 模型在 DEAP2.1 软件中运行，得到 2013~

---

① 由于《中国统计年鉴》中关于电子商务的数据从 2013 年开始统计，因此只能连续汇集到 2013~2015 年的数据。

2015年中国29个省（直辖市、自治区）的移动电商市场运行的综合技术效率（EC）、纯技术效率（PTE）及规模效率（SE），经过整理后形成表4-3和表4-4。

表4-3　　　　　　2013~2015年移动电商市场运行的平均效率

年份	综合技术效率(EC)平均值	纯技术效率(PTE)平均值	规模效率(SE)平均值
2013	0.583	0.907	0.638
2014	0.524	0.889	0.583
2015	0.539	0.898	0.592

表4-3显示，2013~2015年，纯技术效率值明显高于规模效率值，这说明中国移动电商市场效率的DEA无效主要是由于规模效率低引起的。根据纯技术效率均值可以发现，移动电商市场纯技术效率较高但是未达到最优，这说明中国移动电商市场效率实际投入与最优投入未达到最优匹配程度。

表4-4　　　　　　中国各省份移动电商市场运行效率

省份	综合技术效率(EC)			纯技术效率(PTE)			规模效率(SE)		
	2013	2014	2015	2013	2014	2015	2013	2014	2015
北京	1	1	1	1	1	1	1	1	1
天津	1	0.898	1	1	1	1	1	0.898	1
河北	0.597	0.524	0.332	0.958	0.91	0.922	0.623	0.576	0.36
山西	0.507	0.282	0.307	0.987	0.929	0.933	0.513	0.304	0.33
内蒙古	0.276	0.266	0.82	0.86	0.868	1	0.322	0.306	0.82
辽宁	0.608	0.415	0.551	0.872	0.783	0.865	0.697	0.53	0.637
吉林	0.254	0.49	0.319	0.841	1	0.86	0.302	0.49	0.371
黑龙江	1	0.406	0.295	1	0.94	0.933	1	0.432	0.317
上海	1	1	1	1	1	1	1	1	1
江苏	1	0.711	0.584	1	0.873	0.743	1	0.814	0.785
浙江	0.65	0.387	0.407	0.698	0.553	0.602	0.932	0.701	0.676

续表

省份	综合技术效率(EC)			纯技术效率(PTE)			规模效率(SE)		
	2013	2014	2015	2013	2014	2015	2013	2014	2015
安徽	0.494	0.504	0.517	0.844	0.83	0.874	0.586	0.608	0.591
福建	0.446	0.287	0.257	0.668	0.636	0.628	0.667	0.451	0.41
江西	0.49	0.341	0.415	0.799	0.697	0.773	0.613	0.489	0.537
山东	0.922	0.735	0.796	1	1	1	0.922	0.735	0.796
河南	0.637	0.698	0.722	0.985	1	1	0.647	0.698	0.722
湖北	0.47	0.407	0.294	0.767	0.741	0.749	0.613	0.55	0.393
湖南	0.406	0.404	0.337	0.709	0.679	0.69	0.573	0.596	0.488
广东	1	1	1	1	1	1	1	1	1
广西	0.367	0.312	0.453	0.822	0.838	0.926	0.446	0.372	0.489
海南	0.392	0.374	0.484	1	1	1	0.392	0.374	0.484
重庆	0.389	0.424	0.431	0.763	0.796	0.82	0.509	0.533	0.526
四川	0.519	0.547	0.507	0.886	0.864	0.839	0.585	0.633	0.605
贵州	0.797	0.602	0.521	1	1	1	0.797	0.602	0.521
云南	0.4	1	1	1	1	1	0.4	1	1
陕西	0.469	0.277	0.246	0.885	0.863	0.884	0.529	0.321	0.278
甘肃	0.341	0.353	0.348	1	1	1	0.341	0.353	0.348
宁夏	0.223	0.156	0.128	1	1	1	0.223	0.156	0.128
新疆	0.266	0.396	0.567	0.969	0.997	1	0.275	0.397	0.567
均值	0.583	0.907	0.638	0.524	0.889	0.583	0.539	0.898	0.592

表4-4给出了中国2013～2015年的移动电商市场效率与其分解指标的平均值。从纯技术效率角度看，2013年，只有北京、天津、黑龙江、上海、江苏、山东、广东、海南、贵州、云南进入DEA有效区域，且除海南、贵州、云南外都为东部省份；2014年，DEA纯技术效率有效省份稍有变动，新增吉林、河南，但是黑龙江与江苏的纯技术效率稍有下降；2015年，相较于2014年有效区域增加2个省份，增加了内蒙古和新疆，但吉林纯技术效率值稍有下降。从均值上来看，纯技术效率由2013年的0.524上升到2014年的0.889，但2015年又下降到0.583。

从规模效率角度看，2013～2015年DEA规模效率有效单元分别为6个、4个、5个，基本保持稳定。规模效率的平均值也由0.539上升到0.898又下降到 0.592。3 年间，中国的 DEA 规模效率无效区域的数量远高于有效区域，说明大部分省份投入总量与电子商务交易额之间匹配不足。

从综合技术效率角度看，2013～2015 年综合技术效率有效单元分别为 6 个、4 个、5 个，基本保持稳定。在 DEA 无效的 20 多个省份中，只有浙江省的纯技术效率低于规模效率，其他省份的纯技术效率均高于规模效率，这说明引发中国移动电商市场效率低效的主要原因是规模效率低。

我们发现，2013～2015 年中国大部分地区的移动电商市场效率值总体上是下降的。这说明近年来，移动电商市场异常繁荣、发展速度惊人，各地区盲目加大各项移动电商市场投入，随之而来的是移动电商市场的无效率以及资源浪费。

另外我们还可以对中国的移动电商市场效率进行空间上的分类（Michael Norman）。如图 4-10 所示，第 Ⅰ 类为规模状态最优（$PTE = SE = 1$），分别为北京、天津、上海、广东、云南；第 Ⅱ 类为短期易改善（$0.9 < SE < 1$，$PTE > 0.9$），没有省份符合条件，说明中国各省份移动电商市场效率在短期内不能得到改善；第 Ⅲ 类为相对规模较小（$SE < 0.9$），有河北、山西、浙

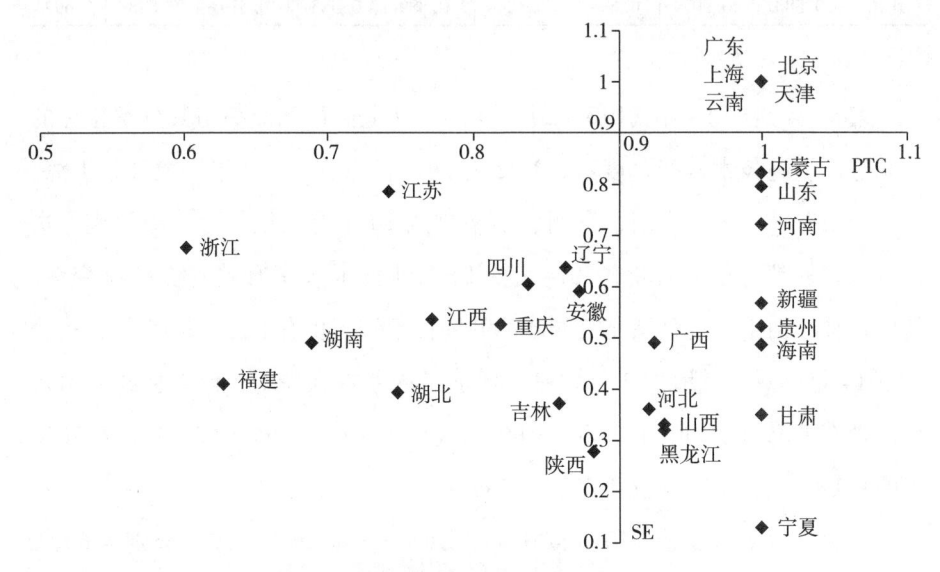

图 4-10　中国移动电商市场效率的象限

江、江苏、山东、山西、湖南、湖北等省份，这些地区的移动电商市场投入组合不能实现规模效率。

第三节　移动电子商务市场效率影响因素

一、模型构建

中国移动电商市场效率结构如此不均衡，所以本书进一步考察中国移动电商市场效率的影响因素。目前有关中国移动电商市场效率影响因素的研究成果非常少，仅有的一些文献也与本书研究角度不同，本书拟通过对其理论进行拓展，形成了中国移动电商市场效率影响因素的具体指标。

1. 政府参与程度

地方财政公共支出占当地 GDP 的比重。移动电子商务的发展需要巨大的资金支持用于内外部环境的建设与改善、平台的建设与发展等方面。电子商务的发展从一定程度上代表了当地经济发展水平，因此当地政府为建设成依托本土优势行业成长、覆盖行业产业链、在全国形成影响力、有发展前景的移动电商企业，在基础设施建设、电商企业扶持奖励等方面会投入巨资，为发展移动电子商务企业提供良好的社会保障。

2. 对外开放程度

进出口总额占当地 GDP 的比重。对外开放水平在一定程度上对移动电商尤其是跨境电商起到了促进作用，对外开放水平越高，对外经济合作水平越高，招商引资的选择空间就越大。而且，随着对外开放水平不断深入，作为新型业态的服务贸易发展有着很大潜力。

3. 受教育年限

受教育年限 =（样本含小学文化程度人口数 ×6 + 初中 ×9 + 高中 ×12 + 大专及以上 ×16）÷6 岁以上抽样总人口。移动电商的发展需要一大批高素质的人才队伍，对于电商产业来说，过去对于从业者的进入"门槛"较低，整个行业的人才队伍相对落后，新的市场环境、新的技术、新的设备也要求高素质的电商人才。目前中国电子商务人才缺口较大，电子商务教育体系仍处于摸索阶段，受教育程度越高，对于电子商务的贡献力度越大，能够进一步促进电商市场的发展。

4. 互联网水平

为了尽可能综合反映互联网发展水平，因此本书选取多个指标，借鉴的处理方法（谢莉娟、张昊，2015），采用网民数、互联网普及率、包裹数量、快递数量四个指标分别进行标准化处理并进行数值平均。在电子商务的发展中，信息技术的使用（互联网水平的高低）尤其重要。物流、仓储、库存信息的集中处理，客户线上线下需求数据的准确挖掘，都需要使用现代的信息技术，而互联网水平越高，信息处理和搜寻的成本越低，市场效率越高。

5. 物流基础设施

采用铁路营运里程、内河航运里程、等级公路里程三者之和与相应省份面积之比（单位为千米/平方千米）。物流基础设施在一定程度上反映了电商发展水平的高低，完善的物流网络、配套的物流园区、高效的冷链物流技术等在很大程度上都促进了电商产业的快速发展，如表4-5所示。

本文采用数据（见表4-5）取自《中国统计年鉴》、中国互联网信息中心（CNNIC）发布的《中国互联网发展状况统计报告》《中国教育统计年鉴》《中国人口统计年鉴》，以及国研网区域经济数据库。

表4-5　　　　　　　　　　2013~2015年原始数据

年份	省份	政府参与程度(%)	对外开放程度(%)	受教育年限	物流基础设施水平	互联网发展水平
2013	北京	0.026	1.311	2.487	1.387	0.053
2013	天津	0.050	0.538	2.355	1.407	0.024
2013	河北	0.011	0.117	2.186	0.923	0.001
2013	山西	0.015	0.075	2.236	0.895	0.002

续表

年份	省份	政府参与程度(%)	对外开放程度(%)	受教育年限	物流基础设施水平	互联网发展水平
2013	内蒙古	0.028	0.043	2.198	0.146	-0.007
2013	辽宁	0.030	0.255	2.313	0.686	0.016
2013	吉林	0.016	0.120	2.241	0.484	-0.009
2013	黑龙江	0.021	0.163	2.249	0.316	-0.013
2013	上海	0.033	1.224	2.357	1.865	0.045
2013	江苏	0.017	0.558	2.243	1.641	0.011
2013	浙江	0.009	0.538	2.237	1.174	0.028
2013	安徽	0.024	0.143	2.143	1.265	-0.020
2013	福建	0.012	0.468	2.157	0.701	0.030
2013	江西	0.014	0.154	2.223	0.787	-0.026
2013	山东	0.011	0.292	2.189	1.635	-0.002
2013	河南	0.010	0.113	2.173	1.226	-0.020
2013	湖北	0.013	0.089	2.235	1.211	-0.007
2013	湖南	0.016	0.062	2.193	1.049	-0.019
2013	广东	0.011	1.057	2.222	1.123	0.040
2013	广西	0.015	0.137	2.151	0.446	-0.017
2013	海南	0.019	0.285	2.218	0.713	-0.003
2013	重庆	0.042	0.325	2.161	1.171	-0.006
2013	四川	0.014	0.148	2.134	0.539	-0.020
2013	贵州	0.014	0.062	2.085	0.574	-0.026
2013	云南	0.015	0.129	2.060	0.482	-0.025
2013	陕西	0.016	0.075	2.228	0.751	-0.004
2013	甘肃	0.012	0.098	2.122	0.273	-0.023
2013	宁夏	0.052	0.076	2.164	0.573	-0.008
2013	新疆	0.029	0.197	2.196	0.078	0.004
2014	北京	0.212	1.197	2.473	1.408	0.051
2014	天津	0.183	0.523	2.352	1.441	0.021
2014	河北	0.159	0.125	2.182	0.951	0.001
2014	山西	0.242	0.078	2.230	0.910	0.001
2014	内蒙古	0.218	0.050	2.197	0.151	-0.008
2014	辽宁	0.177	0.245	2.293	0.719	0.017

续表

年份	省份	政府参与程度(%)	对外开放程度(%)	受教育年限	物流基础设施水平	互联网发展水平
2014	吉林	0.211	0.117	2.238	0.495	-0.008
2014	黑龙江	0.228	0.159	2.236	0.323	-0.013
2014	上海	0.209	1.216	2.381	1.894	0.042
2014	江苏	0.130	0.532	2.235	1.657	0.011
2014	浙江	0.128	0.543	2.204	1.194	0.029
2014	安徽	0.224	0.145	2.167	1.276	-0.023
2014	福建	0.137	0.453	2.174	0.717	0.029
2014	江西	0.247	0.167	2.183	0.824	-0.028
2014	山东	0.121	0.286	2.195	1.684	0.000
2014	河南	0.173	0.114	2.197	1.233	-0.021
2014	湖北	0.180	0.097	2.209	1.273	-0.008
2014	湖南	0.186	0.070	2.199	1.073	-0.018
2014	广东	0.135	0.975	2.228	1.186	0.041
2014	广西	0.222	0.159	2.169	0.468	-0.019
2014	海南	0.314	0.278	2.208	0.747	-0.021
2014	重庆	0.232	0.411	2.192	1.274	-0.008
2014	四川	0.238	0.151	2.122	0.561	-0.021
2014	贵州	0.382	0.071	2.091	0.645	-0.028
2014	云南	0.346	0.142	2.052	0.511	-0.026
2014	陕西	0.224	0.095	2.213	0.762	-0.006
2014	甘肃	0.372	0.078	2.119	0.293	-0.024
2014	宁夏	0.364	0.121	2.146	0.625	-0.010
2014	新疆	0.358	0.183	2.217	0.082	0.002
2015	北京	0.249	0.864	2.492	1.412	0.048
2015	天津	0.195	0.430	2.357	1.484	0.014
2015	河北	0.189	0.108	2.202	0.985	-0.005
2015	山西	0.268	0.072	2.265	0.915	-0.003
2015	内蒙古	0.239	0.044	2.265	0.156	-0.010
2015	辽宁	0.156	0.208	2.286	0.761	0.015
2015	吉林	0.229	0.084	2.240	0.505	-0.014
2015	黑龙江	0.267	0.087	2.238	0.326	-0.019

续表

年份	省份	政府参与程度(%)	对外开放程度(%)	受教育年限	物流基础设施水平	互联网发展水平
2015	上海	0.246	1.114	2.393	1.922	0.040
2015	江苏	0.138	0.485	2.393	1.673	0.005
2015	浙江	0.155	0.504	2.195	1.213	0.025
2015	安徽	0.238	0.135	2.174	1.375	-0.029
2015	福建	0.154	0.405	2.183	0.757	0.027
2015	江西	0.264	0.158	2.183	0.836	-0.031
2015	山东	0.131	0.238	2.201	1.712	-0.007
2015	河南	0.184	0.124	2.178	1.252	-0.026
2015	湖北	0.208	0.096	2.234	1.363	-0.015
2015	湖南	0.198	0.063	2.230	1.084	-0.028
2015	广东	0.176	0.875	2.251	1.210	0.039
2015	广西	0.242	0.189	2.161	0.488	-0.023
2015	海南	0.335	0.235	2.219	0.783	-0.009
2015	重庆	0.241	0.295	2.191	1.448	-0.013
2015	四川	0.249	0.106	2.134	0.581	-0.026
2015	贵州	0.375	0.072	2.052	0.721	-0.033
2015	云南	0.346	0.112	2.085	0.532	-0.032
2015	陕西	0.243	0.105	2.256	0.775	-0.008
2015	甘肃	0.436	0.073	2.134	0.310	-0.031
2015	宁夏	0.391	0.080	2.185	0.663	-0.013
2015	新疆	0.408	0.131	2.208	0.086	0.001

二、估计结果和讨论

本文将综合效率 eff 作为因变量，由于 DEA 模型测度的效率值均在 0~1，因此采用混合回归的 Tobit 模型进行回归分析[①]。

Tobit 回归模型的概念最早是由诺贝尔经济学奖获得者 James Tobin (1958) 提出，是属于因变量受到限制的一种模型。如果要分析的数据具有

---

① 由于数据时间序列较短，无法进行随机效应与固定效应的测算，因此只进行混合回归。

这样的特点，即因变量是部分连续和部分离散分布的数据时（因变量的数值是切割或片段的情况时），那么此时普通最小二乘法（OLS）就不再适用于估计回归系数，这时遵循最大似然法概念的 Tobit 模型即成为估计回归系数的一个较好选择。人们为了几年 Tobin 在研究因变量受限一类问题上的研究，把该类模型称为 Tobit 模型。

Tobit 模型的一般形式如下：

$$y_i = \beta' x_i + \mu_i, 其中, \mu_i \in \mathbf{N}(0, \sigma^2)。$$

计量模型可以表示为：

$$eff = \alpha_1 gov + \alpha_2 open + \alpha_3 lnedu + \alpha_4 fra + \alpha_5 net + u_i \qquad (4-1)$$

样本的描述性统计情况如表 4-6 所示。

表 4-6　　　　　　　　　　变量的描述性统计结果

变量名	均值	标准差	最小值	最大值
eff	0.549	0.259	0.128	1
gov	0.164	0.121	0.009	0.436
open	0.289	0.313	0.043	1.311
lnedu	2.217	0.087	2.052	2.492
fra	0.911	0.470	0.078	1.922
net	-0.002	0.023	0.033	0.053

由表 4-6 可知，对于政府参与程度、移动电商市场效率、对外开放水平、物流基础设施水平四个指标，各省份分布不均匀程度依次递增；而受教育水平、互联网发展水平两个指标的分布较均匀。

表 4-7 的估计结果显示，在不同的模型中，各自变量对移动电商市场效率的影响各异，但仍有共性存在。通过不断对自变量进行筛选，总体上对外开放程度（open）、物流基础设施水平（fra）、互联网发展水平（net）对移动电商市场效率有显著影响；政府参与程度（gov）、受教育年限（edu）对移动电商市场效率无显著影响。

表4－7　　　　　　　　移动电商市场效率影响因素测度

因变量	eff	模型				
		（1）	（2）	（3）	（4）	（5）
自变量	gov	－0.1595 (0.1978)	－0.1466 (0.1890)	—	—	—
	open	0.6593*** (0.1250)	0.6603*** (0.1231)	0.6367*** (0.1254)	0.6390286*** (0.1222)	0.7381*** (0.1123)
	lnedu	0.2108 (0.4350)	—	0.4157 (0.4157)	—	0.3008 (0.3925)
	fra	0.0859 (0.5950)	0.0936* (0.0566)	0.0957* (0.0582)	0.1015* (0.0559)	—
	net	－4.0523** (1.9326)	－3.5405* (1.8681)	－3.5523* (1.8413)	－3.1596* (1.8262)	－4.195*** (1.757)
常数项		－0.1704 (0.9312)	0.2886*** (0.0615)	－0.1142 (0.9012)	0.2644*** (0.0533)	－0.3409 (0.8611)
残差标准差		0.1878 (0.0165)	0.1882 (0.0165)	0.1887 (0.0164)	0.1889 (0.0165)	0.1919 (0.0148)

注：*、**、***分别表示在10%、5%、1%水平显著；括号中的数字表示聚类稳健标准误。

第一，估计结果最好的模型（3）表明对外开放程度、物流基础设施分别在10%、5%、1%水平下显著促进了移动电商市场效率。这与预期相符合。物流基础设施是电子商务不可或缺的部分，一个完整的商务活动，必然要涉及信息流、商流、资金流和物流四个流动过程，物流基础越完善，电子商务的实现就越高效。对外开放程度表明进出口额在当地GDP中所占比例越高，地方经济发展对进出口的依赖性就越高，因此地方政府在制定针对网络经济发展的规划时政策倾斜就越多，从而促进移动电商市场效率的提升。

第二，互联网发展水平对移动电商市场效率变动的影响为负。互联网、云计算、大数据、移动互联等技术的广泛应用，从本质上为移动电商市场的发展提供了一种技术环境，减少中间交易环节、推动商品快速买卖，在一定层面上对移动电商市场效率的提升有一定驱动作用；但是互联网技术的提升很大程度上降低了移动电商市场从业者的技术壁垒、创业"门槛"和创业成本，互联网技术的快速扩散导致极易被线上"复制"，知识产权得不到保护，且网络从业者水平不一、参差不齐，这导致了移动电商市场的无效率。

第三，政府参与程度、受教育年限对移动电商市场效率变动的影响在各种检验水平下都不显著。近年来电商飞速发展，各级政府出台各项相关电商政策，加大财政投入力度，毫无疑问的是，财政支出的增加推动了移动电商市场的发展，在电商基础设施、电商企业发展、电商人才培养等方面的促进作用是不可忽视的；但是财政支出的增加随之带来很多负面效应，即劳动力投入的积极性降低、财政资金使用不当、财政支出的使用效率不高、财政资金分配和管理的不当，这些都在很大程度上导致了移动电商市场效率的损失。受教育年限对移动电商市场效率无明显影响，这是由于在传统市场中，现实人口对市场效率无显著影响，这个结论在移动电商市场中同样适用，当前互联网发展迅速，互联网的发展使得使用人群、消费人群与现实人口分布一致，因此受教育年限对市场效率无明显影响。

三、结论

本文利用 DEA 方法对 2013~2015 年中国 29 个省（直辖市、自治区）的移动电商市场效率进行了测算，利用政府参与程度、对外开放程度、受教育年限、物流基础设施水平、互联网发展水平等指标对影响我国移动电商市场效率的因素进行了考察。主要结论如下：

第一，中国各省份移动电商市场效率的 DEA 运行结果与实际情况相符，说明本文将投入指标确定为网络消费水平、电子商务企业数量、邮政从业人员数量、人均 R&D 经费投入，将产出指标确定为电子商务销售额是恰当的，尽管以往文献中没有相关研究，但本书采用的评价体系是合理的。

第二，中国移动电商市场效率低的原因主要是规模效率低，这体现了上述投入产出指标在既定水平条件下实际投入与最优投入规模的匹配程度不高。纯技术效率平均值在 2013~2015 年都存在 DEA 无效，说明从整体上看中国移动电商市场投入存在投入手段、制度设计、操作过程不合理的问题。

第三，移动电商市场效率的影响因素分析显示对外开放程度、物流基础设施水平、互联网发展水平对移动电商市场效率有显著影响。这说明移动电商市场效率不仅与网络自身发展水平有关,还与其他许多因素有关。因此,在后续的研究中,本文会纳入更多因素,争取使得研究结论更加准确和科学。

第四节　提升移动电子商务市场效率对策研究

移动电子商务作为一种全新的商业模式,区别于传统零售业,对提升消费者体验,提高市场效率起了相当大的作用。那么,如何提升移动电子商务市场效率,促进移动电商市场发展,有着尤为重要的意义。

第一,加强移动电子商务安全防护。中国移动互联网技术发展越来越成熟,移动电子商务也发展迅速,安全性问题随之而来。比如移动终端通讯被窃听、用户身份信息被泄露、地理位置被追踪、软件病毒入侵等,都对移动电子商务的安全性造成威胁。尤其目前市场上移动电子商务平台良莠不齐,用户很难甄别众多运营平台的真伪和优劣,且服务提供者可能对平台的运营疏于管理,机制不健全,这些都会导致安全问题。因此,在移动电商的开发和运营过程中,必须从多方面注重移动电子商务的安全问题。对于移动电商开发商来说,要加强移动电商开发的安全技术管理,确保数据传输的端到端安全,减少交易风险,在网关和服务器关键部位部署安全系统和防病毒系统,防止黑客攻击和病毒入侵;对于消费者来说,要使用安全的 Wi-Fi 信号源上网,使用加密的 SIM 卡,不要随意点击陌生链接,防止私密信息的外泄。

第二,完善移动电子商务法律政策。移动电子商务是虚拟环境中的商务交易活动,相较于传统商务活动更需要法律的保护,但中国电子商务发展的制度环境还不完善,相关法律法规建设滞后,消费者维权意识薄弱,移动商务交易的安全感不足,移动电商平台的各参与主体法律意识不强,法律责任与义务的意识不明确。因此,要尽快完善移动电子商务的法律法规政策,建立健全电子交易消费者权益保护机制,消除消费者对电子信用安全的疑虑,更好地维护消费者的权益。同时，要强化移动电商交易主体的法律意识，保护好各方切身利益。

第三，建立移动电子商务监管机制。中国公共服务和市场监管有待增强，信用体系发展亟待加强，网上侵犯知识产权和制售假冒伪劣商品、恶意欺诈、违法犯罪等问题不断发生，网络交易纠纷处理难度较大，在一定程度上影响了人们对电子商务发展的信心。中国移动电商行业尚未形成完善的监管机制，政策引导和监管力度不足。因此政府应该从整体全局出发，对各参与方进行引导，进行准确市场定位，明确其在价值产业链中的地位。监管者应坚持适当的监督、协调创新的监管机制，为市场创新和发展的提供广泛的余地和广阔的空间，改善移动电商交易环境，提高全社会对于移动电子商务发展的认识。

第四，发挥移动电子商务企业优势。相对于传统商务企业，移动电子商务企业具有快速的产品创新和市场反应能力，大数据营销和流量优势明显，互联网人才集中。以BAT为首的互联网平台的流量点击量以亿为单位，与PC端和线下传统商务活动不同的是，移动电子商务交易活动的流量具有极大分散性，这给了大量公司创新成长的机会，它们是有可能成为极为创新和颠覆能力的互联网变量公司。

第五，提升移动电子商务进入"门槛"。当前由于互联网技术飞速发展，相应制度不完善，电子商务市场的进入"门槛"极低，导致夸大宣传、价格混乱、支付安全得不到保障、维权难度大、"复制"严重等多方面问题，因此要适当提高移动电商市场准入"门槛"，对商家实行登记注册与备案登记相结合的准入制度。

第六，加大移动电子商务科技投入。在电商产业的发展中，信息技术的使用尤为重要，物流、仓储、库存信息的集中处理，客户线上线下需求数据的准确挖掘，都需要使用现代的信息技术，而信息技术的进步与电商产业的发展相结合使用需要不断研发和调试。

第七，提高移动电子商务财政支出使用效率。各级政府应该建立健全网

第四章 移动电子商务市场效率

络市场补贴制度,盲目扩大网络市场投资并不能提升网络市场效率,各类相关的基础配套和条件都要同步跟上,并且跟踪资金使用途径。

第八,完善移动电子商务网络支撑服务体系。要提升传统流通基础设施的网络服务能力,推进物流基础设施的不断完善,特别是西部省份,物流基础设施是东西部网络市场发展和交流的通道;要加强网络市场从业人员的培养,创新人才培养机制。

当然,以上分析只是依据所获数据同过经验分析得出的结论,还存在需要改进的地方。首先,实际上还有很多其他的因素制约着网络市场效率的发展,例如当地生产水平、当地网络市场发展的政策制定等,在未来的研究中,笔者认为研究方法还有待改进,应当挖掘更多影响移动电商市场效率的指标。其次,由于数据的确实,本章的研究样本局限在29个省份,且时间序列只有3年,样本代表性有待提高,因此研究结论并不能广泛地应用到全国所有地区的移动电商市场。最后,移动电商市场效率及其影响因素之间是否存在非线性关系,这也是未来应当研究的地方。

第五章 移动电子商务经济规律

移动电子商务的基本经济规律与 PC 互联网、电子商务的经济规律并没有什么不同。如果说一点区别，那就是以用户为中心更加明显。而移动电子商务的经济规律首先是一个信息问题，然后是一个定价模型，最后才是企业成长模式，其中心是围绕用户。这是移动电子商务最大的经济规律。

第一节　基于用户决策的信息不对称与交易成本

中国的移动互联网首先面临的是一个信任问题，这涉及信息不对称、交易成本等问题。

信息不对称指交易中的各人拥有的信息不同而产生不同的交易效果。在社会政治、经济等活动中，一些成员拥有其他成员无法拥有的信息，如内幕信息或对行业了解不同，由此造成信息的不对称。在市场经济活动中，各类人员对有关信息的了解是有差异的，掌握信息比较充分的人员，往往处于交易比较有利的地位，而信息贫乏的人员，则处于比较不利的地位，如我们常说的"买家没有卖家精"。

信息经济学一般认为，信息不对称造成了市场交易双方的信息失衡进而价格失衡，影响社会的公平、公正的原则以及市场配置资源的效率。例如，买者对所购商品的信息的了解总是不如卖商品的人，因此，卖方总是可以凭信息优势获得商品价值以外的报酬。交易关系因为信息不对称演变成了委托—代理关系，产生了交易代理人，即不具信息优势的一方委托代理人来进行交易。

占有信息的人在交易中获得优势,这实际上是一种信息租金。实际上,信息租金是每个交易环节相互联系的纽带。每一个行业都是特殊信息的汇总,产品需汇集生产信息、技术信息、市场信息、成本信息,把产品变成商品进行交换,需要商人的专业渠道信息和价格信息。俗话说,隔行如隔山,这座山其实就是信息不对称。消费者往往没有对商品的诸如生产信息等信息进行投入成本,这必然与生产者之间产生信息投入成本差异,生产者利用信息投入差异获取利润正是为了补偿先前付出的信息成本。

信息经济学领域的研究认为信息包含着价值,因为人们通过信息获取可以提升决策能力做出正确的决策结果,进而提高经济效率。在理性行为的前提假设下,人们会利用有限的资源追求实现效用最大化。

根据搜索成本理论,在网络交易环境中,消费者获取信息的搜索成本不容忽视。首先,消费者为降低信息不对称问题,不仅要从交易平台上获取企业或零售商提供的商品基本信息,还需要搜集其他有用的相关信息,比如在线评论,为进行购买决策提供有价值的参考,这都是消费者的搜索成本。另外,网络中存在着大量的信息,消费者加工处理这些信息需要付出时间、精力的代价,也形成了搜索成本。

信息搜索成本通常包含时间成本、价格成本和风险成本。时间成本是搜索信息所花费的时间;价格成本是指消费者在搜索信息时的时间和他的单位时间的价值之比;风险成本指消费者耗费时间来搜索与他干别的事情的价值之比。时间是影响信息搜索成本的主要因素之一。研究指出,减少搜索时间以及购物风险是减少搜索成本的有效途径。而在线渠道为消费者搜索商品提供了便利,使搜索成本大大降低。现实中,消费者通过有效使用在线平台提供的基于在线评论的分类排序工具可以大大减少搜索时间、降低购物风险,从而降低搜索成本。

在线交易具有明显的优势和劣势。通过网络,交易双方减少了信息收集成本和信息传播成本,可以更容易配对,从而减少了交易成本。在线交易也扩大了传统市场的物理范围,使交易双方能轻松超越地域限制在更广阔的市场平台上进行交易。这些优势都意味着交易者可以得到更多的剩余。

但是，在线交易也有与生俱来的缺陷，消费者面对高度的信息不对称问题，不能进行传统的质量检查，货款支付和商品交付被分离，导致在线市场相对而言成为一个具有高不确定性和高风险的交易市场。信息不对称给消费者带来风险的同时也使消费者对卖家的信任程度大打折扣，从而影响了卖家的商品销售，严重阻碍了在线市场的发展。

信用缺失的表现可以理解为是一种机会主义行为即欺诈性自我利益最大化，这种最大化可以给欺诈主体带来一时的利益。相关的研究资料表明，信用问题的本质可归结为非对称信息下的利益博弈。减少交易成本与降低交易费用，是信用的重要作用具体表现。某种意义上，我们可以分析出信用成为消除信息非对称的一个非正式的合约安排和手段，而这种安排和手段显然对交易双方产生重要影响。可以进一步将信息非对称分为事前信息非对称和事后信息非对称。从对事前和事后的信息非对称分析，事前信息非对称容易存在逆向选择问题，而事后非对称容易存在道德风险。

众多在线交易平台都意识到了这个问题，纷纷推出了各种机制，旨在减少在线市场的信息不对称程度、帮助交易双方建立信任以推动交易的达成。其中，在线评论机制是一种被众多在线平台广泛采用的机制，该机制允许消费者交易结束后，对商品和服务进行评论，反馈商品及服务质量等信息，为潜在消费者的购物决策提供有价值的参考根据。如淘宝的大数据分析也是一种良策，大数据可以统计该物品的好评、中评、差评，一个好评多的产品，无论其怎样作假，加上销量优先的统计，结果总不会是作假出来的。

消费者在信息传播中的角色由此产生了转变，由单纯的信息接收者转变成为既可以接受信息又可以发布信息的双重角色。大量的消费者主动发布在线评论，反馈购物体验信息，为潜在的其他消费者提供购买决策的参考。

现实中，广大消费者的确愈发倾向于参考在线评论来估计商品或服务的质量，进而做出购买决策。调查表明，在消费者进行购买决策时，消费者更愿意相信那些购买过相同商品的陌生人分享的经验，而不是来自专家的评论。

第二节 基于用户的"一体两翼"定价模型

无论是B2B、B2C,其实都是C2M2C的一体两翼交易平台,而一体两翼平台具有典型的双边市场的特征。

两组参与者需要通过中间层或平台进行交易,而且一组参与者加入平台的收益取决于加入该平台另一组参与者的数量,这样的市场称作双边市场。双边市场涉及两种类型截然不同的用户,每一类用户通过共有平台与另一类用户相互作用而获得价值。

双边市场具有鲜明的特点:(1)存在两组参与者之间的网络外部性,即市场间的网络外部性。但在某些情况下,例如媒体产业,网络外部性发生在两个市场之间,在某一特定市场上生产的产品效用随着对另一市场所生产产品的需求数量而变化,反之亦然,这就称作双边网络外部性。(2)采用多产品定价方式。中间层或平台必须为它提供的两种产品或服务同时进行定价。双边市场理论的出发点则是,一类最终用户并没有将它使用平台对其他类型用户产生的福利影响内部化。

双边市场在现实世界中存在较为广泛。许多传统产业如媒体、中介业和支付卡系统都是典型的双边市场。随着信息通信技术的迅速发展与广泛应用,又出现了多种新型的双边市场形式,如B2B、B2C电子市场、门户网站等。

一、M(平台)成本与定价

互联网产品具有信息产品的特征,存在特殊的成本结构,生产互联网产品(如平台)通常较为昂贵,包括前期的硬件、软件研发的资本投入和贯穿始终的昂贵的人力资本投入,而产品生产出来后的复制成本极低。互联网产品固定成本的主要部分是沉淀成本,而可变成本主要是知识密集型的人力成本,而边际成本不会随生产规模持续扩大而有所增加,而是趋近于零,边际收益也不会递减,而是随着产品黏性的增加而递增。这就意味着,互联网产品的产量可以趋向无穷大，突破了传统规模经济的限制。

不仅如此，在互联网产业中，交易对象表现出明显的共用品特征，即互联网产品体验在网络上即可实现，不需要物理载体，复制和运输成本趋向零，所以共享者不会因为互联网产品共享行为带来什么影响；同时边际成本也为零，每个人的使用不会对他人使用该产品造成负面影响，反而还会因为网络外部性而获益。

互联网产业的平台方规模经济颠覆了传统规模经济理论，突破了传统供给方规模经济的边界。传统供给方的规模经济指"在一定的产量范围内，随产量增加，平均成本将不断降低"。这主要因为在一定的产量范围内，固定成本变化不大，只要增加新产量就可以分担更多的固定成本，从而总成本、平均成本都会随新产量的增加而下降。这也意味着在一定的产量区间内，只要增加投入就可以获得更大的产出，只要增加产出就可以降低平均成本，从而实现规模经济。但要注意必须是在"一定的产量区间"内，因为传统产业生产的实物产品，随着产量的增加总会受到资源稀缺性和成本的约束，而导致规模不经济。传统的供给方规模经济概念揭示了大批量生产的经济性规模，其本质是反映企业生产规模与经济效益之间的关系。传统经济中，很多大企业都存在规模经济，而有大企业存在的产业未必是寡占的市场结构。从理论上讲，只要市场可以自由进入，当需求足够大，大到迫使几家厂商都不得不在平均成本上升的区间内生产时，就会引起规模不经济，生产商会减少产量，市场出现供不应求，形成竞争。规模经济只反映在一定产量前提下的生产因素，而市场因素等不在考虑范围内，是短缺经济时代的一种理论形态。

互联网产品的生产完全不同于传统产业的实物生产，不受资源稀缺性的约束，边际成本趋于零，平均成本递减，故其供给方规模经济的区间趋向于无穷大。例如，如果不考虑带宽等固定成本的前期投入，即时通信产品的生产只是增加了一个即时通信账号，其边际成本几乎为零；百度、淘宝网、京东增加一个使用者也并不会产生边际成本。因此互联网的产品特性决定了平台方的规模经济趋向于无穷大，突破了传统供给方规模经济的边界。互联网产业需求方规模经济与供给方规模经济的共同作用，颠覆了市场集中度随市场容量增大而降低的理论，形成了"单寡头垄断"的市场结构。并且这个单寡头垄断的市场结构随着平台方对不同产业的兼并，而越来越明显。

需求方的规模经济指产品价值随着购买这种产品及其兼容产品的消费者的数量增加而不断增加，这种网络效应也被称为需求方的规模经济。互联网具有明显的网络效应，例如，当一个人使用即时通信产品的时候，该产品是没有价值的，使用的人越多，该产品的价值越高。需求方的规模经济使互联网市场的需求曲线呈现倒"U"形，这样就可能出现三重均衡：市场规模为零的稳定均衡；不稳定均衡；达到帕累托最优的稳定规模；而最终达到哪个均衡都取决于是否到达网络临界点并形成正反馈。当网络规模没有达到临界点时，市场就会萎缩甚至为零；一旦超过临界点，就会表现出很强的网络效应，引发正反馈机制，正反馈作用下又会产生消费者和标准的锁定效应，增加转移成本，产生"赢者通吃"的市场现象。网络效应的作用机制见图5-1。

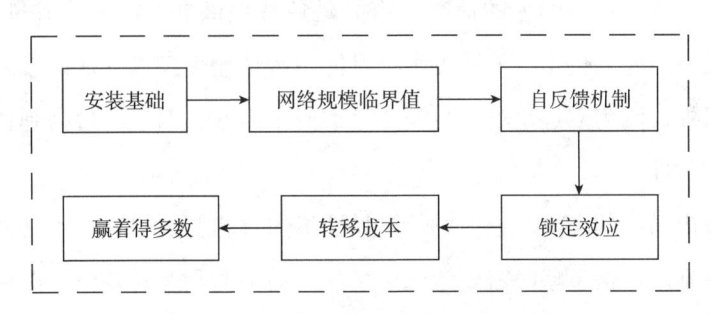

图5-1　互联网需求方规模经济作用机制

资料来源：傅瑜：《中国互联网平台企业竞争策略与市场结构研究》暨南大学博士学位论文，2013年。

传统经济理论认为市场容量的扩大会降低市场集中度，即市场容量增大时，原处于垄断或领先地位的大企业先发优势，但当市场增长率高于大企业扩张增长率时，传统产业的生产总会受到资源和成本的制约，大企业随着产量的增长就必然产生规模不经济，扩张速度也随之放缓，后进企业的竞争使市场集中度降低。这个理论的逻辑说明，如果是传统行业，由于供给方规模不经济限制了企业的规模和市场份额，需求方的规模经济也不必然导致寡头垄断。但互联网行业供给方规模经济趋向无穷的特征突破了这一限制，使需求方规模经济的自反馈和锁定效应可以发挥至极致，直至单寡头垄断市场结构的形成。而且互联网平台方一旦盈利，说明其投入是有效率的，不需要进行过多投资（固定成本和复制成本几乎为零），就可以实现企业大规模的横向扩张。所以是需求方规模经济与供给方规模经济的共同作用形成了即时通信、搜索引擎和 C2M2C 电子商务市场单寡头垄断的市场结构。如 BAT 就是单寡头垄断的典型产物[①]。

二、双边定价

互联网产业的收入模型与传统产业有很大差异，其产品边际成本趋于零，因此不能按照传统生产企业的边际成本等于边际收益的理论来定价。而中国消费者普遍适应网上的信息和产品是免费提供的，没有养成付费习惯，如果制定高于零的价格，消费者则有可能拒绝使用该产品，从而带来消费者福利的损失。因为双边市场平台需要考虑两个因素：双边的价格弹性与双边的网络外部性。

双边市场中的交易平台面对价格弹性不同且相互之间存在网络外部性的两边，其制定价格策略时需要考虑市场两边的平衡和互补效应，以便为交易平台的两边吸引尽可能多的用户。与单边市场不同，互联网平台企业的双边市场均衡价格通常与其边际成本不一致。一是双边市场的两边需求价格弹性不同，双边市场定价通常对弹性较小一边的价格加成比较高，而对弹性较大的一边则价格加成比较低，甚至低于边际成本定价，或者免费乃至补贴。二是网络外部性在交易平台两边的不对称性，若一边用户的网络外部性较强，互联网平台通常以低价甚至免费吸引该边用户来培育客户基础，然后通过网

---

① 傅瑜：《中国互联网平台企业竞争策略与市场结构研究》，暨南大学博士学位论文，2013 年。

第五章　移动电子商务经济规律

络外部性的作用吸引另一边用户到平台上交易,并在另一边收取高价以保证平台的收入和盈利。具体包括:(1)依据支付意愿对用户实行差别定价。因为人的消费需求是异质性的,对于同一产品,不同消费者支付意愿差异很大,甚至同一消费者在不同环境下支付意愿也有所差异。而互联网产业潜在市场空间广阔,但厂商难以把握不同消费者的效用差异,导致互联网产品定价很难直接以成本或效用为基础,而是依据消费者支付意愿来对异质性用户实行差别定价,以免费来吸引用户,以用户来吸引流量,以其他服务来获取利润。典型的例子是腾讯,根据对即时通信产品、邮箱基本功能免费,对其衍生的游戏等其他服务,还有QQ空间、QQ会员等应用根据用户的不同支付意愿进行差别定价,腾讯获得了很好的回报,其游戏的利润占领了其利润的4~5成。(2)双边市场的单边差别定价模式。中国的互联网厂商基于交叉网络外部性,在价格弹性较低和交叉外部性较大的那一边收取费用,同时对于这一边的用户根据其支付意愿也实行差别定价。搜索巨擘百度对一般用户的搜索功能是免费提供的,但对另一边的商家则推出竞价排名的模式实现收费,支付意愿大的商家可以排名靠前,百度的竞价排名已经成为中国互联网最赚钱的收费模型。阿里巴巴的淘宝在C2C市场奠定了市场份额第一的垄断地位之后,开始向产品异质性方面拓展其收费模型,开辟了天猫商城等高端市场,对卖家收取较之以前高昂的租金[1]。

在起始阶段,免费策略是中国互联网公司通用的获得用户基数、产生和维持产品黏性、开发盈利模式的重要手段之一。中国网民养成不付费习惯,中国互联网创业者深谙此规律,无一不是先大肆融资,再高举免费的大旗"跑马圈地",并将免费策略执行到底,继而在大量用户基数和加强产品黏性,深度挖掘消费需求,对消费者个性化、多元化的服务进行收费。如百度提供免费搜索、网易提供免费邮箱、QQ提供免费账号,然后再通过广告或增值服务收费。2003年成立的淘宝网,更是通过免费策略就成功打败了国际

---

[1] 傅瑜:《中国互联网平台企业竞争策略与市场结构研究》,暨南大学博士学位论文,2013年。

巨头 eBay。当时 eBay 易趣是中国 C2C 市场的领头羊。马云率先实施进攻性防御，进入 C2C 市场，并采取了不同于 eBay 易趣的商业模式，针对 eBay 易趣需要付费的软肋，宣布实行三年的免费服务政策。结果，淘宝网用了短短一年多的时间，就赶超了国际电子商务巨头 eBay 易趣，因为淘宝免费策略大大提高产品黏性，留住和扩大用户，最终达到既定的用户基数。同时，淘宝网的设计更符合中国人的使用习惯，有更好的体验效果。同样，腾讯的 QQ 与微软的 MSN 的竞争；百度的搜索与谷歌的中文搜索挑战如出一辙。加上易趣与美国 eBay 平台服务器的对接，微软 MSN 海底光缆受到台湾大地震的影响，谷歌服务器搬离中国大陆等因素导致外资互联网巨鳄在响应时间等指标上明显落后于中国本土企业，所以，不断满足消费者需求的产品体验也是互联网企业在成长期尤为重要的因素。进入免费化、服务中国化是这些中国互联网巨头吸引中国用户的关键，一旦突破网络规模临界值，获取进一步的融资，就继续免费。

也正因为免费策略，所以，互联网是个烧钱最快的产业。在互联网公司发展初期，资金才是硬实力。货币资本是互联网公司成功的必要条件，没有资金，任何互联网公司都不可能顺利度过创业初期的艰难时刻，业内成功的互联网公司无不是从风险投资融到巨额资本得以发展壮大的。而没有资金，成为创业企业死亡的主要原因，如蜜淘网等[①]。如表 5-1 和表 5-2 所示。

表 5-1　　　　　　　　　2016 年上半年死亡榜（国内）

公司	行业	死亡时间	融资轮次	失败原因
蜜淘网	电商	2016.3	B 轮	巨头林立、大打价格战
博湃养车	汽车后服务	2016.4	B 轮	放弃利润追求规模、极端的补贴战略
淘在路上	旅游	2016.6	B 轮	烧钱、自身缺乏造血能力、资金耗尽
大可乐手机	手机	2016.3	A 轮	资金耗尽、缺乏核心竞争力

[①] i 黑马、麻策、王琳：《2016 年上半年国内外最全创业公司死亡榜》，和讯网，http：//pe.hexun.com/2016-07-20/185051045.html。

续表

公司	行业	死亡时间	融资轮次	失败原因
美味七七	电商	2016.4	B轮	高消耗、重模式、资金链断裂
大师之味	O2O	2016.4	未知	融资受阻、模式存疑
金联所	互联网金融	2016.7	未知	兑付困难、逾期严重
地库	孵化器	2016.4	未知	烧钱过快、同质化竞争严重
孔雀机构	孵化器	2016.4	未知	经营不善、商业变现单一
大咖门	社交	2016	未知	资金困难、融资受阻
喜汽猫	汽车后服务	2016.1	未知	过度自信砍掉盈利项目、盲目冒进
最鲜到	物流	2016.2	未知	融资失败、公司账目中已无现金
油通	汽车后服务	2016.1	天使轮	管理团队与资本方无法达成经营思路统一
平安好车	二手车电商	2016.2	未知	模式存疑、持续烧钱、团队缺乏互联网基因
神盾快运	物流	2016.1	A轮	股权结构复杂、融资失败、持续烧钱

表5-2   2016年上半年死亡榜（国外）

公司	死亡时间	主要业务	融资情况	失败原因
Theranos	2016.4	血液检测	6.3亿美元	技术欺骗
Powa Technologies	2016.2	第三方支付	累计2.25亿美元	不善于管理资金
SpoonRocket	2016.3	外卖订餐	累计1350万美元	盈利难
Sidecar	2016.1	搭乘、拼车	C轮1500亿美元	融资难、商业模式决策失误
Kitchit	2016.4	厨师上门	A轮750万美元	缺乏资金

2014年跨境电商都在做同一件事——野蛮生长。蜜淘同样生于那个蛮荒时代。遗憾的是，两年前蜜淘风光无限，两年后却黯然离场。两年前，谢文斌带着他的海淘梦创立了蜜淘网，主攻海淘导购和代购市场。但由于代购模式利润薄、物流周期长、用户体验差等多方面原因，2014年6月，蜜淘转型B2C自营海淘电商，主打特卖和爆品，被称为"海淘版唯品会"。然而，这一领域等待蜜淘的是无穷尽的资本战争。2014年11月，蜜淘获得了祥峰投资、经纬创投等3000万美元投资。为了提高销售量，蜜淘随即加入了市场营销战和商品价格战。2015年初，跨境电商市场走进了价格战的死胡同。蜜芽、洋码头，包括网易考拉、京东、阿里、聚美等，全部加入这场争夺中。

在巨头云集的海淘市场，蜜淘的优势开始变弱。同时，其 C 轮融资也受阻，迟迟未能公布。2015 年 9 月，谢文斌开始被动求生，从全球购退守到韩国购，寄期望于小而美的市场。但用户对海外商品的需求多样化决定，做单一国家不太行得通。业内认为，成熟的中产阶级需求并非单点需求，日韩可以作为平台的一个频道存在，而不足以支撑整个平台的价值。2015 年底，搬进望京 SOHOT3 不足半年的蜜淘提前退租，解散的消息从内部扩散开来。或许，一直没有备好粮草却对大促乐此不疲的蜜淘在那个时候就已经注定了结局。

如博湃养车的失败，是模式之弊，也是资本之殇。过去两年间，上门 O2O 养车服务席卷中国汽车后服务市场。博湃养车是其中的佼佼者。它在巅峰时期的业务覆盖范围达到全国 22 个城市，员工数量也一度高达 1400 名，并以 5～10 倍速度疯狂增长。与大多数上门 O2O 创业公司类似，博湃养车同样先考虑规模，再考虑造血。它希望通过低价甚至是补贴的方式来迅速圈占用户，然后凭借市场份额募集下一轮投资，如此周而复始。2015 年 3 月底，博湃获得来自京东、易车的 1800 万美元 B 轮融资，开始了近乎疯狂的扩张运动。它也在资本的诱惑下，变得膨胀贪婪，一夜之间开拓了 20 个城市。但成也资本，败也资本。公开信息表示，B 轮融资后，博湃养车的市场估值已经高达 5 亿～6 亿美元。创始团队在连战连捷的资本战场中，开始变得飘飘然。据知情人士透露，博湃养车在北京大兴区租了一栋价值不菲的独栋小楼用于办公，据称此楼着实奢华。创业最难拒绝的是诱惑和贪婪。资本是把双刃剑。据统计，中国先后涌现出的 100 多个上门洗护类创业项目中，绝大多数在 2013 年和 2014 年完成了 A 轮融资，但这些创业项目鱼龙混杂、同质化严重。期间，项目快速扩张靠价格战、高度补贴支撑，背后比拼的是融资速度和烧钱速度。

淘在路上曾被视为在线旅游领域的创业明星。这不仅是因为它的团队中有两位旅游行业代表性人物——一个是号称"中国休闲旅游活化石"、携程旅行多个业务体系的奠基人唐一波，另一个是淘宝 25 个事业部中最年轻的负责人、淘宝旅行首任总经理李鑫,还因为它最初的发展势头异常凶猛。2013年4月4日淘在路上上线,其团队仅用了8个月时间便服务了大概10万人次,"相当于携程度假曾经两年半的成绩"。同时,在促销大战中,淘在路上也连连告捷。2014年"6·28"大促,淘在路上斩获了4400万的交易量;同年"10·28"大促,其对外公布的销售额已破亿。根据其对外公布的数字,一度达到了600%以上的增长。然而,这一切都随着2017年6月的一封停运公开信,宣告结束。公开信中,官方将公司经营陷入困境的原因归结为资本寒冬。事实上,补贴力度太大或是导致淘在路上资金断裂的重要原因。

"在资本浮躁期,我们一直标榜自己的烧钱能力。"淘在路上创始人陈伟曾对创业家&i黑马如此表示。这或许也是对淘在路上轮番疯狂大促的解释。"疯狂烧钱"也带来了后遗症。2016年10月开始,淘在路上开始收缩营销成本、补贴成本,同时缩减团队规模,背后原因或是资金紧张、融资不顺。当烧钱战略突遇资本寒冬,不仅对淘在路上的产品核心竞争力和盈利能力提出了考验。而且,在巨头林立的旅游电商领域,竞争已经成为血海,淘在路上想要在这一领域杀出重围异常艰难。

第三节 基于用户的企业成长与业态模式

一、网络外部性、规模效率、企业无边界与商业生态网络

(一)网络外部性

网络外部性是互联网经济中的重要概念,是指连接到一个网络的价值,取决于已经连接到该网络的其他人的数量。通俗地说就是每个用户从使用某产品中得到的效用,与用户的总数量有关。用户人数越多,每个用户得到的效用就越高,网络中每个人的价值与网络中其他人的数量成正比。网络外部性分为直接网络外部性和间接网络外部性。直接网络外部性是指消费者直接和网络单元相连,可以直接增加其他消费者的使用效用。间接网络外部性是

指随着一种产品使用者数量的增加，市场出现更多品种的互补产品可供选择，而且价格更低，从而消费者更乐于购买该产品，间接提高了该产品的价值，如硬件和软件。它们产生了两种价值。(1) 自有价值。在没有别的消费者使用的情况下，产品本身所具有的那部分价值。(2) 协同价值。当新的用户加入网络时，老用户从中获得的价值。例如，当只有你一个人使用电子邮件，这时你所获得的价值就是自有价值，它等于你自己发邮件，设价值为1；当再有一个人使用电子邮件时，假设所有的使用者都互发邮件，你就从中获得了协同价值，这时价值等于2；当有第三个人使用电子邮件时，网络价值等于9。这也就是Metcalf法则，即网络的价值等于网络节点数的平方，这里的节点数就是我上面提到的消费者的个数。

网络外部性最早仅在实际物网的研究上运用，例如电信网、交通网等。移动通信市场是典型的网络外部性效应市场，并且涉及多个不同层次的经济网络。当使用单一相同产品的使用者人数不断增加时，其直接使用产品的效用将不断地提升，且将吸引更多未使用的消费者加入。另外，网络外部性源自于产品周边系统所提供的效用，即产品现有的使用规模，刺激生产周边兼容或互补性产品的厂商，愿意不断提供更多样化或低价的互补品，促使使用该产品的效用不断提升。网络外部性在这些不同层次的经济网络中有不同的表现，这些都为用户带来了网络外部性成本。

在确定网络价值的研究中，研究者们发现网络效应不仅存在于实际物网中，也存在于看不见摸不着的虚拟网络中。这种网络现象会发生于用户通过某种媒介产生一定的相关性联系，网络外部性就是虚拟网络中的网络效应。

网络外部性改变了原本"物以稀为贵"的价值原理，网络外部性是互联网产业最重要的属性特征之一。达到用户基数临界值的产品会形成自反馈，从而产生用户或产品的锁定，锁定效应将增加用户的转移成本，最终形成赢者得多数的局面。由此可见，突破临界容量是达到市场均衡的前提条件，也是互联网企业吸引风险投资的必要条件。

具有直接网络效应的产品更多体现利用社会关系网络服务产生的效应突

破临界容量，例如，早期的腾讯 QQ、微软 MSN messenger 等即时通信产品，都源于社会关系网络，迅速形成了庞大的用户基础，尤其是 QQ，在网络效应的自增强机制作用下，短短几年间成为现在具有市场垄断地位的产品。但是随着 Facebook 浪潮席卷全球，SNS 的内涵与外延也都在不断发展，而今所谓的 SNS 不仅是熟人之间，或"熟人的熟人"之间的交往互动，更包含了由各种同好关系形成的圈子。例如，可以按照共同的话题、共同的爱好、共同的学习经历、共同的旅游计划等聚类，细分维度可以更加多元化，这也使得满足各细分需求的中小型网站可以很好地生存和发展。

现代社会的人们既有维护已有的社会关系的需求，同时更有根据各自的需求建立或进入新圈子的需要，互联网的开放性、SNS 服务的便捷性使得这些需求得到很好的满足。基于社会关系网络的产品应需求而生，又随着需求的爆发其协同价值得到进一步提升，成为互联网产业的普遍且基础的属性。

（二）规模效率

规模经济是指通过扩大生产规模而引起经济效益增加的现象。规模经济反映的是生产要素的集中程度同经济效益之间的关系。规模经济的优越性在于：随着产量的增加，长期平均总成本下降的特性。但这并不仅仅意味着生产规模越大越好，因为规模经济追求的是能获取最佳经济效益的生产规模。一旦企业生产规模扩大到超过一定的规模，边际效益却会逐渐下降，甚至跌破趋向零，乃至变成负值，引发规模不经济现象。

对单一要素而言，规模经济理论无疑是经得起检验的，但作为组织不同能力的反应，企业法人主体的可以在满意效率原则下，持续保持规模报酬不变，从而使得规模经济从 U 形转化为"✓"形。耐克模型的核心和实质是，规模是扩张性，效率（利润）是收敛的，企业是无边界的。与其说是对规模经济的修正，不如说是对规模经济的革命，因为其前提是完全不一致的，企业不是经济体系中的细胞而是一个活生生的法人组织。

企业规模受盈利能力、内控能力和融资能力的影响，在一个或多个因素的综合作用之下，企业可以随着投入的扩大，规模持续扩大。与此同时，随着企业内控能力的增强，其盈利水平保持在一个稳定的水平，就会产生一个U形曲线底部形态的稳定性扩张。这里要避免一个误区，即随着规模的扩张，规模的经济性会永远保持住。事实上，随着规模的扩大，其规模经济性会收敛。比如，生产1双皮鞋成本要100元，生产1万双皮鞋成本要60元，生产100万双皮鞋成本要50元，生产200万双皮鞋成本要48元。其收益弧度一直在收敛。如果在这个均衡的阶段，将各项成本、收益、内控制度固化、标准化，就可能形成一个类似L形的"✓"耐克模型，见图5-2所示。正是各项系数收敛性强最终会使得企业稳健成长的原因。

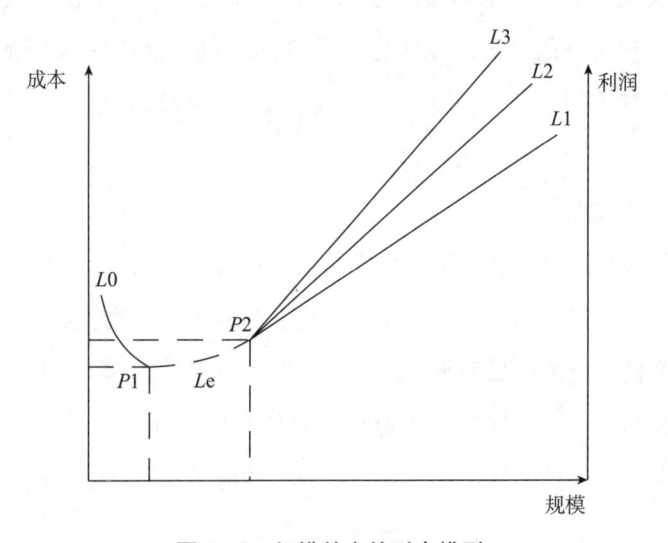

图 5-2 规模效率的耐克模型

图5-2中，企业 L 在 L0 到 P1 阶段是规模经济 U 形曲线的左边形态，即随着规模的增加，其整体成本急剧下降，产生规模经济。P1 和 P2 是规模经济的两个拐点，如果把企业中任何单个因素如生产成本、管理成本、财务费用等作为分析主体，则都存在规模经济中的 U 形曲线。如果把企业当作一个策略性整体，可以把各种要素固化、标准化，企业的三大能力产生收敛性，使得成本和利润构成一种固定比例，那么，规模扩张就是一种等比例

的，就会产生 $L1$、$L2$、$L3$ 三种不同盈利能力的整体规模效率。

$P1$ 到 $P2$ 是规模经济的底部形态，这个底部既是规模经济的底部，也是成本的底部。这个过程理论上是存在的，也是最优的。在实践中则是随机的和模糊的。$P1$ 到 $P2$ 在达到最优之前可以随机上移，这个随机指企业对利益的满意程度。如年产 30 万双鞋最优效率是 2 亿元净利润，企业家的满意度在 1.5 亿元，那么，1.5 亿元状态下的固化的效率就是满意效率，这就是西蒙的满意原则。而且，即使追求最优，$P1$ 到 $P2$ 也是一个不断收敛的模糊区域，在企业可以接受的效率范围的制度安排下，不断降低成本，增强效率，是一个在实践和统计中制度优化过程。

在 $L1$、$L2$、$L3$ 中，利润和成本的增率都是一样的。在 45 度斜率下，成本和规模等比例增长，如 $L2$；小于 45 度角，规模增长快于成本增加，如 $L1$；大于 45 度角小于 90 度角，成本的增加快于规模的增加；无限接近 90 度角，就类似于规模经济中的 U 形曲线，规模边际产生。无论 $L1$、$L2$ 还是 $L3$，只要成本增加不接近于 U 形曲线的右侧，都产生整体规模效率性，规模都是无边界的。耐克模型的核心和实质是，规模是扩张性，效率（利润）是收敛的，企业是无边界的。

在 $L1$、$L2$、$L3$ 状态下，非要给企业找一个边界，就不是企业的市场边界而是垄断。任何一个行业，哪怕其总体市场容量再小，对于企业来说，只要存在竞争者，其市场就存在扩大的可能[①]。

（三）无边界组织

规模效率产生了无边界组织。无边界组织是指其横向的、纵向的或外部的边界不由某种预先设定的结构所限定或定义的这样一种组织设计。在今天的环境中要最有效地运营，就必须保持灵活性和非结构化。无边界组织力图取缔指挥链，保持合适的管理跨度，以授权的团队取代部门。

管理界认为，无边界组织也是一种有机组织。有机组织被置于一个更大

[①] 欧阳文和：《规模效率论》，湖南科学技术出版社 2015 年版。

的有机组织之中，就像动物细胞核与细胞体、动物细胞与动物器官组织、动物器官组织与动物体之间的关系一样，彼此之间的关系不能僵死。

所谓无边界组织是指边界不由某种预先设定的结构所限定或定义的组织结构。边界通常有横向、纵向和外部边界三种。横向边界是由工作专门化和部门化形成的，纵向边界是由组织层级所产生的，外部边界是组织与其顾客、供应商等之间形成的隔墙。无边界原理受生物学的启发，认为企业组织就像生物有机体一样，存在各种隔膜使之具有外形或界定。无边界组织的原理认为，信息、资源、构想、能量也应该能够快捷顺利地穿越企业的边界，使整个企业真正融为一体。在无边界原理中，企业各部分的职能和边界仍旧存在，仍旧有位高权重的领导，有特殊职能技术的员工，有承上启下的中层管理者，使各个边界能够自由沟通、交流，实现最佳的合作。在无边界原理下需要重新分析企业原有的边界。

（四）商业生态网络

移动电子商务正在进入大电商的发展时代，即电商们由原来相互之间的竞争关系慢慢趋向于竞合关系。导致这一变化的根本原因，是那些有远见的电商巨头们在加紧改进和提升自己的商业模式，将原来的扁平化的平台升级成立体的"循环生态系统"。

企业电子商务生态系统是一系列关系密切的企业和组织机构，超越地理位置的界限，将互联网及其他通信技术作为竞争和沟通平台，由于交易成本几乎为零，通过虚拟、联盟等形式进行优势互补和资源共享，结成了一个有机的生态系统。个体之间相互交织，形成完整的价值网络。能量、物质和信息通过价值网在系统中流动和循环，共同组成一个错综复杂的商业系统。

一方面，形成了企业集团互补型的企业结构。目前国内规模最大、最典型的企业电子商务生态系统是以阿里巴巴集团为核心企业的生态系统。阿里巴巴集团现有多家旗下公司，分别是阿里巴巴、淘宝网、天猫、支付宝、阿里云、一淘网、聚划算、中国雅虎、口碑网、中国万网合并至阿里云、CNZZ、一达通等。阿里巴巴吸引了大量消费者、零售商、专业化供应商、金融机构等大量的相关组织及个人,以各种方式集聚在其平台之上,阿里巴巴与这些参与者之间紧密联系、互为依赖、共同发展,已形成了庞大的电子商务生态群落,呈现出典型的商业生态系统特征。

另一方面,从行业结构来看,又会形成网络结构,典型的特征为聚集性和分散性。信息和通信技术,以及各种电子商务应用,将分散在不同时空的资源聚集整合起来,包括不同地区、行业、消费者、供应商等。同时,由于网络效应的存在,当一个企业生态系统突破某一规模时,它可以自发地、爆发式地吸引成倍的消费者和合作伙伴加入,如多米诺骨牌一样进入传导效应,获得巨大的市场份额。另外,正是"聚集"引发了"分散",聚集的产业链(或产业网)使得合作更加紧密和深入,原来集中于某一企业的业务或功能可以被外包出去,企业只要专心打造自身的核心竞争力即可。面向消费者的某一个业务或功能,其在背后可能分散在多个组织中去完成。不仅是企业之间的关系,企业内部不同部门之间的关系也在发生变化。例如,企业的决策中心和生产场所分散化,企业组织呈现网络化、扁平化的趋势[1]。

网络不仅仅是把众多节点联结起来的分散管理网络,更重要的是它是一个开放的系统,可以利用其灵活性来调节组织结构。相对于传统组织来说,网络组织的成员更具变化性。每次合作都可能有新的成员加入,也会有老成员的出局。通过不断优化,网络组织不断进行演化。同时,网络成员的目的非常明确,通过联盟,或者是强化自己的核心竞争力,或者是谋取其他"网络利益"。即使对于同样的市场需求,也存在多样的网络联结。当企业网络中的网络成员与外部企业进行各种交换时,当动态的企业网络之间交叉重叠时,整个电子商务市场就织成了一张巨大、松散、具有小世界特性的复杂网络。这个网络中还应该包括消费者和企业之间的连接,以及消费者之间的连接。在这个网络中,不存在集中控制的结构,不论是企业节点还是消费者节点,都具有独立性和决策能力,驱动它们连接在一起的只有对价值的追求。

---

[1] 欧阳文和:《规模效率论》,湖南科学技术出版社2015年版。

二、黏性、范围经济与长尾理论、多元化经营与跨界

（一）黏性

黏性是指用户对某一网站或者是某一网络产品和服务的重复使用度、依赖度和忠诚度。通常用网站或者是网络产品吸引与保留访问者，并延长其停留时间的能力来描述。具体的黏性用网站示例表现为：一是网站用户的回头率，即用户浏览网站的频率；二是用户深度阅读网站内容的程度；三是用户与网站之间或者是用户同用户之间的互动性程度，如用户是否经常对网站的内容发帖、点评、留言等；四是用户对网站的品牌认可度。换成互联网客户端软件，类似的情形是用户是否经常使用某一客户端软件；是否经常使用客户端的增值功能；是否利用该客户端与其他用户经常互动；是否成为该品牌的追随者。具体来说，可以表现为几个方面，但最主要的是用户黏性。

1. 用户黏性

社会关系互动的最基本的方式就是沟通。在快节奏、高压力的现代化生活中，即时通信工具凭借互联网的开放性、使用便捷性、产品针对性掀起了免费聊天的热潮，快速占领市场，积累了巨大的人气；随之又创造性地丰富了产品功能，多元化、低成本地满足了人们互动的需求，例如，群聊天、好友评价、个性化签名等。即时通信工具已悄悄地改变人们产生和维护社会关系的方式，形成了人们常态的社交平台。据艾瑞的数据报告显示，人们使用社会网络产品50%以上是为了广泛交友、维护朋友关系和寻找以前好友。据估计，消费者花在社交媒体上的时间要比花在任何其他网站上的时间都要多，大概占他们上网总时间的20%。

之所以产生用户黏性，是因为社会关系网。用户使用习惯并不是即时通信工具高黏性的主要原因，因为互联网的开放性，同质的产品很容易推出，使用同质产品，用户是不需要改变使用习惯的。即时通信工具高黏性的真正驱动因素是依附于即时通信产品的巨大的社会关系网。这张社会关系网中既有现实生活中的亲朋好友，又有网络虚拟世界中的朋友。朋友的数目越大，

即时通信产品的黏性越高。这种社会关系的强黏性使网络效应发挥到极致，锁定效应也是最强的，极易形成赢者得多数。

之所以产生用户黏性，是因为习惯产生的高物质转移成本的锁定。由于网络效应强化了专用性投资、学习成本或契约关系等要素，当消费者从一种产品（或基数）转向另一个产品（或技术）时，由于专用性投资、学习成本或契约关系等因素会产生转移成本，如果转移成本足够高，就会转移不经济，使得产品（或技术）逐渐适应和强化这种状态，市场和用户被锁定在某种产品或技术上，难以退出。被锁定的用户往往愿意出高价来满足其需求，所以企业有足够的动机在第一期为获得足够大的用户规模进行激烈的价格竞争，希望第二期有较大的"客户基础"。也就是所谓培养客户。

互联网平台企业提供的基本服务多数是免费的，通常消费者没有金钱投入的固定成本，也就不存在货币形式的转移成本，其锁定用户更多地依靠社交网络关系形成的网络效应。当然，这种锁定是与转移成本的大小紧密相关的。银行卡、电信、软件等产业中的系统（产品或标准）之间互得不兼容时，消费者不得不面临转移所花费的成本过高而造成的转移不经济。虽然互联网用户更多地会同时持有多种同类竞争性产品，但是，由于互联网产业的网络效应，用户通过互联网某种产品或服务与同类用户产生联系，并形成一个社会关系网络圈。这样，社会转换成本问题就成为用户放弃该产品或服务的障碍，如果用户换了一个邮箱账号，就产生需要告知其他用户的机会成本，否则会削弱以往的社会关系网络，这样，如果不是转换收益足够大的话，那么用户是不愿意轻易转换其他产品和服务的。

2. 产品黏性

产品黏性即用户对互联网产品的参与和依赖程度，以及用户脱离该互联网产品的阻力程度。其中，用户使用互联网产品的频率和每次使用的时间长短来衡量用户对互联网产品的参与度；用户使用互联网产品获取信息、社会交往等功能的不可替代的程度来衡量用户的依赖程度；用户放弃使用互联网产品时受到来自客观环境的阻力大小来衡量用户脱离互联网产品的阻力程度。

第一，内容的黏性。互联网门户网站提供的信息浏览与互联网接入服务是互联网产业的内容服务之一，它满足了互联网用户信息获取的需求，网易、搜狐、新浪相继出现，门户战场上各网站争夺的是消费者的眼球，注意力经济随之到来。信息内容吸引人的程度就是所谓的内容黏性。新浪是互联网信息内容提供商中的翘楚，其财经等板块在业内公认做得最好。2003年以后进入门户市场的腾讯也通过其特有的QQ即时通信平台拓展了弹窗式网络门户，在生活娱乐方面凸显了腾讯的特色优势。几大门户都通过其特有的优势保持了用户的忠诚度、使用该门户的高频率以及较长的驻留时间。网络游戏是另一种互联网内容黏性很强的产品，从棋牌类游戏到大型网游、虚拟社区游戏等，其提供的游戏内容都能较好地吸引和满足用户的娱乐需求，是黏性非常高的内容服务，所以几乎所有的互联网平台厂商都涉足这一领域。

第二，功能的黏性。互联网搜索引擎服务是产品功能的黏性的表现之一，百度是中国互联网产业的翘楚。百度用互联网的核心技术应用，为互联网门户和企业提供搜索引擎服务。百度在2002年依靠创设独立网站、实施竞价排名和针对谷歌提升搜索质量的"闪电计划"三个步骤奠定了百度日后成为影响中国互联网产业的超大公司的地位。百度已经成为中国最大最赚钱的互联网公司，虽然日后有多家互联网平台厂商推出了类似的搜索引擎服务，如搜狐的搜狗、腾讯的搜搜、网易的有道等，但都无法撼动百度的市场支配地位，这与搜索引擎的功能黏性以及搜索质量的性能黏性有必然联系。

3. 市场黏性

即用户与网站建立起品牌认可，潜移默化地推广和宣传网站，并以该网站为品牌追随者。互联网电子商务平台具有明显的双边市场特性，而双边市场的交叉网络外部性造成的市场黏性是互联网电子商务平台竞争胜出的关键要素。国外调查表明，eBay的用户在网站驻留的时间明显长于其他网站，而客户停留时间长短也会影响商家进驻平台的意愿。典型的例子是阿里巴巴旗下的淘宝网，虽然后来出现了多种C2C的电子商务平台，但没有一家能够与淘宝真正抗衡。淘宝市场的黏性发挥了吸引双边市场用户并加以强化的作用。

总之,用户基数—用户黏性—产品体验—盈利模式其实是一个双向影响的过程。产品黏性来源于产品体验,只要优质的产品体验才能吸引新用户,留住老用户,增加用户的忠诚度;同时强产品黏性也会有利于企业挖掘用户深层次和多元化的需求,为产品体验的创新、盈利模式的建立提供基础。

(二)范围经济与长尾理论

用户黏性是产生范围经济的基础,会使厂商因用户不同的需求而不断扩大提高产品供给的范围。范围经济指由厂商的范围而非规模带来的经济,也即是当同时生产两种产品的费用低于分别生产每种产品所需成本的总和时,所存在的状况就被称为范围经济。只要把两种或更多的产品合并在一起生产比分开来生产的成本要低,就会存在范围经济。这是生产的范围经济,而同样对互联网企业来说,存在供给产品的范围经济,就是所谓"长尾理论"(the long tail)。

长尾理论彻底颠覆了传统经济中的二八定律,表现出互联网市场所特有的供求关系。传统理论中奉行二八定律,即在任何一组东西中,最重要的只占其中一小部分,约20%,其余80%的尽管是多数,却是次要的,因此又称二八法则。但是互联网边际成本趋于零,使得互联网企业有可能关注被遗忘的正态分布的尾巴,满足零散互联网用户的多元化需求。这也是单寡头企业与众多小企业共存的原因,此现象也体现了一种新兴的竞争形态,高度竞争下的包容性竞争。

长尾理论是网络时代兴起的一种新理论。长尾理论认为,由于成本和效率的因素,当商品储存流通展示的场地和渠道足够宽广,商品生产成本急剧下降以至于个人都可以进行生产,并且商品的销售成本急剧降低时,几乎任何以前看似需求极低的产品,只要有卖,都会有人买。这些需求和销量不高的产品所占据的共同市场份额,可以和主流产品的市场份额相比,甚至更大。如果用正态分布曲线来描绘这些人或事,人们只能关注曲线的"头部",而将处于曲线"尾部"、需要更多的精力和成本才能关注到的大多数人或事忽略。例如，在销售产品时，厂商关注的是少数几个所谓 VIP 客户，无暇顾及在人数上居于大多数的普通消费者。而在网络时代，由于关注的成本大大降低，人们有可能以很低的成本关注正态分布曲线的尾部，关注尾部产生的总体效益甚至会超过头部。而网络时代是关注长尾、发挥长尾效益的时代。互联网企业可以进一步降低单品销售成本，甚至没有真正的库存，而网站流量和维护费用远比传统店面低，所以能够极大地扩大销售品种。而且，互联网经济有赢者独占的特点，所以网站在前期可以不计成本、疯狂投入，这更加剧了品种的扩张。如果互联网企业销售的是虚拟产品，则支付和配送成本几乎为 0，可以把长尾理论发挥到极致。googleadwords、itune 音乐下载都属于这种情况。可以说，虚拟产品销售天生就适合长尾理论。

（三）多元化经营与跨界

供给的范围经济和长尾理论使得中国互联网企业多元化经营和跨界盛行。中国的互联网公司大都多元化经营，既想做门户，又想提供内容，还要做服务。如腾讯即时通信做大用户规模后，进入了网络游戏、门户网站、电子邮件、电子商务、搜索引擎、网络视频、网络音乐、社交网络等几乎所有互联网市场，这在美欧等发达国家是绝无仅有的。百度和淘宝也不例外，分别在搜索引擎、电子商务、网络影音、网络存储等众多互联网市场提供产品和服务。这种现象与中国互联网市场的特性密切相关，由于互联网特有的低转移成本、基本功能免费和用户多方持有同类产品等特征，中国互联网厂商要想更好地锁定用户，就必须满足用户多样化的需求，进入多个市场领域经营。相关领域越多，企业越有话语权。

在中国以 BAT 为首的巨头已经开始一系列应对跨界趋势的并购，移动互联网大潮正以前所未有之势席卷传统行业。"跨界"这个词在资本市场与实业界出现的频率越来越高，一场由技术创新引发的商业和社会变革已经到来，全新的商业生态正在重塑。

互联网产业链正在进行更广泛的垂直整合，电信运营商、内容服务商、系统集成商、终端厂商、设备制造商纷纷加速将自身业务向产业链上下游延伸，打造硬件、软件、应用服务的一体化，抢夺互联网入口和市场。这种趋势在互联网手机、互联网电视及旅游领域尤为明显。如小米既做手机，又做互联网电视，还做路由器、智能家居、汽车、净水器和手环，力图通过垂直一体化整合，打造小米生态圈。再比如家电企业加速转型，AI与互联网智能企业与家电企业合作研发，如海尔打造的"少海汇"，两类企业间的界限越来越模糊，家电企业与互联网的跨界融合已经从趋势转为常态。

从产业发展的外部来看，互联网与零售、金融、教育、医疗、汽车、农业等传统产业的跨界融合正在加速，产业边界日渐模糊。一方面，传统产业积极向互联网迈进，传统企业纷纷与互联网公司合作，向互联网领域转型，如A股市场上的马云概念股就是明证；另一方面，互联网企业加速向传统行业进军，阿里巴巴、百度、腾讯等纷纷进入金融、教育、文化、医疗、汽车、旅游、线下超市等行业，互联网教育、互联网娱乐、互联网医疗等正呈现快速发展之势。随着大数据，云计算，移动互联网的发展，互联网与传统经济、传统产业的融合更加深化。不仅如此，互联网技术之间的融合也在加速。移动互联网前所未有的传播速度，云计算超强的存储和计算能力，大数据强大的挖掘能力，均向生产、生活领域深度渗透，成为中国经济转型升级的新引擎。现在AI（人工智能）、AR（现实增强）、VR（虚拟现实）已成为时髦的词汇，也是经济转型升级的新动力。

中国互联网市场上经常可以观察到具有一定实力的大企业都会去渗透多个不相关市场来扩大自己的经营范围，维持更大的用户规模。也正是这种多元化经营模式，导致中国互联网的技术创新意识淡薄，大家都关注一些新兴的消费市场，而不去专注于产品质量的提升，更不去探索推动产业发展的破坏性创新技术。结果是中国互联网市场中同质化产品和服务盛行，创新性的清晰简单的商业模式难寻，普遍存在着抄袭国外甚至国内创意和商业模式的现象，加剧了互联网产业的恶性竞争问题[①]。如2015~2017年十分火爆的共

---

① 傅瑜：《中国互联网平台企业竞争策略与市场结构研究》，暨南大学博士学位论文，2013年。

享单车市场，大家对这个商业模式很看好，一窝蜂而上，数十家共享单车能够存活下来的只有 1~2 家，然后可能进行并购，成为寡占，因为互联网竞争具有单寡头独占性质。

供给的范围经济和长尾理论使得美国互联网以开放、对等和共享的原则建立和发展起来，强调大规模协作集成优势的观念。

从 Linux 自由和开放源码的操作系统诞生开始，互联网产业的开放精神就一直被美国硅谷传承和发展，直到 Facebook 把开放做到新的高度。开放在美国互联网业内是被普遍应用的一个战略，最早的开放表现为开放链接、Web Service 等。现在的表现则已经相当广泛，从即时通信到电子商务，再到门户网站、操作系统和 SNS 社区，无不应用了开放的网络战略。

美国 IM 产品刚推出市场的时候，各公司开发的产品互不兼容，且功能方面也只限于文本通信；随着 IM 产品的不断发展，Skypy 率先在 IM 产品中加入语音通话功能，市场效果颇好，之后 Google 等各大公司也都增加了语音通话模块；在功能不断丰满的同时，IM 的互联互通也得以实现，Google、雅虎、微软等各大公司都开放了接口，实现了与其他即时通信系统的互联互通。

除即时通信产品外，美国的各大商业网站都开始推行开放战略。如亚马逊的"加盟计划"，通过大量的外部网络加盟来提升点击量和销售额，成千上万的亚马逊合伙人从他们自己的网站将交易和销售发给亚马逊并赚取佣金，仅在德州西部，就有上千的细分合伙商店在亚马逊上销售从电动工具到书籍等各类商品，生意蒸蒸日上，同时亚马逊也有效扩大了自己的收入和增长。其他各类互联网平台厂商，如 eBay、雅虎等公司都陆续开放了应用程序接口。2008 年 9 月雅虎推出了"雅虎开放战略"，把包括主页和电子邮件在内的多项互联网服务面向第三方互联网及软件公司开放。苹果公司的"封闭式开放"使得纵向第三方应用的开发者进入苹果的产业链，获得了极大的商业成功，使得苹果成为全球最高市值公司。谷歌则在开放 API 方面的做了更大的开拓，拥有 SearchAPI、GoogleMapAPI、OpensocialAPI 等一系列不断增长的 API 列表，更在开放平台方面发力，应对苹果的竞争推出更开放的手机平台 Android 和云计算平台 AppEngine 服务。Facebook，Facebook 的开放源代码不仅使其差异化于同类公司异军崛起，迅速超越了有雄厚资金的 Myspac，还使开放的热潮席卷全球。

美国大的互联网公司业务都普遍比较单一，他们提供相对专业的内容或服务，门户网站则提供入口。如 Google 专门提供搜索引擎，亚马逊专做 B2C 网络商店，eBay 则专门做 C2C 网络商店，Facebook 专门提供社交网络服务，雅虎专门提供门户网站入口[①]。

之所以出现中美企业发展模式的巨大差异，一是因为市场环境差异，如诚信制度、专利保护差异、市场主体地位等；二是因为文化差异，如宁为鸡头，不为凤尾，不注重核心能力等；三是时间差异，与美国相比，当中国的互联网企业还在"圈地运动"时，大量的传统企业仍然等着互联网进行转型升级。

三、共享经济

用户的需求无止境而产权资源具有有限性，使得共享经济成为一种新的业态模式。现在，产权物资大有盈余，资源存在严重闲置，但人们的需求开始变得多元化起来，很多长尾的需求得不到满足，这时候共享经济就作为一种解决办法就流行起来。

从狭义来讲，共享经济是指以获得一定报酬为主要目的，基于陌生人且存在物品使用权暂时转移的一种商业模式。共享经济就是将闲置的资源共享给别人，通过信息和大数据平台，提高资源利用率，并从中获得回报。共享经济的理念是共同拥有而不占有，共有使用权而不占有所有权。

共享经济在高效匹配前端需求和后端资源，充分提升闲置资源利用效率的基础上，是一种消费模式的转变，即商品为所有人共享，无须购买产权，只需购买使用权。美国 Uber 是共享经济模式的典型企业，已在全球 30 多个

---

① 傅瑜：《中国互联网平台企业竞争策略与市场结构研究》，暨南大学博士学位论文，2013 年。

国家的 250 多个城市开展专车、出租车、拼车等共享服务，企业估值高达 400 亿美元。国内以滴滴打车、快的打车为代表的共享经济也呈现井喷式发展，越来越火爆的共享单车、共享雨伞、共享汽车等共享经济模式无不说明共享经济在攻城略地。

共享经济平台作为移动互联网的产物，通过移动 LBS 应用、动态算法与定价、双方互评体系等一系列机制的建立，使得供给与需求方通过共享经济平台进行交易。据统计，2014 年全球共享经济的市场规模达到 150 亿美元。预计到 2025 年，这一数字将达到 3350 亿美元，年均复合增长率达到 36%。根据《中国分享经济发展报告 2017》显示，2016 年中国共享经济市场交易额约为 34520 亿元，比上年增长 103%。这些平台型的互联网企业利用移动设备、评价系统、支付、LBS 等技术手段有效地将需求方和供给方进行最优匹配，达到双方收益的最大化。其实质也是一种 C2M2C 平台。

（一）共享经济的本质

共享经济的本质是通过线上平台，整合线下的闲散物品或服务者，让他们以较低的价格提供产品或服务。对于供给方来说，通过在特定时间和空间内让渡物品的使用权或提供服务，来获得一定的金钱回报；对需求方而言，不直接拥有物品的所有权，而是通过租、借等共享的方式使用这些物品。共享经济的出现，是 C2M2C 平台的作用体现。在一个更大范围内，打破了劳动者对线下商业组织的依附，他们可以直接向最终用户提供服务或产品；个体服务者虽然脱离商业组织，但为了更广泛的接触需求方，他们接入互联网的共享经济平台。共享经济平台的出现，在前端帮助个体劳动解决办公场地、资金的问题；在后端帮助他们解决集客的问题。同时，平台的集客效应促使单个的商户可以更好地专注于提供优质的产品或服务。

（二）共享经济产生的条件

共享经济是彻底的移动互联网下的产物。一是全民移动化，尤其是服务提供者（如滴滴司机）开始接入移动互联网，打开共享经济的前端供给；二是移动支付，移动支付随着移动互联网的应用而普及，支付的全面应用成为保证共享经济平台的便利性、中介性的最重要条件，支付宝、微信支付已经成为一种习惯；三是共享经济平台提供了供给方与需求方的互相评价机制、动态定价机制，成为共享经济发展的最佳注脚。

（三）共享经济的优势

在共享经济的平台下，供给端的创造力被激发，更倾向于提供非标准化的产品和服务，以形成个人产品独特的品牌。共享经济平台的极大优势在于：

1. 整合线下资源

以 Uber 为例，它将线下闲置车辆资源聚合到平台上，通过 LBS 定位技术、算法，将平台上需要用车的乘客和距离最近的司机进行匹配。从而达到对线下车辆资源整合的目的。除在全球提供用车服务外，Uber 还开始尝试将线下其他有需求的零散资源整合。这个以用车功能搭建起来的平台，未来有可能将线下多种资源整合，成为线下零散服务在线上的重要出口。国内的滴滴和快车也是如出一辙。

2. 降低成本，提升资源配置效率

共享经济的出现，降低了供给和需求两方的成本，大大提升了资源对接和配置的效率。对供给方而言，一是线下的人力资源的聚集。供应方通过平台的数据和法律合同，不需受雇于某些组织或公司而直接向客户提供服务并收取费用。有些平台（例如滴滴打车）是向消费者收取租金，个体服务者不需要支付任何费用，但要提取一定管理费用。二是更容易获得客户资源。共享经济平台上聚集了大量客源，服务与产品提供者只需要在共享经济平台上注册即可获得客源，省去获客和寻找客源的时间成本。三是闲置资产变现。所有者的闲置资产得到了有效利用，共享物品或服务可以令其闲置资产变现，从而为整个市场带来更多供给。只要共享价格高于共享需要付出的成本（如资产的折旧），对所有者而言就能获得经济利益。比较显著的如住百家、途家网、小猪转租等房屋共享房屋的资产，尤为如此。

对需求方而言，供应方成本的降低促成个人提供的共享服务价格往往低于企业所提供的服务。大量的分享和大数据等软件的使用，使得使用方规模经济大大提升，当使用共享服务的成本低于从市场上租用或购买该标的的成本时，需求方选择共享标的就可以相对获益。酒店业就是如此，全球各大城市普通酒店价格普遍高于 Airbnb、住百家等的房屋价格。

3. 提供非标产品

Airbnb 和住百家、途家等以独特的民宿体验成为共享经济的重要平台之一。Airbnb 等通过 Bed & breakfast 为顾客提供具有本地化、人情味丰富，或者独特的体验。Airbnb 在瑞士雪山的缆车上提供豪华套房，在旧金山提供搭建于树上的树屋。由于 Airbnb 是一个开放的共享经济平台，随着平台的壮大，Airbnb 的房屋出租者为了在众多供给方中脱颖而出，为了增强用户黏性，他们在房屋的布置、装潢上和装修风格上花费大量心思。他们为用户提供配备智能家居设备的房间、榻榻米屋、卡通主题屋等，或向用户介绍本地的独特娱乐、游玩体验。又如，2015 年 3 月，Uber 在杭州推出"一键叫船"服务。用户通过 Uber 的客户端，可以预约西湖的摇橹船。而在这之前，Uber 还在美国、印度、澳大利亚等地推出预约直升机的服务"Uber Chopper"。Uber 的专车首先会将乘客载到直升机机场，乘客搭乘直升机到达目的地后，Uber 专车会将乘客直接送至酒店，最终完成服务。除此之外，Uber 在中国曾经推出过一键呼叫舞狮队、胡同三轮车，甚至是一键呼叫创业公司 CEO 等个性化的活动。而 Uber 公司最大的想象力就在于此。可以说，只要能想到的有需求的服务，基本上都能满足。

4. 树立个人品牌

在 Airbnb 等固定空间、服务使用时间相对较长的共享经济服务上，劳动和服务提供者不再是商业组织的雇员，他们可以通过提供服务树立起自我的品牌。在商业组织中的雇员，很难脱离组织形成自我的品牌，劳动者从属于公司，形成单一的雇佣关系。因此有了希尔顿、洲际等著名的酒店集团。而在共享经济下，个体劳动者的品牌价值被放大。消费者从传统对商业机构品牌的认可转向对提供服务人员个人价值和品牌的认可。例如，在 Airbnb 上提供优质独特住宿体验的房东，会形成个人品牌。租客明确知道房屋的独特和舒适是由房东打造的，而并非由一个酒店集团或 Airbnb 平台提供。在果壳网所打造的知识共享平台"在行"上，平台对每一位共享知识的老师进行"包装"，包括雇用专业的摄影师团队为其拍摄个人照片、撰写个人故事并进行传播等，从而形成个人的独特品牌。从 2015 年开始，在国内比较出名的吴晓波频道、逻辑思维、头脑风暴等个人视屏频道和网站，就是共享经济的最佳写照。

共享经济平台所提供的机制凸显了个人的品牌、信誉。供给方不再使用商业组织的头衔而直接面向顾客提供劳动或服务。他们在庞大的商业组织中，被忽视的能力和才华，可以通过共享经济平台得到进一步的发掘。而通过他们提供的优质、个性化的服务，他们获得了比在商业组织内更大的成就感、知名度。

然而，共享经济也有显著的弱点：一是共享而非私享。共享经济与经济学中"公地悲剧"如出一辙，缺乏监督的共享会变成私享，如共享单车、共享雨伞中层出不穷的破坏、私藏、私占等新闻。二是企业的能力不足，尤其是盈利能力。2017 年 7 月，安徽合肥一家新华书店开启了"共享书店"的经营模式，用户通过 APP 便可免费借阅 2 本总定价不超过 150 元的图书，借阅超出 10 天后每天收费 1 元。"共享图书"的模式并不新鲜。一方面是高流通性带来的成本压力，另一方面尚处于盈利模式的探索期，一些共享经济新形式正面临"昙花一现"的尴尬。企业的"造血"能力，来源于产品和服务是否具有可持续性和现实性。饿了么和美团外卖到现在几乎没有盈利，共享单车（永安行除外）更没听说盈利。不以盈利为目的的商业模式都是值得怀疑的。三是政府监管不到位，甚至落后现实很多。不久前，5 万余把共享雨伞现身杭州街头。仅一天后，这些共享雨伞就遭当地城管部门"下架"处理。根据《杭州市城市市容和环境卫生管理条例》规定，禁止在道路两侧护栏、电杆、树木、绿篱等处架设管线，晾晒衣物，吊挂有碍市容的物品。共享雨伞依托公共设施摆放的做法，在便利一部分市民同时也间接影响了另一部分市民的便利。此外，因骑行者随意停放导致景区、街道被"围城"，共享单车也受到诟病。如何协调共享经济在个人使用与公共设施维护两者间的位置，政府的管理和引导不应缺位。当然，我们也能理解，共享经济对政府来说也是新事物，找到合理平衡的管理尺度也需经历一定过程的探索。

第六章 移动电子商务市场管理

当前，随着电子商务技术、平台、应用、商业模式与移动通信技术紧密结合，移动电商新技术快速升级、新应用层出不穷、新业态蓬勃发展，工具属性、媒体属性、社交属性日益凸显，生态系统初步形成、加速拓展，越来越成为人们学习、工作、娱乐、生活的新空间。同时，移动互联网安全威胁和信用风险日渐突出，市场管理工作还存在一些短板。体制机制有待完善，法治建设仍显滞后，政策扶持力度不够，自主创新能力不足，核心技术亟须突破，管理基础相对薄弱，企业主体责任落实不到位，安全策略不完备等。这些问题已经制约移动电子商务市场健康有序发展。

第一节 移动电子商务市场管理现状

一、市场运作模式

一般来说电信和移动通信行业价值链的形成方向是从消费者到运营商再到制造商，而移动电子商务却有一个完全倒置的产业价值链，如图6-1所示，从移动运营商、服务提供商等发端，逐步形成一个完善的移动增值服务运营模式和体系，最后打通至消费者，从根本上影响和改变了消费者原有的消费模式。

移动电子商务各参与方为了最大的获取自己的商业利益，以移动用户的需求为中心在开展电子商务的过程中担当着不同的商业角色。

移动用户：最大特点是经常变换自己的位置，用户接收的商品或服务可

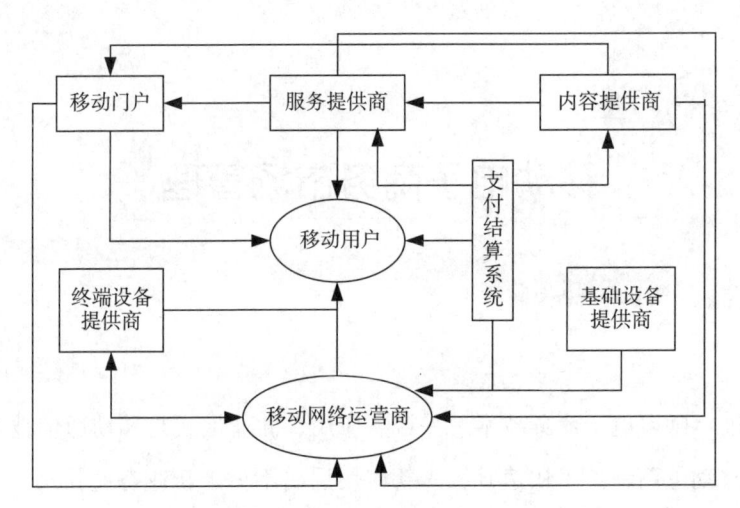

图 6-1 移动电子商务价值链

能因为时间、地点及其使用移动终端情况的不同而不同。

基础设备提供商：提供核心网基础设施（包括无线接口、基站、路由器、交换机等）、网络运营维护设施（包括网络管理系统、计费系统、应用和业务平台等），也提供网络演进、规划、优化、集成等服务。例如，爱立信、诺基亚、西门子等。

内容提供商：拥有内容的版权，是信息创造的源头。提供相关的数据和信息产品（如新闻、音乐、位置信息等）并通过移动网络进行实现分发。例如，新浪、网易等。

移动门户提供商：整个价值链的至关重要一环，向移动用户提供个性化和本地化的服务，最大限度地减少用户的导航操作，使信息、商品、服务最终到达消费者手中，实现价值转移的最终过程，如京东商城、手机淘宝、蜜芽等。

移动网络运营商：为移动用户提供各种通信业务，实现对运营商网络（包括其他运营商网络、互联网）的接入，也提供各种网络相关的业务。例如，位置信息、用户身份认证等。

移动服务提供商：针对不同的用户需求提供个性而多样的服务，如移动短消息、移动 IM 平台, 移动博客平台, 定制终端内置的业务菜单等。

终端设备供应商: 提供移动终端设备。

在这整个价值链商业模式中, 实际上都是以移动用户为中心的, 整个价值链上的企业所获得的利润都来自于移动用户。谁能够在用户间获得充分的影响力, 谁能够为用户创造优良的体验, 谁将占据未来移动电子商务运营市场的主动。

(一) 传统移动电子商务商业模式

移动电子商务商业模式是由移动电子商务交易的参与者相互联系而形成的, 根据上述参与者相互的依赖关系 (见图 6-2), 可以有以下四种商务模式。

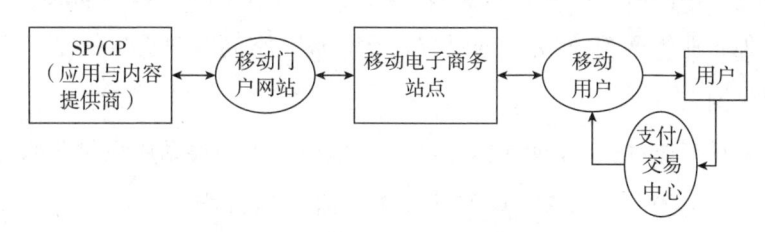

图 6-2 移动电子商务商业运作模式

1. 移动运营商主导模式

提供个性化和本地化的服务, 目前市场上大部分都是运营商主导模式, 所不同的是运营商在价值链中的控制能力的大小程度不同。运营商有机会引导用户的浏览经历, 如果用户先登录到运营商的门户站点上, 运营商就有盈利的机会。该模式中, 运营商因为提供了移动网络的接入, 所以能向所有人收费, 运营商同时还可以提供内容集成和支付服务。在最近的若干年内, 中国的移动运营商在移动电子商务中都将占据主导地位。

这种商业模式最主要的优势在于确保了移动运营商的核心地位, 从而对整体价值链的运作起到控制作用, 有利于价值链整体效率的提高。移动运营商、移动用户及内容服务提供商相互联系并协作, 可以建立起更为紧密的合作模式。与此同时，它也存在自身的短板。这种模式下移动运营商与上下游之间更多的是简单的买卖交易关系，没有形成稳定的战略联盟伙伴关系，这就在一定程度上致使价值链上各参与方的积极性不会太高，对价值链的长久发展埋下了隐患。

2. 内容提供商主导模式

这种商务模式的商业原型是路透社、交通新闻提供者、股票信息提供者等，这些企业通过直接联系客户来提供信息。在市场成熟期，这种商业运作模式会越来越流行，该模式中用户主要被方便有用的信息所吸引，其他参与者愿意付费给内容提供者，从而得到客户群。

3. 服务提供商主导模式

服务提供商向客户提供服务的方式有四种：直接提供、通过移动用户、通过其他企业的WAP网关、通过移动运营商。它向客户提供的内容来自于内容提供商。

这两种商业模式的优势在于：它可以吸引更多的移动用户付费购买产品与服务，获取相应的利润，更好地完善自身的运营能力。它还具有操作简便，低风险率的特点。同时，它也存在一定的劣势，移动运营商不处于核心地位，缺乏竞争力；内容、服务提供商无法直接从用户手中获得收益和信息反馈，削弱了他们的内容开发激情。

4. 移动门户模式

移动电子商务相比于传统的电子商务，不同之处在于它的特殊商业模式，即移动门户模式。移动门户是根据客户的移动特性而设计的一条最佳客户沟通渠道。移动门户主要是指移动网络内容和服务的接入点。门户提供的各类特种服务聚集了众多客户和签约客户。它为网上交易、通信等服务提供了一个现实环境。移动门户可以与固定的互联网门户相提并论，如新浪、搜狐等。NTT DoCoMo由于其高得惊人的普及率而成为移动门户中成功商业运作的典型案例。

移动门户网站的建立，为各种互联网应用搭建了一个核心平台，能够实现统一的用户管理，向用户提供自行开发的信息数据库应用服务，提供面向终端的综合管理以及完整安全的端到端交易行为。

这种商业模式的优势在于：平台提供商可以提升平台应用人气指数，还可以利用移动运营商的用户资源来积累更多的用户信息，提高平台访问量。但是，它也存在自身的劣势：平台提供商缺乏丰富多样的业务内容；很多移动用户对其不够熟悉；一些平台提供商实际操作不够方便，风险率较大。因此，移动运营商与产品服务提供商也受限于自身地位而无法各自充分发挥。

（二）创新移动电子商务商业模式

以上四种移动电子商务商业模式还有不少问题存在。因此，我们可以从行业模式、价值配置、合作网络等几个方面来进行商业模式创新。由于我们应从价值链整合来创建新型移动电子商务商业模式，因此它需要具备这样的特点：充分组合且合理配置资源；融合"四流"——价值流、资金流、物流、信息流；规范与简化运作流程等。那么，就目前的发展状况来看，我们可以有以下几种创新的商业模式。

1. 第三方支付模式

第三方支付模式是指第三方账户独立运营且移动运营商开放接入。在此模式下，移动运营商建设用户管理平台收取用户的一些通信费及服务费等。第三方账户管理机构建设移动电子商务支付平台，银行则通过转账系统对第三方账户管理机构交易情况进行结算与转账，用户通过第三方账户机构进行消费和充值等。监督机构主要就是负责保障用户的合法权益。

2. 跨行业利益共享模式

由于移动电子商务会有多个参与者共同参与进来，因此，在其价值链上有着相互依存且相互关联的各个共同体存在。各个参与方应该坚持平台开放、资源共享、合作共赢的原则，实现移动电子商务生态圈的共赢共生的发展目标。当然，这其中的利益相关者可以采取"多卡合一"及"一卡多用"的方式，探索出信用消费平台和合作共赢创新模式，进一步拓展移动电子商务的应用领域，最终促进移动电子商务的健康快速发展。

3. 产业垂直整合模式

在移动电子商务价值链上，各个参与方都应该精诚合作，让不同的参与方共同建立起一个移动电子商务产业联盟，尤其是要强化对核心技术的消化吸收与再创造，根据市场发展规律来探索出一个垂直整合模式。我们应该对那些产业规模大的骨干企业给予更多支持，充分发挥出区域优势，整合各种优势资源，形成一个上中下游配套齐全的一体化移动电子商务产业群集。

4. 行业准入模式

由于中国移动电子商务还处于初期发展阶段，因此，我们就应该制定相关的政策与规范来促进移动电子商务的健康发展。这就需要我们建立一个行业准入模式。具体来说，我们应该建立和完善移动电子商务标准体系，创新移动电子商务行业准入机制。我们还应该注重产、学、研结合，促使移动电子商务向着标准化与一体化的方向发展。我们还需要严格把控移动电子商务企业、特约商户的市场准入，引导参与方在整体市场中良性竞争，以期最终能够形成一种秩序良好的产业培育机制。

5. 商业安全模式

这是一种以商业安全作为出发点和核心，针对移动电子商务的资金、技术、用户信息安全等方面建立的一种安全保障机制。这就需要我们按照相关政策法规要求，建立一系列的安全保障机制，从而确保移动电子商务发展的安全合法性。与此同时还应该建立移动电子商务技术安全保障机制，对网络技术的有效性、机密性、完整性以及不可否认性进行保护，最终切实提高移动电子商务企业的技术风险防范能力。此外，我们还应该建立用户信息安全保障机制，强化各个合作方的运维管理工作，切实保障用户的信息真实、可靠及安全。

（三）多样性市场运作模式的特征

在移动电子商务市场的多样化市场运作模式下，我们可以发现：

（1）中国移动电子商务市场目前业务存在同质化现象，三家运营商之间的价格、渠道竞争也相当激烈，但是基于目前市场现状，这种竞争所带来的市场结果是正面影响大于负面影响，但是运营商仍然需要在政府相关部门的监管下制定合理的资费策略，进行合理竞争。

（2）在现阶段，运营商与金融机构之间的竞争性大于合作性，政府整合协调移动运营商与金融机构的难度较大为此，由金融机构或移动运营商中的一方进行产业链的主导，另外一方进行配合才是发展的策略，符合效率标准，有利于培育市场但是在移动电子商务的未来发展中，在监管部门的规范下，移动运营商与金融机构优势互补、紧密合作是必然趋势。

（3）移动运营商与内容服务提供商之间单纯的竞争和兼并不符合市场效率，因此，移动运营商向综合性业务的拓展不能压抑产业链、通吃产业链，应该是引领整个产业链发展环节，对于有能力自己开展的移动电子商务业务，运营商就自己开展，否则可以整合资源，采取外包模式。

（4）内容与服务提供商之间的竞争在发展初期阶段是无序的，更谈不上竞争效率在经过监管部门、运营商的政策规范以及部分 SP 自身的成熟，目前的市场竞争比之以前有所进步，但是仍然没有达到有效竞争效率，需要政府相关部门制定有效地治理政策，继续规范市场竞争行为。

因此，在移动电子商务市场，完善的法律规制以及有效的市场管理可促进良性竞争，提高市场效率，避免资源浪费，保障移动电子商务健康地发展。

二、现有市场政策

党的十八大以来，以习近平同志为核心的党中央高度重视网络安全和信息化工作，成立中央网络安全和信息化领导小组，做出一系列重大决策部署，有力推动了网信事业特别是移动互联网健康发展，对方便人民群众生产生活、促进经济社会发展、维护国家安全发挥了重要作用。

2014 年 5 月 19 日，国家发改委办公厅中国人民银行办公厅发布关于组织开展移动电子商务金融科技服务创新试点工作的通知,针对移动电子商务支付存在安全隐患、身份认证标准不一、移动金融服务难以互联互通等问题,提出加快移动金融可信服务管理设施建设,构建移动电子商务可信交易环境,探索创新符合电子商务企业和消费者多元化需求的移动金融服务,切实提升移动电子商务应用的安全性和便捷度,通过试点工作研究完善移动金融相关标准和政策,为移动电子商务健康快速发展提供有效支撑。具体工作主要从以下两个方面展开,一方面,推动移动金融安全可信公共服务平台建设;另一方面,开展国家电子商务示范城市移动电子商务金融科技服务创新试点。

2015年3月5日,李克强总理在政府工作报告中首次提出"互联网+"行动计划,推动移动互联网、云计算、大数据、物联网等与现代制造业结合,促进电子商务、工业互联网和互联网金融(ITFIN)健康发展。5月7日,国务院印发《关于大力发展电子商务加快培育经济新动力的意见》,6月20日印发《关于促进跨境电子商务健康快速发展的指导意见》。

2017年1月15日,中共中央办公厅国务院办公厅印发《关于促进移动互联网健康有序发展的意见》,意见中指出,发展移动电子商务的基本原则是,坚持发展为民,充分发挥移动互联网优势,缩小数字鸿沟,激发经济活力,为人民群众提供用得上、用得起、用得好的移动互联网信息服务;坚持改革引领,完善市场准入,规范竞争秩序,优化发展环境,全面释放创新活力和市场能量;坚持创新为要,强化目标导向、问题导向、效果导向,发挥管理主体、运营主体、使用主体作用,全方位推进理念、机制、手段等创新;坚持内容为本,创新内容生产,拓展分享渠道,净化交互生态;坚持分类指导,对移动互联网信息服务实行分类管理;坚持安全可控,全面排查、科学评估、有效防范和化解移动互联网迅猛发展带来的风险隐患,切实保障网络数据、技术、应用等安全。另外,从完善市场准入制度、加快信息基础设施演进升级、实现核心技术系统性突破、推动产业生态体系协同创新、加强知识产权运用和保护五个方面推动移动互联网创新发展。从激发信息经济活力、支持中小微互联网企业发展壮大、推进信息服务惠及全民、实施网络扶贫行动计划、繁荣发展网络文化五个方面强化移动互联网驱动引领作用。从提升网络安全保障水平、维护用户合法权益、打击网络违法犯罪、增强网络管理能力四个方面防范移动互联网安全风险。从拓展国际合作空间、参与全球移动互联网治理、加强国际传播能力建设三个方面深化移动互联网国际交流合作。从完善管理体制、扩大社会参与、推进人才队伍建设、强化法制保障四个方面加强组织领导和工作保障。

同时，各省市政府响应中央的号召，密集出台文件，鼓励和规范移动电子商务行业的发展，为消除行业发展的各种束缚提供了政策性指引。从2011年的抓住信息化和工业化融合发展机遇，推广移动电子商务和物联网在金融证券、商贸流通等领域的应用，培育新兴产业，促进产业优化升级；2012年的推广智能移动终端的应用，拓宽移动电子商务覆盖面，支持打造电子商务示范基地和示范城市以及中小电子商务企业孵化器；2013年的重点推进移动电子商务产业园及产品创新基地建设，推动手机支付业务发展；2014年的加快国家移动电子商务试点示范工程建设，重点扶持一批移动电子商务创新项目，注重技术研发基地建设，深化移动网络在企业运营、电子政务、便民服务中的应用；2015年的鼓励服务民生与移动电子商务结合的模式创新，包括农产品企业创新，完善市场交易规范和制度体系，保障交易的安全性和真实性；2016年的拓展更多领域开展移动电子商务应用，支持无线城市建设。可以发现国家对于新型产业开拓和发展的每一步高度关注，并不断给予支持和正确引导，在政策上呈现出从宏观到微观、行政手段到经济手段的转移。同时，明显地，从各省市的政策指导体现出地区发展差异，所处的发展阶段有异。但在中央政府的大方向引导下，都在循序渐进地发展。详见表6-1。

表6-1 各省市政府关于移动电子商务相关政策

时间	发布单位	文件名称	主要内容
2011年12月14日	吉林省人民政府办公厅	《吉林省人民政府办公厅关于加快推进全省无线城市建设的指导意见》	推广移动商务和物联网应用,促进"两化"融合发展。抓住信息化与工业化融合发展机遇,建设企业移动信息化应用系统,在企业研发、生产、管理、销售等环节,提供移动信息化解决方案,提升企业信息化水平。推动移动电子商务在金融证券、商贸流通等领域的应用,发展面向公共事业、交通旅游、就业家政、休闲娱乐、市场商情等方面的移动电子商务应用,扩展移动支付、手机。"一卡通"、移动物流配送和移动商务管理的应用领域。着眼于促进工业产业跃升,推动物联网技术在吉林省汽车、石化、农产品加工、医药等重点行业的应用,推广智能传感器、视频监控、GPS定位、无线射频识别等现代信息技术,建立汽车车载应用信息服务基地、化工危险品物流监控系统和食品药品安全追溯系统,带动相关行业物联网应用,提升企业物联网应用水平。培育无线城市新兴产业,促进服务业优化升级。通过融合推进信息化与城市化,加快培育新兴产业和新的经济增长点。大力扶持3G应用、移动电子商务、软件信息服务、网络动漫、电子娱乐等新兴产业发展
2012年3月26日	浙江省人民政府	《浙江省人民政府关于进一步加快电子商务发展的若干意见》	大力发展移动电子商务,推广手机、掌上电脑等智能移动终端的应用,支持电子商务运营商与电信运营商、增值业务服务商和金融服务机构之间开展对接,提高移动电子商务覆盖面
2012年3月29日	上海市人民政府	《上海市电子商务发展"十二五"规划》	重点发展移动电子商务、数据产业、商务地理信息系统、商品服务追溯系统。解决电子商务经营创新、管理创新、市场拓展与企业财务盈利等关系问题。初步建立电子商务创新服务体系,营造电子商务创新的良好环境,动员全社会力量支持创新实践活动
2012年12月25日	广东省人民政府办公厅	《广东省人民政府办公厅关于加快发展电子商务的意见》	大力发展移动电子商务。积极发展基于新一代移动通信、物联网、云计算技术,更加个性化、实时化、社交化、精准化的移动电子商务服务。大力支持电子商务运营商与电信运营商、增值业务提供商和金融服务机构的对接,拓宽移动电子商务覆盖面。探索构建面向全国的移动支付体系和结算中心。打造电子商务示范基地和示范城市。重点支持广东省电子商务产业集聚基地或园区创建国家电子商务示范基地,开展省级电子商务示范基地创建工作,加快建成一批国内知名的集研发、设计、配套服务于一体的电子商务产业基地。大力推进电子商务示范城市建设,重点支持条件成熟的地市创建国家移动电子商务试点示范城市和国家电子商务示范城市。支持建设一批电子商务创业园,打造中小电子商务企业孵化器

第六章 移动电子商务市场管理

续表

时间	发布单位	文件名称	主要内容
2013年7月25日	湖南省人民政府办公厅	《湖南省人民政府办公厅关于加快发展高技术服务业的实施意见》	重点推进长沙移动电子商务产业园、中国移动电子商务产品创新基地建设,大力支持中国移动、中国电信、中国联通等企业在湖南省建设电子商务服务平台,加快推动本省企业与央企、省外知名企业密切合作,打造全国移动电子商务产业聚集区。推动手机支付业务发展,进一步融合市民卡、公交卡、医保卡等便民支付功能,实现"城市一卡通"
2013年12月19日	四川省人民政府办公厅	《四川省人民政府办公厅关于促进电子商务健康快速发展的实施意见》	支持移动终端、大宗商品交易平台、支付、交易服务和内容引入,建立中国移动电子商务基地
2014年9月21日	广州市人民政府办公厅	《广州市人民政府办公厅关于印发加快电子商务产业发展实施方案的通知》	加快国家移动电子商务试点示范工程建设,在手机浏览器、手机购物、手机订票、手机预约、手机广告媒体、手机游戏等应用领域,支持一批移动电子商务收入超亿元的企业优先列入市电子商务示范企业。重点扶持一批移动电子商务创新项目,按广州市战略性主导产业发展资金管理相关规定,对重点移动电子商务创新项目给予扶持,推动与移动、电信、联通等电信运营商的"强强联合",鼓励基础电信运营商、电信增值业务服务商、内容服务提供商和金融服务机构相互协作,建设移动电子商务服务平台,深化移动网络在企业运营、电子政务、便民服务中的应用。加快中国移动南方基地、移动互联网产业基地和移动互联网应用研究院建设。加强移动智能终端、智能卡和芯片等技术与装备研发,积极发展移动电子商务软硬件研发、系统集成、电子交易、手机支付、安全认证、信用服务、咨询服务、外包服务和业务运营,建设世界级移动电子商务服务创新中心
2014年12月31日	甘肃省人民政府	《甘肃省人民政府关于加快发展生产性服务业促进产业结构调整升级的实施意见》	积极发展移动电子商务,推动移动电子商务应用向工业生产经营和生产性服务业领域延伸
2015年1月29日	吉林省人民政府	《吉林省人民政府关于促进互联网经济发展的指导意见》	支持阿里巴巴集团、银泰集团在吉林省中心城市投资建设线上线下融合发展(O2O)体验中心项目建设,推动国家电子商务示范企业长春欧亚集团(欧亚E购)以及"吉林大药房""一网全城"等电子商务应用向移动电子商务方向发展,向市、县、乡延伸

续表

时间	发布单位	文件名称	主要内容
2015年5月14日	南京市人民政府	《南京市市政府印发关于加快发展生产性服务业促进产业结构调整升级的实施方案的通知》	积极发展移动电子商务,推动移动电子商务应用向工业生产经营和生产性服务业领域延伸
2015年6月3日	吉林省人民政府	《吉林省人民政府关于加快发展生产性服务业促进产业结构调整升级的实施意见》	积极发展移动电子商务,鼓励企业开通阿里巴巴诚信通和出口通业务、加入百度公司"翔计划"网络营销体系
2015年8月16日	贵州省人民政府	《贵州省人民政府关于大力发展电子商务的实施意见》	鼓励生活服务业企业通过O2O平台与线下服务相结合,积极利用新兴媒体渠道和地理定位等技术开展移动电子商务应用。支持传统零售、批发贸易企业通过电子商务平台开展B2C业务。鼓励农产品企业创新利用移动电子商务等方式,拓宽销售渠道。强化电子商务孵化园区创业指导,引导创业主体在生活服务O2O、移动电子商务、农村电子商务领域创业
2015年9月29日	广东省人民政府办公厅	《广东省人民政府办公厅关于加快发展生产性服务业的若干意见》	鼓励互联网等企业发展移动电子商务、在线定制、线上到线下等运营模式,支持制造企业发展基于互联网的个性化定制、众包设计、云制造等新型制造模式,支持制造企业开展以移动电子商务等新兴信息技术应用为支撑、改造传统产业链、体现新经济和新业态发展的总集成总承包服务
2015年12月25日	湖北省人民政府	《湖北省人民政府关于加快推进"互联网+"行动的实施意见》	鼓励发展旅游移动电子商务O2O服务,提供"吃住行游购娱'一站式'"网上自助游服务

续表

时间	发布单位	文件名称	主要内容
2015年12月28日	湖南省人民政府	《湖南省人民政府关于大力发展电子商务加快培育经济新动力的实施意见》	创新服务民生方式。积极拓展信息消费新渠道,创新移动电子商务应用,支持面向城乡居民社区提供日常消费、家政服务、远程缴费、健康医疗等商业和综合服务的电子商务平台发展。推广应用具有硬件数字证书、采用国家密码行政主管部门规定算法的移动智能终端,保障移动电子商务交易的安全性和真实性;完善在线支付标准规范和制度体系,提升电子商务在线支付的安全性,满足电子商务交易及公共服务领域金融服务需求。鼓励条件成熟的城市创建国家电子商务示范城市和国家移动电子商务试点示范城市
2015年12月30日	重庆市人民政府	《重庆市人民政府关于大力发展电子商务的实施意见》	深化交通客运、文化演艺、体育赛事、水电煤缴费等公共事业电子商务应用,支持开展在线订票、在线订座、门票配送等服务。创新移动电子商务应用,拓展O2O应用领域,促进生活服务业便利化
2016年6月8日	新疆维吾尔自治区人民政府	《新疆维吾尔自治区人民政府关于大力发展电子商务加快培育经济新动力的实施意见》	加快移动电子商务应用。鼓励运营商、传统企业和电子商务企业积极开展移动电子商务规划、布局和应用。支持有条件的城市开展无线城市建设。在公共服务、支付、餐饮、交通、旅游等应用前景较好的领域开展移动电子商务应用
2016年8月29日	甘肃省人民政府办公厅	《甘肃省人民政府办公厅关于印发甘肃省"十三五"信息化发展规划的通知》	面向本地生活服务领域,建设推广移动平台、微博微信新媒体平台、微电商平台、团购平台、O2O平台,支持餐饮、娱乐和生活服务类企业开展移动电子商务

资料来源:国家信息中心(国家法规数据库)及中国政府网,作者整理而成。

第二节 移动电子商务市场管理主要问题

根据以上对中国移动电子商务市场发展现状的一系列分析,结合移动电子商务市场运作模式以及政府对移动电子商务市场制定的相关政策,我们可以总结出目前移动电子商务市场管理中存在的主要问题。

近年来,中国移动电子商务发展迅速,市场内不仅有新兴移动电商,还有传统企业转型移动电商、PC 端转型移动电商等进入者，平台经营范畴在逐渐拓宽。在此过程中，伴随着信息技术的更新换代，移动电子商务市场不断进行技术革新和服务创新，但就整个体系来说，不够成熟。首要的问题就是，在市场监管方面缺乏完善的法律法规。一方面，作为新兴高新技术产业，移动电商的发展创新速度太快，商业模式转换周期短，新的问题层出不穷，很难制定出一套完整的法律法规去约束；另一方面，移动电商的市场主体很难界定，交易方式均是虚拟的，信息真伪不容易分辨和定位，相应的问题也难以准确地定量和定性分析。因此造成在移动电商交易环境、移动电商交易行为、消费者权益保护和交易信息安全等方面出现了非常多的问题。主要表现在垄断性市场结构、假冒伪劣商品、移动支付安全、混乱的市场价格秩序，以及企业间非良性竞争等。

互联网市场的不正当竞争问题一直存在，比较知名的一个案例是 3Q 大战。3Q 大战即腾讯 QQ 和奇虎 360 之间的利益纷争（腾讯 QQ 和奇虎 360 是国内最大的两个客户端软件）。3Q 大战从 2010 年 9 月底开始上演，涉及"隐私查看器的交火""弹窗大战黑名单""扣扣———一厢情愿的保镖"等。此事因涉及滥用市场支配地位纠纷在最高法院公开审理。两方的核心目标都是黏住用户，扩大市场，实现利润的增长。在互联网市场，规模报酬递增规律使企业收益得到飞速增长，形成竞争性垄断地位。在经济学中，一个最简单的假设——利益最大化。腾讯和 360 作为理性的经济人，追逐利润是无可厚非的，经济运行本身也就是一个趋利的过程。规模报酬递增和马太效应的驱使，让腾讯感觉到机会，360 感觉到危机。其结果，在网络效应和正反馈作用下，腾讯 QQ 借助强大的用户黏性，使得 QQ 管家用户群加速膨胀，迅速占领了国内杀毒市场；进而通过对用户群的消费需求分析，寻找到了特色的盈利模式——互联网增值业务，在规模报酬递增规律的作用下，企业收益得到了飞速的增长，收益增加，研发也必然增加，从而形成行业标准，垄断地位由此诞生，360 从此消失。而因为 360 的抵抗，一方面延缓了腾讯的垄断帝国进程，使腾讯对自己的发展模式进行反思；另一方面，也为 360 自身的创新发展赢得有利条件。恶战也暴露中国相关政府机构以及互联网市场法规的缺失和滞后。3Q 大战是中国互联网市场的反垄断第一案。虽然我们说这是个反垄断案件，但到现在为止，反垄断主管部门是缺失的。在当初双方打得不可开交的时候，最后出面协调的是工信部，工信部是行业主管部门，它是管产业政策、管市场准入问题的，但它不是一个反垄断机构。从市场竞争角度来说，应该是反垄断部门来做这个事情。因此，相关政府部门应尽快完善法律法规，尤其是互联网方面，做到有法可依，违法必究，执法必严。在企业之间竞争过程中应考虑消费者权益不受损。

据中国电子商务投诉与维权公共服务平台大数据显示，2016 年通过在线递交、电话、邮件、微信、微博等多种投诉渠道受理的全国网络消费用户投诉案件数同比 2015 年增长 14.78%。其中，2016 年零售电商类投诉占全部投诉 64.20%（网络购物 52.54%、跨境电商 11.52%、微商 0.14%），比例最高，生活服务 O2O 紧随其后，占据 21.19%，互联网金融占 7.62%，物流快递占 3.11%，B2B 网络贸易领域投诉占 0.12%，其他（如网络传销、网络诈骗、网络集资洗钱等）为 3.76%。年度投诉热点问题主要有发货问题、物流问题、客户服务、退款问题、退换货难、虚假促销、商品质量、疑似售假、货不对板、信息泄露，为"2016 年度全国零售电商十大热点被投诉问题"。

可以看出，目前电商经营者主要问题表现为基础服务问题，如发货、物流、客服、退款、退货等，而售假、虚假促销、信息泄露等问题依旧严峻。电商在服务能力上还需加强，此外诚信是商业不可脱离的经营之本，对于售假、虚假促销行为，市场管理的加强是很有必要的。

目前，相关部门及若干地方政府已相继出台了一些促进和规范移动电子商务市场发展的意见和措施，对当下的移动电子商务市场有一定的指导作用，但是整体上还是依据传统思维方式，对于市场中出现的新的问题，不能够从根本上解决，所以政策措施还有待改善。事实上，大部分地方政府在思考解决问题的办法时，没有转换思路，虚拟交易与实体交易存在很大不同，政府必须考虑到在虚拟场景中，交易双方主体都未实名制、责任归属模糊以及其他移动电商独有市场特性，然后建立合理地市场管理机制，引导移动电子商务市场健康有序发展。

一、市场主体

在移动电子商务市场主体方面，行政监管主要有两个方面的问题：一是各类市场主体的概念界定模糊，市场主体的责任义务没有明确的划分，相关的法律法规严重缺失。在平台自身的售后系统不能解决问题或者消费者不满意想要维权时，就会产生混乱，没有权威的依据去判别谁对谁错、谁应该承担责任。二是无照经营现象普遍。不同于实体店面需要到工商局办理营业执照等程序，移动电商的进入许可完全是市场说了算，在这个虚拟的交易背景下，消费者只能通过商家给定的照片、视频等了解信息，很容易受到欺骗，比如，一些不法商户或个人，用虚假广告吸引消费者，用极低的价格诱导消费者购买，交易结束就销声匿迹，这对移动电子商务市场的发展非常不利，会逐渐丧失消费者对整个移动电子商务的信用值，如果无照经营卖假货的移动电商也能获利，就严重破坏了市场上的公平竞争，无照经营者损害了其他移动电商的合法权益，属于虚假宣传、欺诈消费者、不正当竞争，市场会不进反退，甚至可能会陷入恶性循环的怪圈。

出现这种情况的动因大致包括以下三个方面。

1. 平台上无照经营行为的经营成本低，违法经营收入高

移动电商在平台上无照经营是除了电脑和产品的成本外，没有任何其他需要支出的费用的，相较于传统商家开实体店铺，不仅省去大量固定资产成本，还包括日常运营活动费用、守法企业缴纳税费等经营成本。同时，由于移动电商用户是来自全国甚至全世界各地的，商家只要花费一小笔费用做宣传推广，就会有大量客户前来，经营收入比拥有过于狭窄客户群的实体店铺要高出许多。这两个方面的原因都是基于利益驱动导致商家去选择在移动电商平台上无照经营。

2. 平台上无照经营行为的风险成本低

在移动电商平台上的无照经营行为被执法机关查处的风险成本很低，其

原因有四点：首先，在互联网背景下进行的无照经营行为，需要一定的信息技术手段，一般不容易暴露出来；其次，无照经营者在进行操作时使用的电脑的信息一般都是虚拟的，就像违法者的保护壳，根本无法定位；再次，在未实名认证的交易系统里，即便有零散买家的交易记录，但平台方面的交易数据无法取得，阻碍执法机关调查取证；最后，也是主要的原因，中国移动电商方面的法律法规的欠缺，在一定程度上是给了这些违法分子可乘之机。

3. 规范平台上无照经营行为的法律法规滞后，执法者认识不足

由于移动电商是新兴产业，国家尚未出台关于移动电商的经营问题的法律法规，这是执法机关监督工作的一个大大的盲区；另外，执法机关对移动电商的内部运作不了解，对无照经营者行为的动机、实现方式、查处办法严重缺乏认识，因此在面对移动电商市场中的无照经营案件时，查办能力非常有限。要想改善这一状况，首先政府要商议出一套适合移动电商的监督管理办法，然后对执法人员进行培训，致力于规范移动电商市场的经济秩序。

当前网络无照经营行为规制的"瓶颈"体现在以下五个方面：

（1）违法管辖难确定。网络不分地域，管理却要有明确的地理位置定位，但定位的是上网的设备，而不是人，这时就无法确定真实的责任人是在哪一个上网设备的哪一次定位，以现在的交易模式和管理人员的技术水平，很难确定责任人所在地，从而避免管辖权地域冲突。

（2）网上证据难认定。一方面，网上的数据容易丢失，且很难再找回来；另一方面，由于现在互联网技术发展成熟，采集网上的证据时不能排除数据造假的可能性，所以网上证据的真实性比较难认定，如何判别是一个难题。

（3）法律依据难寻找。对市场的监督管理一定是建立在一定的规范标准之上的，但目前还没有移动电商市场管理办法的规定，这给执法人员的工作展开制造了一些麻烦。在2007年5月，北京市人大通过的《北京市信息化促进条例》第26条规定：在本市从事互联网信息服务活动的，应当按照国家规定办理相应许可或者履行备案手续。利用互联网从事经营活动的单位和

个人应当依法取得营业执照,并在网站主页面上公开经营主体信息、已取得相应许可或者备案的证明、服务规则和服务流程等相应信息。第27条规定:电子商务服务提供商应当对利用其网站从事经营活动的经营主体的身份信息、合法经营凭证和反映交易信用状况的材料进行核查,并对相关信息做好数据备份,便于当事人和有关部门查询、核对。这些可以作为制定移动电商市场管理办法的参考。

(4)违法责任难追究。一是责任人难寻找。在互联网这个虚拟环境中,违法者的真实身份、地理位置都很难确认。二是行政处罚难执行。如果违法者不是身处同一个地方用网络设备进行经营,而是经常换地方,即便有了充足的证据证明他的违法行为,也很难抓到他,对他进行有效监管和制止,甚至实施处罚。

(5)执法保障难到位。一是人员素质不到位。执法人员中占多数是对移动电商的内部运作极不熟悉的,对移动电商的特性没有精确的认识,是不利于监督管理移动电商市场的。二是查处机构不到位。一般工商局都没有设立针对移动电商的监督管理机构,没有一个专门的团队,在管理过程中,效率会大打折扣的。三是硬件设施不到位。或许某些监督管理部门还没有足够的调查移动电商市场中违法行为的工具,如电脑等可连接网络的设备。

二、市场客体

移动电子商务市场客体,即产品和服务,在管理过程中最主要的问题在于传达给消费者的产品和服务的信息真实度难以判别。主要表现为不同的移动电商网站上对同一类型的产品服务提供了不一致的信息,消费者和监督管理人员不知道哪个是真哪个是假,这些网站同时都降低了可信度;有一种现象是大部分网站都普遍存在的,即虚假宣传现象。首先以低价格、高功效或者超强优惠活动等抢眼的标题吸引消费者进入商家的店铺,这种店铺的商品往往存在价实不符、图片与实货反差较大等问题。这些现象不仅严重损害消费者权益,更是移动电子商务市场健康发展的绊脚石,不及时查办处理会对

第六章 移动电子商务市场管理

整个移动电商环境造成负面的影响，拖慢市场快速前进发展的脚步。

针对虚假商品信息和低质量服务的情况，政府对市场主体的规制也存在一些问题。主要原因：目前还没有专门的规制手段解决虚假商品信息和低服务质量问题。能给消费者一些引导信息的只有平台内部的商家信用评价和商品评价体系以及平台售后服务系统。就目前市场中存在的行为来看，有不少商家利用网上非实名制的漏洞，擅自修改自身的信用评价和商品评价，展示虚假信息，因此这些评价体系的可信度有待考量。另外，考虑到移动电商平台既是评价体系的规则制定者又是规则执行者，难免会为了平台内部移动电商的利益选择让消费者承担后果，保护存在违法行为的商家，其中涉及平台自律问题，政府是否应该进行干预，值得思考。

目前政府没有制定出专门针对移动电商市场中虚假信息的规制方案的主要原因大致包括以下三个方面。

1. 可能导致市场效率损失

从经济角度考虑，由于移动电商市场的虚拟市场性质和不透明的特征，监督管理者与被管理者之间存在严重的信息不对称，类似于对待消费者，移动电商也会把虚假的商品信息展示给监督管理者，致使监管市场中产生信息搜寻成本和躲避管理成本，即管理者需要花费时间和人力去查寻移动电商的真实信息，甚至在此过程中还需要投入激励政策发动管理者的搜寻积极性，移动电商则为躲避搜查用一些额外的时间和技术手段隐藏虚假商品的真相。从政治角度出发，政府管理机构独有的规制权利相对比较强大，存在一些强权滥用的情况，如果对规制权没有有效的监督或者制约，管理者权力的垄断与移动电商市场的垄断结合，很可能会表现为寻租导向的规制腐败现象，致使市场管理成本增加，社会资源浪费，市场效率降低，造成市场失灵的后果。

2. 没有成熟规制方案

某些地方政府未制定出移动电商虚假商品的规制方案，并不是因为市场复杂，很难辨别，而是主动放纵这种现象的发生。移动电子商务因其不需要昂贵固定资产投资、面向全国消费者的不限时间不限区域交易、相对于实体店获利机会大大增加等特性，吸引了大批创业者和传统企业转型者进入市场，其中有不法商家依靠销售假冒伪劣产品大赚一笔，当地政府不问过程只看结果，为维持当地 GDP 的增长率，对不法商家的违法行为置之不理，甚至间接鼓励其他居民学习同样的手段以增加就业和收入。后果就是当地的地方生产总值快速增长，移动电子商务市场却逐渐丧失民心，正品商家正常经营的积极性下降，非常不利于移动电子商务市场的健康发展。这种扭曲的地方保护主义成为市场管理过程中强大的阻力。

3. 市场逆向选择增加了政府监督管理的难度

移动电商与消费者的交易过程中信息不对称，面对同一类型商品的报价差异、商家信用评级差异、用户评价差异，消费者只能凭借自身的偏好去选择，这种交易方式不利于激发商家销售正品的积极性，反而有一定程度上的打击作用。商家为追求自身利益最大化，会选择成本较低的低质量产品，通过修改产品信息、美化照片等手段让消费者相信产品是正品，从而获得与销售正品一样的收益，净利润明显增加，其他商家接连效仿，致使移动电商市场出现逆向选择，把正规商家逐出市场，假货交易频发，对政府管理机构的执行者来说，难度增加不止一倍。

三、市场行为

在移动电子商务市场中，消费者与移动电商之间的交易行为也需要监督管理，普遍认为，移动电子商务市场交易效率低、成本高、维权难度大，违禁商品、假冒商品等非法交易时有发生，但有效的交易规则还未形成。对于移动电商市场中交易行为方面的市场管理问题，主要体现在以下三个方面。

1. 移动电子商务中商品质量难以保证

虽然在移动电子商务市场中，商品琳琅满目，价格全部公开可比较，但商品的真实情况消费者是看不到的，只能通过用户评价、月售出量等信息主观判断商品的大概真伪，一般价格都是低于正常价格（以实体店价格为准）

的，考虑到移动电商也是以商人心态定价的，那些价格低得离谱的卖家，消费者已经从内心认定他肯定是假货了，然后再从剩余的卖家中挑选评价比较高、价格比较满意的，但是有一个事实，在消费者拿到实物之前，都无法笃定商品的真伪，甚至有些特殊商品只有使用了之后才能了解到它的真伪。消费者自身都难以判断，更不用说监管部门了。

2. 移动电子商务中售后难以保障

基本上每一个移动电商平台都会有自己的售后服务中心，每天会有上万各售后订单等待处理，据消费者反映，很多商家的售后服务带有坑蒙拐骗的性质，有以下几种情况：售后条款有一些不可理的地方，如拆开包装就不支持退换货等；商家答应的售后服务迟迟不予办理；商家以各种理由拒绝售后服务；商家答应售后服务但是突然提出自费邮费之类的让消费者二次支出。每一种移动电商都有自己的一些理由，没有一个统一的标准，难以管理。

3. 移动电子商务中消费者维权难

中国《消费者权益保护法》第11条规定："消费者因购买、使用商品或者接受服务受到人身、财产损害的，享有依法获得赔偿的权利"。不同于传统交易模式中消费者可以面对面地沟通，移动电商市场中消费者与商家的交流是用社交软件聊天或打电话的形式，交流的畅通性受很多因素阻碍，而且消费者很被动。当消费者权益受到损害后，首先要与商家客服交流，如果双方达成共识，消费者等待商家的赔偿，如果没有达成共识，就要联系平台的客服进行二次投诉。在此过程中，消费者可能遇到的难题体现为：侵权证据难以掌握，尤其是各类电子交易凭证（电子合同、订单、发票、小票等）的有效性缺乏法律依据、侵权责任难以认定等。随着网上购物投诉日趋增多，维护消费者利益对工商行政管理部门来说是一个巨大的考验。

四、市场管理博弈分析

政府在市场规制中扮演的角色应该是不断完善市场，解决市场失灵问题，这就需要我们充分了解市场规制中各个主体之间的博弈关系，通过分析不同的利益群体的行动找到解决市场失灵的关键要素。在实践中，移动电子商务市场的监管不仅仅依靠政府，也要充分发挥消费者的能动作用。因此，可将移动电子商务市场多主体间行为的相互关系视为一种演化博弈。

演化博弈理论起源于生物进化论，以有限理性的博弈作为分析框架，认为现实中个体之间是通过模仿、学习、突变等过程实现动态平衡的，并借助于复制动态机制，通过大群体成员之间随机配对的反复博弈，不断调整策略最终到达系统的演化稳定状态，弥补了传统博弈论的许多缺陷。本文尝试将移动电商企业、消费者、政府三者同时作为博弈主体，运用演化博弈的基本原理构建出"移动电商企业——消费者——政府"三者之间的博弈模型，讨论了各参与主体的演化稳定策略及促使各主体决策达到理想状态的稳定条件以期实现对旅游市场的有效监管。

（一）模型基本假设

假设1，各博弈主体均是有限理性且均拥有有限信息，移动电商企业有两种策略选择，欺诈和不欺诈。在欺诈策略下，移动电商企业可以决定欺诈的程度。消费者可选择对移动电商企业的欺诈行为妥协或者举报投诉。政府可选择对移动电商企业的欺诈行为进行监管或者不监管。不监管意味着行政不作为，即使消费者举报投诉，政府也不会采取任何措施。

假设2，消费者在被欺诈后可选择妥协或者通过在线递交、电话、邮件、即时通信等多种形式，向维权公共服务平台投诉。

假设3，政府可选择对移动电子商务市场监管或者不监管。政府监管可以改善移动电子商务市场环境，减少欺诈行为的发生。同时，提高政府的政绩和在民众心中的良好形象，并会获得上级政府的奖励，认为产生 g_1 的正效益。政府不监管会导致移动电子商务市场的恶性竞争、混乱无序，影响政府的政绩和在民众心中的形象，并会受到上级的惩罚，产生 g_2 的负效益。

假设4，政府在消费者妥协情况下监管不一定能检查到有欺诈行为的移动电商企业，假设查处成功的概率为 λ，但是在消费者举报投诉情况下监管一定能成功查处有欺诈行为的移动电商企业。政府不监管时则无论消费者妥协或举报投诉都不能查处有欺诈行为的移动电商企业。

假设5,消费者进行投诉时的成本的货币成本(即话费、网费等)非常少,可忽略不计,假设为零。

假设6,消费者可能由于感知偏差导致错误的投诉,此时会对企业产生一定的负面效应,造成企业潜在消费者的流失。

(二)损益变量的选取与设定

影响移动电商企业有欺诈行为的损益变量:p 为移动电商企业不欺诈消费者时的正常收益;Δp 为移动电商企业欺诈消费者所获得的额外收益;α 为政府对有欺诈行为的移动电商企业的罚款系数(与超出正常价格部分成正比);β 为移动电商企业对被欺诈消费者的补偿系数(与超出正常价格部分成正比);λ 为政府在监管情况下成功查处有欺诈行为的移动电商企业的概率;L_1 为移动电商企业的欺诈行为被消费者举报投诉,导致名誉受损,消费者减少而造成的损失;L_2 为移动电商企业规范销售却由于消费者的认知偏差而被错误投诉,而对移动电商企业的声誉产生的一定的负面效应,假定 $L_1 > L_2$;E 为移动电商企业由于规范经营带来的口碑效应,消费者增多而给其带来的收益。

影响消费者举报投诉的损益变量:C_2 为消费者进行投诉的成本,假设为零。

影响政府监管的损益变量:C_1 为政府的监管成本;g_1 为政府监管的正效益;g_2 为政府不监管的负效益。

(三)支付函数

假设移动电商企业群体中选择欺诈消费者策略的比例为 x,选择不欺诈消费者策略的比例为 $(1-x)$;消费者群体中选择妥协策略的比例为 y,选择举报投诉策略的比例为 $(1-y)$;政府群体中选择监管策略的比例为 z,选择不监管策略的比例为 $(1-z)$。则在不同策略下,各博弈主体的收益支付如表6-2所示。

表6-2　　移动电商企业、消费者与政府的演化博弈收益矩阵

博弈参与者			消费者	
			妥协(y)	举报投诉($1-y$)
移动电商企业	欺诈消费者 (x)	政府	监管 (z)	$p + \Delta p - \lambda\alpha\Delta p$ $-p - \Delta p$ $g_1 + \lambda\alpha\Delta p - C_1$	$p + \Delta p - L_1 - \alpha\Delta p - \beta\Delta p$ $-p - \Delta p + \beta\Delta p - C_2$ $g_1 + \alpha\Delta p - C_1$
			不监管 ($1-z$)	$p + \Delta p$ $-p - \Delta p$ $-g_2$	$p + \Delta p - L_1$ $-p - \Delta p - C_2$ $-g_2$
	不欺诈消费者 ($1-x$)	政府	监管 (z)	$p + I$ $-p$ $g_1 - C_1$	$p - L_2$ $-p - C_2$ $g_1 - C_1$
			不监管 ($1-z$)	$p + I$ $-p$ $-g_2$	$p - L_2$ $-p - C_2$ $-g_2$

（四）移动电子商务市场监管三方演化博弈均衡分析

1. 期望收益函数

基于博弈模型可以得出移动电商企业选择欺诈消费者的期望收益为：

$$U_{11} = yz((p + \Delta p) - \lambda\alpha\Delta p) + (1 - y)z(p + \Delta p - L_1 - \alpha\Delta p - \beta\lambda p) + y(1 - z)(p + \Delta p) + (1 - y)(1 - z)(p + \Delta p - L_1) \quad (6-1)$$

移动电商企业选择不欺诈消费者的期望收益为：

$$U_{12} = yz(p + I) + (1 - y)z(p - L_2) + y(1 - z)(p + I) + (1 - y)(1 - z)(p - L_2) \quad (6-2)$$

移动电商企业的平均期望收益为：

$$\overline{U}_1 = U_{11}x + U_{12}(1 - x) \quad (6-3)$$

同理，消费者选择妥协的期望收益为：

$$U_{21} = xz(-p - \Delta p) + (1 - x)z(-p) + x(1 - z)(-p - \Delta p) + (1 - x)(1 - z)(-p) \quad (6-4)$$

消费者选择举报投诉的期望收益为：

$$U_{22} = xz(-p - \Delta p + \beta\Delta p - C_2) + (1-x)z(-p - C_2) + x(1-z)$$
$$(-p - \Delta p - C_2) + (1-x)(1-z)(-p - C_2) \tag{6-5}$$

消费者的平均期望收益为：
$$\overline{U}_2 = U_{21}y + U_{22}(1-y) \tag{6-6}$$

同理可得政府选择监管的期望收益为：
$$U_{31} = xy(g_1 + \lambda\alpha\Delta p - C_1) + x(1-y)(g_1 + \alpha\Delta p - C_1) + (1-x)y(g_1 - C_1) +$$
$$(1-x)(1-y)(g_1 - C_1) \tag{6-7}$$

政府选择不监管的期望收益为：
$$U_{32} = xy(-b) + x(1-y)(-b) + (1-x)y(-b) + (1-x)(1-y)(-b)$$
$$\tag{6-8}$$

政府的平均期望收益为：
$$\overline{U}_3 = U_{31}z + U_{32}(1-z) \tag{6-9}$$

2. 基于复制动态方程的演化稳定策略分析

（1）移动电商企业复制动态方程为 $\dfrac{dx}{dt} = F(x)$，其中，$F(x) = (U_{11} - U_{12})x(1-x) = [yz(-\lambda\alpha\Delta p + \alpha\Delta p + \beta\Delta p) + z(-\alpha\Delta p - \beta\Delta p) + y(L_1 - I - L_2) + (\Delta p - L_1 + L_2)]x(1-x) \tag{6-10}$

①若 $z = \dfrac{y(L_1 - I - L_2) + (\Delta p - L_1 + L_2)}{(\alpha\Delta p + \beta\Delta p) - y(-\lambda\alpha\Delta p + \alpha\Delta p + \beta\Delta p)}$，则 $F(x) \equiv 0$，这意味着所有水平都是稳定状态，即此时策略选择比例不会随时间推移而变化。

②若 $z \neq \dfrac{y(L_1 - I - L_2) + (\Delta p - L_1 + L_2)}{(\alpha\Delta p + \beta\Delta p) - y(-\lambda\alpha\Delta p + \alpha\Delta p + \beta\Delta p)}$，令 $F(x) = 0$，得 $x = 0, x = 1$ 是两个稳定点。对 $F(x)$ 求导得到
$$F'(x) = [yz(-\lambda\alpha\Delta p + \alpha\Delta p + \beta\Delta p) + z(-\alpha\Delta p - \beta\Delta p) +$$
$$y(L_1 - I - L_2) + (\Delta p - L_1 + L_2)](1-2x) \tag{6-11}$$

由于 $y(-\lambda\alpha\Delta p + \alpha\Delta p + \beta\Delta p) - \alpha\Delta p - \beta\Delta p < 0$，可分两种情况讨论：

当 $(L_1 - I - L_2) < 0$ 且 $(\Delta p - L_1 + L_2) < 0$ 时，有 $F'(x)|_{y=1} > 0, F'(x)|_{y=0} < 0$，所以 $x = 0$ 为稳定策略。说明若移动电商企业规范经营所带来的潜在收益大

于欺诈消费者被举报投诉所产生的潜在损失切欺诈消费者被举报投诉所产生的潜在损失大于欺诈消费者获得的额外收益,则不欺诈消费者策略是移动电商企业的演化稳定策略。

当不满足以上条件时,即移动电商企业规范经营所带来的潜在收益小于欺诈消费者被举报投诉所产生的损失或者欺诈消费者被举报投诉所产生的潜在损失小于欺诈消费者获得的额外收益,则分为以下两种情况:

当 $z < \dfrac{y(L_1 - I - L_2) + (\Delta p - L_1 + L_2)}{(\alpha \Delta p + \beta \Delta p) - y(-\lambda \alpha \Delta p + \alpha \Delta p + \beta \Delta p)}$,则 $F'(x)|_{x=0} > 0$,$F'(x)|_{x=1} < 0$,所以 $x = 1$ 为稳定策略,移动电商企业群体将选择欺诈消费者策略。

当 $z > \dfrac{y(L_1 - I - L_2) + (\Delta p - L_1 + L_2)}{(\alpha \Delta p + \beta \Delta p) - y(-\lambda \alpha \Delta p + \alpha \Delta p + \beta \Delta p)}$,则 $F'(x)|_{x=0} < 0$,$F'(x)|_{x=1} > 0$,所以 $x = 0$ 为稳定策略,移动电商企业群体将选择不欺诈消费者策略。该情况说明移动电商企业群体决策的进化稳定状态与政府群体和消费者群体两者的决策密切相关,移动电商企业选择何种策略是三方博弈的结果。

(2) 消费者的复制动态方程为 $\dfrac{\mathrm{d}y}{\mathrm{d}t} = G(y)$,其中,$G(y) = (U_{21} - \overline{U}_2)y(1-y) = (-xz\beta\Delta p + C_2)y(1-y)$,其中 $C_2 = 0$。 (6-12)

①若 $z = \dfrac{C_2}{(x\beta\Delta p)}$,则 $G(y) \equiv 0$,这意味着所有水平都是稳定状态,即此时策略选择比例不会随时间推移而变化。事实上,政府选择监管的比例一般不会小于或等于0。

②若 $z \neq \dfrac{C_2}{(x\beta\Delta p)}$,令 $G(y) = 0$,得 $y = 0, y = 1$ 是两个稳定点。$G(y)$ 对于 y 的一阶导数为 $G'(y) = (-xz\beta\Delta p + C_2)(1-2y)$。 (6-13)

由于 $-x\beta\Delta p < 0, C_2 = 0$,则 $z > \dfrac{C_2}{(x\beta\Delta p)}$,可知 $G'(y)|_{y=1} > 0, G'(y)|_{y=0} < 0$,此时 $y = 0$ 是稳定策略,消费者群体将倾向于演化为举报投诉有欺诈行为的

移动电商企业。该情况说明不管政府群体和移动电商企业群体选择何种策略，消费者群体决策的进化稳定状态都是选择举报投诉。

（3）政府的复制动态方程为 $\dfrac{dz}{dt} = H(z)$，其中，$H(z) = (U_{31} - \overline{U}_3)z(1-z) = (xy(\lambda\alpha\Delta p - \alpha\Delta p) + x\alpha\Delta p + g_1 + g_2 - C_1)z(1-z)$ （6-14）

① 若 $x = \dfrac{C_1 - g_1 - g_2}{y((\lambda - 1)\alpha\Delta p) + \alpha\Delta p}$，则 $H(z) \equiv 0$，这意味着所有水平都是稳定状态，即此时策略选择比例不会随时间推移而变化。

② 若 $x \neq \dfrac{C_1 - g_1 - g_2}{y((\lambda - 1)\alpha\Delta p) + \alpha\Delta p}$，令 $H(z) = 0$，得 $z = 0, z = 1$ 两个稳定点。对 $H(z)$ 求导得，

$H'(z) = (xy(\lambda\alpha\Delta p - \alpha\Delta p) + x\alpha\Delta p + g_1 + g_2 - C_1)(1-2z)$ （6-15）

由于 $y(\lambda\alpha\Delta p - \alpha\Delta p) + \alpha\Delta p > 0$，可分两种情况讨论：

当 $(g_1 + g_2 - C_1) > 0$ 时，有 $H'(z)|_{z=1} < 0, H'(z)|_{z=0} > 0$，所以 $z = 1$ 为稳定策略。说明若政府监管移动电商企业的正效益与不监管移动电商企业的负效益之和大于其监管成本，政府群体将倾向于选择监管策略。

当不满足以上条件时，即政府监管移动电商企业的正效益与不监管移动电商企业的负效益之和小于其监管成本，则分为以下两种情况：

当 $x > \dfrac{C_1 - g_1 - g_2}{y(\lambda - 1)\alpha\Delta p + \alpha\Delta p}$ 时，可知 $H'(z)|_{z=1} > 0, H'(z)|_{z=0} < 0$，所以 $z = 0$ 为稳定策略，政府群体最终演化为全部选择不监管策略。

当 $x < \dfrac{C_1 - g_1 - g_2}{y(\lambda - 1)\alpha\Delta p + \alpha\Delta p}$ 时，可知 $H'(z)|_{z=1} < 0, H'(z)|_{z=0} > 0$，所以 $z = 1$ 为稳定策略，政府群体最终演化为全部选择监管策略。该情况说明政府群体行为决策的进化稳定状态与移动电商企业群体和消费者群体两者的决策密切相关，政府选择何种策略同样是三方博弈的结果。

从以上分步分析的演化稳定条件可知，移动电商企业群体决策的演化均衡状态随演化过程中消费者群体妥协的比例 y 和政府群体监管的比例 z 变化。消费者群体决策的演化均衡状态不随时间推移而变化。政府群体决策的演化

均衡状态也随移动电商企业群体欺诈消费者的比例 x 和消费者群体妥协的比例 y 而变化。因 x，y，z 的数值随着演化过程时刻变化，同时博弈系统的均衡状态对 x，y，z 的微小扰动也不具备稳健性，无法只通过调整初始条件促使该三方博弈向各个预期的稳态演化。我们致力于推动三方博弈演化至社会理想模式，即促使三方博弈最终演化到移动电商企业不欺诈消费者、消费者举报投诉、政府监管（$x=0$，$z=1$）的理想决策状态。因此可以通过控制或调整相关变量引导参与主体行为向所期望的方向演化。

当 $(L_1 - I - L_2) < 0$ 且 $(\Delta p - L_1 + L_2) < 0$ 时，即当移动电商企业规范经营所带来的潜在收益大于欺诈消费者被举报投诉所产生的潜在损失且欺诈消费者被举报投诉所产生的潜在损失大于欺诈消费者获得的额外收益时，就必定有 $x \to 0$，即移动电商企业最终趋向于选择不欺诈消费者策略。所以应尽量增加移动电商企业规范经营的潜在收益 I 和欺诈消费者的潜在损失 L_1，这有利于促使移动电商企业选择不欺诈消费者策略。

若 $(L_1 - I - L_2) > 0$ 或 $(\Delta p - L_1 + L_2) > 0$，则当

$$z > \frac{y(L_1 - I - L_2) + (\Delta p - L_1 + L_2)}{(\alpha \Delta p + \beta \Delta p) - y(-\lambda \alpha \Delta p + \alpha \Delta p + \beta \Delta p)}$$

有 $x \to 0$。此时 α，β，λ 越大，则分母越大，则不等式成立的可能性越大。所以提高政府成功查处有欺诈行为的移动电商企业的概率 λ，增大对有欺诈行为的移动电商企业的罚款系数 α 和对消费者的补偿系数 β，也都将有利于移动电商企业向选择不欺诈消费者策略演化。

当 $(g_1 + g_2 - C_1) > 0$ 时，即若政府监管移动电商企业的正效益与不监管移动电商企业的负效益之和大于其监管成本，就必定有 $z \to 1$，即政府群体将倾向于选择监管策略。所以应尽量增大政府监管的正效益 g_1 与不监管的负效益 g_2，降低政府的监管成本 C_1，这有利于促使政府选择监管的策略。

当 $(g_1 + g_2 - C_1) < 0$ 时，则当 $x > \dfrac{C_1 - g_1 - g_2}{y(\lambda - 1)\alpha \Delta p + \alpha \Delta p}$ 时，有 $z \to 1$。此时 λ，α 越大，则不等式成立的可能性越大。所以提高政府成功查处有欺诈行为的移动电商企业的概率 λ，增大对有欺诈行为的移动电商企业的罚款系

数 α，都有利于政府向选择监管策略演化。

移动电子商务市场的健康有序发展对调整产业结构，促进消费，转变经济发展方式和提高人们的生活质量都起着至关重要的作用。然而愈演愈烈的欺诈消费者问题成为移动电商行业的致命伤，网上消费者投诉的数量可见一斑。这将直接导致移动电商行业的畸形发展，妨碍经济社会可持续发展目标的实现。移动电商市场监管机制的缺失则是造成欺诈消费者现象泛滥的重要原因。

我们构建了演化博弈模型对移动电商企业、消费者和政府三方的行为进行分析，是对移动电子商务市场监管问题的理论探讨，也是促进政府科学决策、消费者积极维权的实践探索。研究结果表明，能否构建有效的市场监管机制很大程度上取决于政府对有欺诈消费者行为的移动电商企业的惩罚力度、政府的监管成本与收益以及政府能成功查处有欺诈消费者行为的移动电商企业的概率。总而言之，从工商监管、立法监管及政府监管三个方面构建一个有效监管机制是规范移动电商市场、促进经济社会发展的必然选择。

第三节　移动电子商务市场管理对策研究

一、国际市场管理经验及启示

日本、韩国、美国和欧盟是四个代表性国际市场，他们的监管制度也是各有特色和侧重点，在现在的信息时代，了解它们的监管经验对中国移动电子商务市场自身的发展有利无弊。

1. 日本移动电子商务宽松的监管制度

日本的移动电子商务起步较晚，但发展势头迅猛，市场上平台众多，数以万计，但比较分散。随着移动电子商务的快速发展，日本政府有关部门对市场的监管力度在逐渐加大。日本政府先后制定了一系列相关的法律法规。

主要有《日本电商与信息交易准则》《电子消费者合同法》《关于消费者在电子商务中发生纠纷的解决框架》《特定交易商相关法律》《完善跨国电商交易环境》《关于跨国电商交易纠纷的解决框架》《电子消费者协议以及电子承诺通知相关民法特例法律》等。

《日本电商与信息交易准则》规定，网络交易平台的经营者必须将网络交易记录至少保存一年，供相关部门查询，以确保商家在网络上销售的物品不是盗窃品或者是他人的遗失物品，杜绝不法分子利用电子交易平台进行销赃。如果调查取证需要，日本警方还可以查询电子商务交易平台的各项交易记录。在电子商品交易中遇到欺诈使买方或者卖方的利益遭到较大损害时，受害者可以向当地警方报案，由警方介入调查处理。

电商交易过程中，如果发生不良或不法行为，主要采取三种处罚方式：首先是电子交易平台运营商对商户进行处罚，处罚形式有警告、取消商户交易资格等；其次是政府有关部门对电子交易平台运营商进行处罚，主要有警告、面谈和罚款，直至关闭其交易平台；最后，涉嫌欺瞒、诈骗等刑事犯罪行为的，由警方介入调查，并根据调查结果决定是否起诉和采取刑事处罚措施等。

日本还建立了电商准入制度，并实施严格的准入标准和身份确认制度。欲进入电子交易平台的商户，首先，必须进行工商登记手续，凭登记凭证方可申请网上商品交易业务。其次，申请网上交易的商户必须在完成身份确认后，方可开展交易活动。此外，从事电子商务交易的商家还需接受第三方认证。日本的信用调查机构将对参与电子商务交易的商户进行信用调查，并根据调查结果对商户的经营活动进行信用等级评估。不仅如此，电子交易平台运营商还有委托从事配送的物流公司确认买家的真实身份的义务，以保护商户的利益不受损害。

日本对传统的有形商品交易活动监管有一整套比较完整的法律法规，有不少条款也应用到电子商交易之中。由于日本商业信用整体情况较高，商家具有较好的诚信和自律精神，电商与消费者的交易纠纷也比较少，在电子商务的交易中基本上呈现出一种良性循环。因此，日本政府对电子交易市场的干预比较少，只有在发生比较重大的事件时，政府有关部门才会介入和干预。

2. 韩国移动电子商务发展拥有政府大力支持

据韩国统计局的最新数据，2016年12月韩国移动电子商务销售额达到30.8亿美元，占据韩国B2C电子商务销售额的一半以上。作为全球平均网速最快的国家之一，自2014年以来，韩国移动电子商务销售额占比一直保持增长趋势，其中一部分原因在于政府的政策支持。

在韩国移动电子商务市场的发展过程中，韩国政府不断实施相关鼓励措施，并由政府主导开展大型移动电商项目，同时制定关于大力发展移动电商、冲破一切阻碍的法律法规，为其健康有序发展提供保障。

另外，韩国政府还鼓励中小企业参与进来，为防止企业因移动电商交易的透明度高而增加税负，特别采用了一系列补偿措施，即在5年之内，免除中小企业0.2%的电子交易增值税。

3. 美国自上而下通过行业自律形成监管体制

在美国移动电子商务市场中，主要依靠行业自律形成一整套监管体系，政府只是在大方向上起到引导的作用，一方面推动企业间的良性竞争，激发市场活力；另一方面可以很好地为新技术的引进创造条件，成为移动电子商务市场进行技术革新并快速发展的有理推手。

同时，企业在移动电子商务市场中占据主导作用，不仅可以在财政方面为政府解决筹集资金的困难，而且有利于自身在信息化建设中获取利益，为以后的发展积蓄力量，增强自身的市场竞争力。

4. 欧盟一体化宏观法制建设

在欧盟移动电子商务市场中，首要的是综合各国立法，利用一体化的优势协同合作，促进资源的合理配置，提高市场效率，注重宏观法制建设，为移动电子商务市场创造良好的法制环境；其次，欧盟国家都比较重视消费者个人隐私权的保护，为其制定相关保护政策，并将所确立的网络隐私保护的标准升级作为国际标准,在国际上让更多的国家意识到网络隐私保护的重要性,并制定适合于本国的法律法规。

通过对日本、韩国、美国和欧盟在移动电子商务市场方面的监管政策的分析,可以看出:第一,政府对移动电子商务市场的发展要有信息并给予鼓励和支持,甚至可以以政府的名义主导一些移动电商的大项目,用行动表态;第二,需要一套法律规制体系去约束市场行为,同时需要政府和行业协会的适时引导;第三,行业自律作为重要监管方式,也是最有效最理想的监管模式,行业自律做得好能够让消费者对移动电子商务市场树立信心,促使移动电子商务市场健康发展。

二、中国市场监管模式

无论是日本、韩国、美国、欧盟,还是中国,移动电子商务市场的发展都需要监管和规制。但是,目前国内还没有形成一套完善的法律法规体系去约束移动电子商务市场主体,主要是依靠行业内部的一些管理模式规制市场行为。在中国移动电子商务市场的发展过程中,市场监管模式主要有以下四种。

1. 行政监管下的移动电商平台自律管理模式

虽然在移动电子商务市场中还未形成成熟的法规制度,但是,事实上,商务部发布了《第三方电子商务交易平台服务规范》,规范上写明,消费者在网络交易平台上购买商品或服务,如果其合法权益受到损害,责任首当其冲的是网络交易平台,必须给予赔偿。这些规范的具体执行是需要依靠电商平台作为中间桥梁的,连接商家和消费者进行管制约束。

在以上针对电子商务大市场的行政规范的基础上,移动电商平台形成内部自律的市场管理模式。具体地,由第三方电商平台制定移动电商的行为约束条例并设置消费者维权通道,由专门一批人员处理市场中的交易纠纷,为消费者提供查询服务,同时也会设定一些对移动电商的惩罚措施,比如规模限制或者退出平台等。行政规范与平台自律相结合的市场管理模式在一定程度上改善了移动电子商务市场的交易环境，对其快速发展起到正向的作用力。

2. 移动电商企业制定标准监管模式

健全的移动电子商务标准体系是规范移动电子商务市场秩序、优化市场环境的重要环节，也是围绕政府战略部署、建设健康移动电商市场的重要组成部分。具体来说：一是发挥企业主体作用，成立移动电子商务企业标准联盟。比如，2010年7月，在深圳市市场监管局的批准下，腾讯、走秀等电子商务龙头企业发起成立了深圳市电子商务企业标准联盟，聚合社会各界资源，通过标准与知识产权融合战略帮助企业抢占竞争制高点。二是研制和推广移动电子商务国家标准和地方标准。例如，2015年11月深圳国家电子商务综合标准化示范区结合国家标准委授予的电子商务综合标准化示范区工作，采取自上而下的标准综合体系统规划，提出电子商务可信交易标准综合体，主导参与了4项国家标准，发布了1项广东省地方标准和148项联盟标准，提交了3项国际标准提案，并积极推动标准在企业、公共服务和产业方面的落地应用。三是强化标准应用，通过标准引领聚集企业建设可信生态圈。组织移动电商企业研究制定移动电子商务可信交易生态圈企业基础规范，并带领更多企业加入可信交易生态圈，共同营造诚信环境。

3. 消费者监管模式

消费者作为移动电子商务市场中最重要的参与者，有权利监督管理企业行为，把每一份微小的力量凝聚在一起，捍卫自身权益。现在社会上有很多自组织的消费者协会、消费者维权联盟之类的团体，国家行政机构设有中华人民共和国国家工商行政管理总局消费者权益保护局，并制定了一套完整的消费者权益保护法，为消费者提供强有力的后盾。在移动电子商务市场中，由于存在严重的信息不对称，消费者权益很容易受到损害，有了来自消费者联盟的管理规制，在一定程度上降低了商家冒风险欺诈用户的可能性。消费者协会可以开展比较试验和体验式调查等消费引导，及时公布权威性调查报告，提高消费者自我保护能力。同时加强对消费者进行教育引导，提供消费指南，开展风险警示，引导消费者科学理性消费。

4. 大数据监管模式

在信息时代，用户的信息量越来越大的时候，信息处理就成为一大难题，此时，大数据信息技术应运而生。大数据的信息处理技术，完全体现出了互联网智能的伟大。信息作为当今最重要的因子，谁拥有的信息量大，谁就占据制高点。在移动电子商务市场监管中，充分运用大数据信息技术，推动监管现代化，实现监管模式创新。大数据可以快速高效地处理大量信息，不仅能够降低市场监管成本，提高市场监管效率，还可以增强市场监管的智慧化、精准化水平。

大数据信息处理技术既可以处理各方面的综合信息，还可以分析其中规律并预测风险。主要表现于：一方面，可以整合工商登记、质量安全监管、食品安全、竞争执法、消费维权、企业公示和涉企信息等数据资源，并对移动电商市场环境进行监测分析，提高市场监管的针对性、科学性和时效性；另一方面，能够对市场主体经营行为和运行规律进行分析，对高风险领域的市场风险进行监测，防范行业性、系统性、区域性风险。

大数据监管模式在移动电子商务市场还不够完善，还须在以下四个方面做好实践：第一，在工商登记、质量安全监管、竞争执法、消费维权等领域开展大数据示范应用，建设移动电商市场监管大数据实验室，推进统一的市场监管综合执法平台建设；第二，加强市场监管数据与宏观经济数据的关联应用，定期形成市场环境形势分析报告，为宏观决策提供依据；第三，运用大数据资源科学研究制定市场监管政策和制度，对监管对象、市场和社会反应进行预测，并就可能出现的风险提出预案；第四，加强对市场监管政策和制度实施效果的跟踪监测，定期评估并根据需要及时调整。

未来大数据监管模式一定会有更进一步的完善，基于大数据监管模式，政府要注意两个问题：一是构建政府和社会互动的信息应用机制。加强与企业、社会机构合作，通过政府采购、服务外包、社会众包等多种方式，依托专业企业开展市场监管大数据应用，降低市场监管成本。二是发展各类信用服务机构，鼓励征信机构、消费者协会、互联网企业、行业组织等社会力量依法采集企业信用信息，建立覆盖各领域、各环节的市场主体信用记录，提供更多的信用产品和服务，扩大信用报告在市场监管和公共服务领域中的应用，同时加强信用服务市场监管，提高信用服务行业的市场公信力和社会影响力，打击虚假评价信息，培育有公信力、有国际影响力的信用服务机构。

三、工商监管

借鉴国外经验，工商行政管理机关作为市场监督和行政执法的主管部门，应积极探索移动电子商务市场的基本规律，以加强对移动电子商务的监管，维护良好的市场秩序，把移动电子商务监管工作引向深入。

1. 线上监管与线下监管相结合

从移动电子商务的交易全过程来看，移动电子商务实际上是一种线上商务与线下商务结合的新兴商务形式。线上商务主要是交易对象的寻找、商品权属的认定或者转移、交易主体权利与义务的确认等；线下商务则是实物的交割。根据移动电子商务交易活动的这个特点，工商监管必须执行线上监管与线下监管相结合的原则，这就要求突破传统的监管模式，线上监管必须以一定的信息化为技术基础。否则，移动电子商务的监管就难以到位。

2. 行政手段与技术手段结合

从现实来看，必须建立如下两个网络系统。一是工商行政管理部门内部移动电子商务监管协作网络系统。这个网络主要是纵向联结国家工商行政管理总局、省、市、自治区局。二是工商行政管理部门与其他监管部门的协作网络系统。建立部门之间监管移动电子商务的信息共享和信息交换网络，是进行有效的移动电子商务监管的重要技术支持。所以，必须建立部门合作网。

3. 日常监管与专项监管相结合

工商部门在对移动电子商务市场主体日常监管的同时，应加大专项监管的力度，采取巡查、突击检查、集中查办等多种办法监管移动电子商务市场，不定期地开展针对网络销售假冒伪劣商品、发布虚假广告、电子合同欺诈等违法行为的专项整治，实现工商机关对移动电子商务市场综合监管的职能。

4. 事前监管与事后监管相结合

在移动电子商务市场监管中，建立身份认证备案制度、建立电子合同备案制度、强化中介服务机构的职责等，都属于事前防范制度。但是必须看到，移动电子商务的事前防范是不可能解决所有的违法犯罪的问题的。事后的打击仍然是十分必要的。所以，两个方面双管齐下才能有效地实行监管职能。

四、立法监管

商务部同有关部门加强研究，进一步明确移动电子商务数据开放和共享的相关原则，推动建立数据中断风险评估制度。同时，为电子商务新主体的发展营造宽松的环境，进一步细化移动电子商务第三方平台的责任和义务。

1. 推进移动电子商务市场监管立法与国内移动电子商务立法

中国 2010 年 7 月正式实施的《网络商品交易及有关服务行为管理暂行办法》，首次以部门规章的形式对电子商务监管作出了较为全面、系统的规定，为电子商务实际应用过程中出现的问题提出了具体的解决办法。但从中国现行的法律体系构成来看，移动电子商务缺少一部专门的、与之相匹配的法律，所有地方各级政府、部门制定的有关移动电子商务规章制度均缺少上位法的支撑，中国的移动电子商务交易仍处于自发、无序的发展状态。因此，中国必须尽快出台或依据现有法律修订一部针对移动电子商务的专门法律，以解决网络虚拟财产属性，电子合同的签、订、撤，网络广告主体认定等一系列问题。同时，鉴于移动电子商务立法的特殊性，必须组织一个权威高效的立法机构，改变以往立法机关授权某一个行政机关组织立法的状况，立法机构应立足于移动电子商务特点，权衡各方利益与要求，充分顺应移动电子商务发展规律，制定一部真正规范、促进移动电子商务发展的法律。这部法律是移动电子商务市场发展需要的,是广大移动电子商务经营者、消费者迫切需求的,也是工商行政管理部门依法行政监管、确保移动电子商务交易有序进行、市场健康发展所急需的。

2. 增加法律解释与填补监管依据法律空缺

在立法过程中,政府应该与时俱进,针对新的问题,制定相应法律法规,增加新的法律名词,填补政府监管过程的法律空缺,让工商行政管理部门有法可依。从某种程度上可以说,移动电子商务比传统商务更需要规范。为此,一方面,可以对现有的法律进行适当的修改、补充和完善,使之适应移动电子商务活动,这是因为虽然移动电子商务与传统商务有较大的区别,但它并没有脱离社会,基于网络发生的经济违法行为是一种新的法律现象,但其本质并不是新的法律问题,可以用现有的法律规范经过改进去处理。当然为使现有的法律法规更好地适应移动电子商务活动,使其对网上经济违法行为具备可操作性,我们必须使其不断完善,填补法律空缺。现有的相关法律主要有《合同法》《广告法》《商标法》《公司法》《消费者权益保护法》《反不正当竞争法》等。如针对网上违法广告盛行的状况,可以考虑将其纳入"媒体经营者"范畴,使其对广告内容承担一定的责任。另一方面,对于移动电子商务涉及的一些新的原有法律没有涉及的领域,如第三方支付等问题,则迫切需要推进立法进程。

3. 加大违法犯罪打击力度并且维护知识产权保护制度

移动电子商务的法律体系建设要注意以下几个方面:第一,立法要给予移动电子商务与其他形式商业活动平等的待遇,并且以市场机制与技术本身解决移动电子商务问题为主要手段,政府部门的介入或相关法规的调整仅为辅助手段,不能因为法律条款的主观性在客观上束缚了移动电子商务的发展;第二,移动电子商务发展属于全球性的活动,故应注重移动电子商务法律架构与各经济体法律规范的协调,以避免因国内外法制不协调所产生新的法律障碍;第三,移动电子商务法规的制定,应面向丰富移动电子商务应用、解决现有或可预见问题、确保竞争秩序、设立可遵循与可预测的方向四个方面发展，使政府推动移动电子商务各项措施均能符合依法行政，同时兼顾网络使用者的合法利益；第四，移动电子商务法规体系应与行业自律规范相配合，在移动电子商务法律架构中，产业及其他公私团体应多方努力共同议定行为规范、模范契约；第五，为避免盗窃、欺诈、洗钱等经济犯罪在网络上出现，应针对刑法等相关法令予以修正，打击网络犯罪维护移动电子商务交易秩序。

五、政府监管

任何交易都是由市场主体完成的，任何监管措施都要落实到市场主体，只有抓住市场主体准入这一切入点，移动电子商务工商监管可以取得较好的监管效益。

兰州银行与第三方支付"合作"被叫停事件就是一个典型案例。2017年9月4日，兰州银行在官微发布公告，宣布推出微信、支付宝 ATM 扫码取款。该业务操作流程为：客户无需拥有兰州银行的银行卡，只需要微信或支付宝扫描 ATM 机上的二维码，输入金额和支付密码就可以实现取现。而且，在兰州银行上线的扫码取款业务中，仅支持微信、支付宝的余额、借记卡取款，并不支持余额宝、理财通和信用卡取款。使用扫码取款的手续费为0.3%，单笔限额 5000 元，单日累计限额 2 万元。此举很快引起了大众的关注，兰州银行此举对于用户来说，提升了用户的取现体验，但是对于银行卡体系来说，是颠覆性的，从第三方支付账户取现，让第三方支付账户拥有了等同于银行卡账户的地位，存在违规之处，仅施行一天就立即被叫停了。

首先支付账户余额是被界定为一种委托支付机构保管、所有权归属客户的预付价值，第三方支付机构不等同于银行，不能直接取现；其次涉及账户问题；最后，第三方支付可以取现，相当于承认了其清算功能。《非银行支付机构网络支付业务管理办法》明确规定，"支付机构不得经营或者变相经营证券、保险、信贷、融资、理财、担保、信托、货币兑换、现金存取等业务"。

第三方支付账户和银行卡账户问题也因为此次事件成为大众关注的焦

点。中国银联2017年3月推出了二维码支付产品规范，银联二维码其中一个使用场景是 ATM 二维码取现，但是这并没有引起争议。主要原因在于：银联的二维码支付产品是基于银行卡账户体系，其本质仍然是银行卡账户，只是载体从银行卡变成了手机 NFC、二维码。

1. 严格遵守移动电子商务主体准入制度

工商行政管理部门应按照《网络商品交易及有关服务行为管理暂行办法》有关规定，对网络商品和服务经营主体实施全面普查，重点查清地区网络交易平台开办的数量、规模、分布等，对利用网络平台从事经营活动的个人要求实名注册，具备条件时对网络销售个人实施工商登记制度，进而完善立档建户和电子数据库建设工作。针对移动电子商务的虚拟性，工商行政管理部门可以采取属地登记与网络统一备案相结合的方式进行移动电子商务经营注册。具体举措：一是减少登记环节，注册登记能一级办理的不要两级办理。权限可以下放，私营企业、私营有限公司注册登记和年检可由县（区）一级工商局（分局）直接办理，个体工商户登记注册可直接由工商所办理。二是简化企业名称预先核准程序，调整以往名称核准管辖权限，所有企业名称预先核准可直接到同级工商部门办理。三是改革私营企业注册资本（金）交付方，除涉及前置审批的行业外，企业注册资本（金）均可实施分期缴付。四是降低移动电子商务经营者经营场所设定要求，除房屋土地管理部门出具的权属证明外，当地政府或其派出机构、村委会出具的同意使用该场所从事经营的证明，均可视为经营场所的证明，真正做到"在家合法开网店"。五是简化对移动电子商务经营者的年检事项，对移动电子商务经营实施单独年检制度。

2. 革新市场主体身份载体与核发"电子执照"

工商行政管理部门要采取高科技的手段，建立电子版营业执照管理系统，以解决当前中国网上经营者普遍无照经营或无视营业执照经营的现象。所谓电子版营业执照，也就是一套经过特殊处理过的电子密码。这套高级的密码具有唯一性和不可仿造等特点，有了它相关行为人就可在网络交易过程中相互识别身份，准确地了解对方登记执照上的相关事项，以解决企业在网络交易过程中相互确认身份的难题。除此之外，电子版营业执照还可以用来作为相关行为人的电子签名和印章，帮助签署电子合同。目前，网上经营企业资质查询问题、身份识别问题、信息传输安全问题都是当前网络经济亟待解决的难题，如果电子版营业执照能够赋予实施，那将极大促进整个网络经济发展，为全面实施移动电子商务监管打下坚实的基础。

3. 建立网站登记备案制度

网站所有者根据工商行政管理机关的要求提供所拥有网站的登记备案资料，包括所有者的基本情况，网站的基本情况，领取并按照电子备案的标识取得信用等级评分。所有在取得认证和备案的网站上进行交易的公民或企业，必须实行实名制和信用等级交易，以使其交易的安全性、可靠性得到提高。目前北京工商行政管理局已开始实行网站登记备案制度。鉴于移动电子商务的统一性，建议网站备案和信用等级评分应有电子监管小组统一管理。网站登记备案制度既有利于明确网上经营行为的合法化，也为各级政府机关规范网络秩序提供保证，建立了有形市场和网上市场之间的桥梁，为工商行政管理机关和其他政府机关网上市场提供了可靠的保障。

4. 加大对网络广告的管理力度

工商部门应采取积极的措施以防范网络广告中存在的种种违法行为。可行的方式包括对申请开展广告业务的互联网企业进行资格审查。国家工商局已采取此措施，知名度较高的网络公司颁发经营广告业务的通行证——《广告经营许可证》，并要求试点企业制定和完善广告监测措施，及时发现、纠正广告发布中存在的问题，严格管理。这是国家工商局对网络广告有效监管的开始。此外，还可以实施国外行之有效的"网络清洁日"活动，设立检举信箱，加强网络欺诈的追诉与处罚，以及大众的教育宣传等。

5. 积极推行电子政务，适应移动电子商务的需要

对工商行政管理部门而言，可以从三个层次进行：首先，要实现工商系统内联网，通过充分运用现代信息网络技术，在不同工商行政管理部门之间

以及同一机构的不同部门之间建立起便捷、动态、共享的企业信息档案,为实现对企业的联动的、跟踪的、全面的监管提供技术支撑。其次,是促使信息在工商行政管理部门与相关部门之间的有效传递,把分散在不同部门手中的信息通过网络技术进行整合,实现信息共享,从动态和静态的角度,完整及时地反映企业的市场行为。由于市场行为牵涉的范围广泛,内容复杂,市场监管也涉及交通、银行、税务等多个部门,工商行政管理部门只有和这些部门协同合作,才能更有效地发挥其市场监管的职能。最后,要实现信息在工商行政管理部门和经营者之间的传递,形成共同监督基础,并适时向经营者提供网上工商服务。

6. 完善政府监管部门的职能

为促进移动电子商务市场监管职能到位,强化监管责任意识,应依据《中华人民共和国公务员法》《行政机关公务员处分条例》等相关法规,制定工商行政管理部门监管责任制度和责任追究制度,明确规定各级工商行政管理部门、其派出机构和负有监管职责的工作人员不履行或不正确履行监管职责所应承担的行政责任。

需要有统一的法律、政策框架以及强有力的综合协调,形成联合工作机制,确保各部门间密切联系,信息共享,共同监管移动电子商务市场和打击各种网络经济违法行为。经营者与监管部门作为博弈双方,对信息的拥有状况一般来说是不对称的:一方面,经营者的信息,如经营行为是否适当、产品是否符合要求等,监管部门并不完全了解;另一方面,监管部门的信息,如法律、法规对经营者的约束、监管信息等,经营者有时可能不完全掌握。

7. 成立专门的移动电子商务监管小组

移动电子商务监管小组应配备各专业的人才,包括经济、法律、计算机、移动电子商务等各专业专家,同时可以适当吸收对移动电子商务负有管理责任的相关部门成员与高级设备,以使其更加专业化。该监管小组的主要任务是积极推进移动电子商务监管理论研究,密切关注移动电子商务发展的动态,注意国际上对移动电子商务纠纷和违法行为的处理的有益尝试。关注移动电子商务发展的动态，制定移动电子商务监管的有关工作对策，与其他相关行政执法部门协调有关移动电子商务监管事宜，指导和协助基层工商部门发现并查处移动电子商务违法行为。通过这样深入研究，工商行政管理既能管理传统经济，又能对网络经济，虚拟经济进行管理，提高监控手段和技术。

8. 加强跨部门、跨地区的协调

建立以"发生违法行为的网站经营者住所所在地"工商部门管辖为主，以"违法行为所在地"工商部门管理为辅的监管体制，建立移动电商交易执法办案上下联动的协调机制。除此之外，还要建立多级联动的工作机制，实现移动电商市场的统一监管模式，专业分局与其他工商分局齐抓共管，通力协作，尽量避免网络管辖交叉管理的弊端，实现以专业分局网络为主，查办各类较难明确主题的违法网络案件，辖区工商局和辖区工商分局各自管辖自己辖区内有明确主体的违法网络案件，从而大大减少"有界"管"无界"的制度弊端。

第七章 移动电子商务商业模式

第一节 移动电子商务价值链与商业模式

波特最早提出价值链的概念，波特认为价值链是每个企业在设计、生产、销售、发送和辅助其产品的过程中所进行种种活动的集合体，是一种对企业业务活动进行组织的方法。但是随着现代交易过程的复杂化，使得交易活动的完成不仅需要供需两方的参与，还涉及其他多方企业，从而形成产业价值链。现代信息科技的发展打破了企业、行业、产业发展的界限，使不同行业融合发展，共同参与到某一商务交易活动中。企业的价值增长不再单纯地取决于企业自身或某一方，而是需要处于价值链不同环节的企业或个人协调努力，实现多方共赢。

随着信息技术的发展、市场需求日益清晰，以及资源日益得到准确界定，新产品的出现，渠道的整合，行业的拆分，原有产业价值链重组，用户消费群体的横向黏性增加，直接导致了更加激烈的竞争。这就带来了许多新的经营方式，商业模式也在经历着前所未有的创新。

一、移动电子商务价值链

按照波特的理论，企业的价值创造是通过一系列活动构成的。这些活动可分为基本活动和辅助活动两类。基本活动包括内部后勤、生产作业、外部后勤、市场和销售、服务等；辅助活动则包括采购、技术开发、人力资源管理和企业基础设施等。这些互不相同但又相互关联的生产经营活动，构成了一个创造价值的动态过程，即价值链。价值链在经济活动中是无处不在的，上下游关联的企业之间存在行业价值链，企业内部各业务单元的联系构成了企业价值链，企业内部各业务单元之间也存在着价值链。价值链上的每一项价值活动都会对企业最终能够实现多大的价值造成影响。波特的价值链理论揭示，企业与企业的竞争，归根到底是整个价值链的竞争，而整个价值链的综合竞争力决定企业的竞争力。用波特的话来说：消费者心目中的价值由一连串企业内部物质与技术上的具体活动与利润所构成，当你和其他企业竞争时，其实是内部多项活动在进行竞争，而不是某一项活动的竞争，而是一个整体，一种能力的竞争。

（一）移动营销模式与价值链

移动电子商务最大的特征是以用户为中心，移动电子商务改变最大的是营销模式，也彻底改变了企业的价值链（见图7–1）。因为，营销模式涉及企业的"进项"，是一切收入利润的来源，是价值链的基础。

美国移动营销协会（AMA）在2003年将移动营销定义为：对介于品牌和终端用户之间作为通信和娱乐渠道的移动媒体的使用。移动营销是随时随地都能带来即时、直接、交互沟通的一种亲身渠道，概而言之，就是透过移动渠道来规划和实施想法、对产品或服务进行定价、促销、流通的过程

艾媒对移动营销的定义，移动营销是借助可移动终端（手机为主）进行的营销工具和手段的系统化结合，根据不同的移动环境进行即时性的动态修正，使得营销主客体双方在交互中实现价值增值的营销理念与方法

艾媒分析师认为，移动互联网时代下，移动营销的关键价值归结为I^4=Value模型

Individual*Intelligence*Interactive*Integrated=Value

移动时代已经到来，以全新消费价值为基础，将精准个性、数据智能、沟通链接、融合高效的营销基因植入企业内核，形成全新的移动营销价值网络。四大基因之间的互动关系非简单相加，而是在互联网生态下发生爆炸式的乘数效应，将移动价值完全释放

4P理论	4C理论	4D理论
Product 产品	Consumer 消费者	Demand 需求
Price 价格	Convenience 消费者便利	Data 数据
Place 渠道	Communication 沟通	Deliver 传递
Promotion 促销	Cost 消费者成本	Dynamic 动态

4D营销理论，是在新互联网经济时代，涵盖Demand（需求）、Data（数据）、Deliver（传递）、Dynamic（动态）4大关键要素的4D营销模型。移动化趋势出现导致传统营销模式在实践中寸步难行；信息化经营方式从蓝海时代的最基本的财务信息化转变成如今超级红海时代的立体营销

图7–1 移动营销概念定义示意

资料来源：艾瑞咨询。

第七章 移动电子商务商业模式

移动电子商务迎合了现代人快节奏的生活和工作状态，时间成为最为宝贵的财富。人们总是想尽办法减少无意义的时间浪费，总想利用零零碎碎的时间碎片，例如在我们上班的路上乘坐地铁或者公交的时候，又如到银行办业务或到超市购物面对长长的队伍的时候，总是人手一部手机，移动电子商务满足了人们充分利用碎片时间的愿望。哪怕只是短短的十几分钟，使用者都可以拿出手机，即时接入网络，利用这些碎片时间完成诸多琐碎的事情。移动电子商务应用，令碎片化的时间发挥了的最大价值，让消费者节省了现代社会最宝贵的财富——时间。

根据艾瑞咨询的理论，精准化、数据智能、沟通链接、融合高效的"4I"营销见图（7-2），成为移动电子商务的主要模式，以客户为中心构筑了新的营销体系。

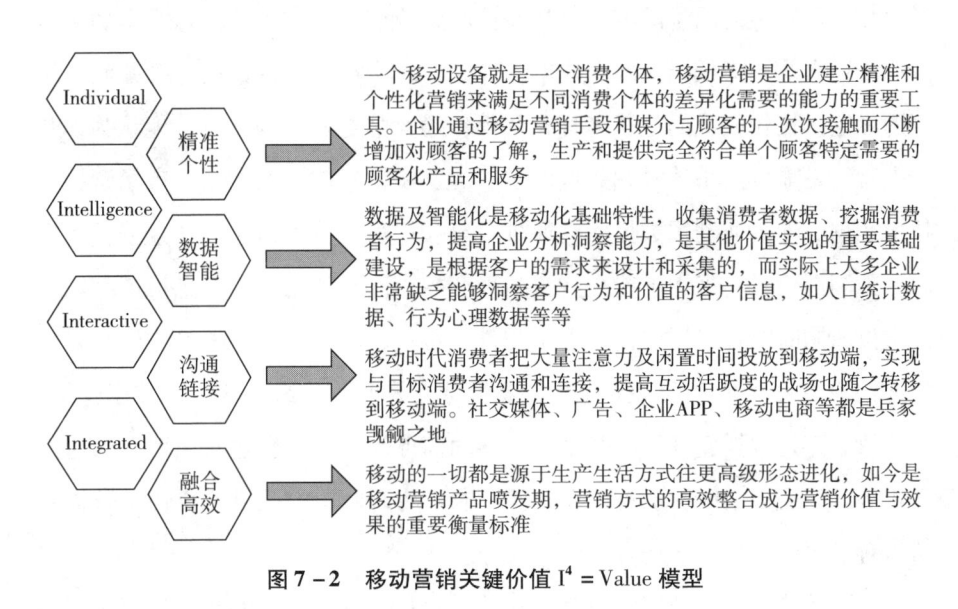

Individual	精准个性	一个移动设备就是一个消费个体，移动营销是企业建立精准和个性化营销来满足不同消费个体的差异化需要的能力的重要工具。企业通过移动营销手段和媒介与顾客的一次次接触而不断增加对顾客的了解，生产和提供完全符合单个顾客特定需要的顾客化产品和服务
Intelligence	数据智能	数据及智能化是移动化基础特性，收集消费者数据、挖掘消费者行为，提高企业分析洞察能力，是其他价值实现的重要基础建设，是根据客户的需求来设计和采集的，而实际上大多企业非常缺乏能够洞察客户行为和价值的客户信息，如人口统计数据、行为心理数据等等
Interactive	沟通链接	移动时代消费者把大量注意力及闲置时间投放到移动端，实现与目标消费者沟通和连接，提高互动活跃度的战场也随之转移到移动端。社交媒体、广告、企业APP、移动电商等都是兵家觊觎之地
Integrated	融合高效	移动的一切都是源于生产生活方式往更高级形态进化，如今是移动营销产品喷发期，营销方式的高效整合成为营销价值与效果的重要衡量标准

图7-2 移动营销关键价值 I^4 = Value 模型

资料来源：艾瑞咨询。

移动电子商务的营销模式是以客户为中心构筑的营销体系，即移动商务相关企业以客户关系管理为基础，从分析自身的特点出发，研究企业在移动互联网平台上的竞争优势，然后分析、设计和调整企业的业务组合，拟订满足竞争需求的业务流程和发展战略规划,最后根据移动商务的特点,制定并实施组合营销策略活动的一系列管理过程。

精准营销策略。科特勒提出,精准营销是以客户为中心,在客户价值生命周期的各个阶段,运用各种方式,选择合适的时间、地点,以合适的价格、渠道,向恰当的顾客提供恰当的产品。在移动商务中,手机覆盖率高,基本形成"人手一机"的特点成为提高营销准确性的先天优势。精准营销的实施必须依靠对客户信息的深度挖掘,处于移动商务营销模式核心层,是精准营销提供了技术保障。

数据智能就是客户关系管理,源于"以客户为中心"的新型营销模式。它通过搜集、整理和分析客户资料,建立和维护企业与客户之间卓有成效的"一对一"关系,使企业在提供更快捷周到服务、提高客户满意度的同时,吸引和保持更多高质量的客户,从而提高企业绩效,并通过信息共享和优化商业流程有效地降低企业经营成本。理论界对于数据库营销的概念并没有统一的界定。比较权威的是著名整合营销传播大师舒尔茨的观点。他认为,数据库营销是随着网络技术和数据库技术的发展,将数据挖掘用于市场营销的技术实现。即企业利用数据库,通过收集和积累消费者信息,经过分析筛选后,预测消费者有多大可能去购买某种产品,以及利用这些信息给产品以精确定位,同时有针对性的使用电子邮件、短信、电话、信件等方式进行客户深度挖掘与关系维护的营销方式。很明显,数据库营销的核心是数据挖掘,企业数据库是数据库营销的基础。在移动商务活动中,企业与消费者沟通的方式从有线变为无线,从有时间空间限制变为超越时空限制,更使得数据库营销有了更好的用武之地。

沟通链接是指互动营销策略。互动,就是企业与客户的双向交流。客户不再单向的、被动的接受信息,而是可以积极通过互动技术参与信息索取。企业在与手机用户的互动过程中,了解客户的个性化需求,跟踪客户的消费习惯和偏好,就可以做到及时向其推荐他最关注的产品信息,提高了顾客满意度。如淘宝通过用户经常购买某些产品的动态特点,推销其关联产品。互

第七章 移动电子商务商业模式

动营销还可以免费让客户体验与客户互动、交流意见。虽然体验还不能给企业带来直接的收益，但是由于手机的个体性，充分体验更有助于客户决定是否最终购买。特别是移动商务形式多数以提供内容和提供服务的形式呈现，新的内容和服务只有亲身体验之后，消费者才愿意按照自己体验的满意度决定是否购买。

融合高效是指"策略和服务营销"。随着商务模式的不断变化，特别是电子商务、移动电子商务逐渐成为主流的商务模式，对传统的"营销组合理论"进行了升华，整合营销提出的"组合策略"。新组合策略是在经典的"4P"基础上，增加了参与者、服务过程和有形展示而构成的，将传统的营销策略找到了服务的基点，站在服务的角度考虑营销策略。组合策略符合了移动商务提供的产品多数表现为服务形式的特点。运营商向手机媒体提供的服务是无形的，但可以通过发送的信息内容、迎合客户个性需求等有形展示向客户传递企业对客户的关注信息，以提高顾客满意度。服务区别于产品的本质特征包括无形性、不可分性、异质性和易逝性。这些特征决定了服务品牌化在三个方面具有独特品质，分别为不可感知性（意指服务元素和服务收益不可感知）、不可分离性（意指服务的生产和消费同时进行）、异质和易逝性（服务随着交易结束消失）。这是服务营销的基础[1]。

（二）从客户到价值增值的移动价值网与长板理论

传统产业价值链中，各主体自身具备的技术能力、市场能力和组织能力更多的是被各主体单独占有，其在产业价值链中流动性差，对产业价值链的影响低，主要是以战略资源、核心能力、内部知识为企业自身提供竞争优势，实现企业自身的价值。

在移动互联网价值链的目标方面，与波特的观点相反，价值链是从客户需求反向到企业生产、采购的过程，利润不是价值链的唯一目的，而是企业在提供满足客户需求的过程中的副产品。它突出强调了用户在价值链中的地

---

[1] 翁苏湘：《基于 WAP 的移动电子商务营销模式及策略研究》，北京邮电大学博士论文，2010 年。

位，指出以"客户为中心"的价值链起始于客户需求，客户可以创造需求和市场。而渠道、产品、资源和能力紧随其后。客户是价值链起点，因此，价值链就是创造用户价值并实现利益相关者需求的商业价值系统。由于全球化的发展和信息技术的应用，价值链突破了区域和成员间的限制，可以伸缩、增减、变换，进而形成一种更为复杂的网络结构，称之为价值网。网络式的交互结构可促进各企业的信息资源的共享和互补，为用户创造更大的客户价值。规模化的"个性化定制"成为移动互联网时代的主要生产方式。

价值网络的价值增值来源是网络租金。它反映了网络成员核心资源共享形成的交易增值效应（即交易收益），相当于经济学中的"超额利润"。网络租金不仅仅是网络成员间交易费用的节约，更重要的是增值效应，价值网络还可以为成员带来单个企业无法产生的巨大协同效应能力，并形成价值收益，这部分是交易收益，加上成员间交易费用的节约就是网络租金，也就是总收益。

由于价值网络成员间具有各自的独特资源和能力，但共同放在一个平台或网络中可以形成资源互补，并实现网络资源的互补效应。由于价值网络成员的知识学习与创新能带来外部效应，通过人员能力提升、技术创新带来了增值效应，这部分是外部增值效应。价值网络成员通过合作，可以使企业专注于自己的优势领域，在价值网络中可以发挥优势资源和独特能力的作用，避免能力短缺带来的风险和成本，价值网络也有利于降低每个企业的管理成本，并最终把这些因素转换为产品的优势，从而在市场中获得垄断利润。价值网络成员组织通过增加经营要素和规模可以提高对市场权力控制，并具有影响能力放大的过程效应，这种效应要超过单个企业对市场控制力与影响力的总和。价值网络在产品服务的规模上具有较大的垄断特性，在面对快速变化的市场时具有优势。但这种价值网的构成往往具有内生性，即同一网络平台控制下的多关联企业系统，如淘宝系、腾讯系、百度系、京东系。非内生系统反而需要更高的交易成本。

企业价值网的特点，形成了移动互联网的长板效应，进而影响或形成不同的商业模式。

如图7-3所示,所谓长板理论是指当你把桶倾斜,你会发现能装最多的水决定于你的长板(核心竞争力),而当你有了一块长板,围绕这块长板展开布局,为你赚到利润。如果你同时拥有系统化的思考,你就可以用合作、购买的方式,补足你其他的短板。目前是业内人士认为更适合互联网的时代远优于木桶理论的理论实际。

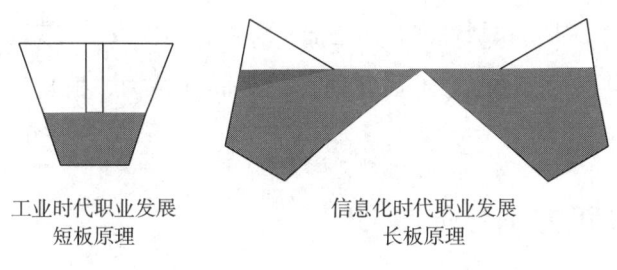

工业时代职业发展
短板原理

信息化时代职业发展
长板原理

图7-3　短板原理与长板原理示意

企业在合作共赢模式下,通过能力分享,产业价值链中各主体是拿企业最长的木板,也就是关键能力或优势能力去与别的企业合作,构建一个更大的水桶以便盛更多的水,并从中获得自己更大的价值,也就是说,企业在进行能力分享中,能力流承载的是企业的关键能力,通过关键能力的组合与创新创造价值链的最大价值,各主体在合作中实现自身价值的最大化。

企业的一般性目标是希望获得竞争优势,在价值分配方面取得更有利的地位。但是,我们从产业价值链到企业网络理论的演变可以看出,企业与企业的价值关系越来越突破原有的单向链式关系,逐步建立了以产业链为基础的企业价值网络,合作、分享、共赢的关系在企业的持续发展中更加突出,通过企业网络的网络租金使得合作企业共同把"蛋糕"做大,而不再是以往的单纯强调企业自身的战略资源、核心能力下的企业竞争力。企业价值网络围绕客户价值对企业原有价值链进行重构,并纳入网络成员的价值链当中,形成价值网络,它打破了传统价值链的线性流程,使价值链各环节以及各主体按照整体价值最优的原则进行合作、分享、互动,在关注自身价值的同时，更加关注价值网络上各节点的联系。提高网络资源与能力在主体之间的相互流动，对产业链的价值创造具有促进和放大作用。

Google 在 2014 年初宣布 29.1 亿美元把摩托罗拉移动出售给联想，出售一周，Google 股价上涨 8%，理由也基于长板理论。Google 的 CEO 佩奇解释说：这笔交易使谷歌将精力投入整个安卓生态系统的创新中，从而使全球智能手机用户受惠。也就是 Google 是做系统的，我们买回来个手机公司回来本来是补短板（硬件），现在发现不如专注我们擅长的长板（系统）更好。伟大的公司也没必要每块板都强，而是把一块板做到极致。与其非得要花精力治愈自己的某些"顽疾"，不如花同样的时间和精力，把自己的优势发挥出来。

二、移动电子商务商业模式

价值链的分裂和变化是当今移动互联网最具活力的表现，既给企业带来了挑战，也为商业模式创新带来了机会。

（一）商业模式

商业模式的最新释义是一个企业满足消费者需求的系统，这个系统组织管理企业的各种资源（资金、原材料、人力资源、作业方式、销售方式、信息、品牌和知识产权、企业所处的环境、创新力，又称输入变量），形成能够提供消费者无法自力而必须购买的产品和服务（输出变量），因而具有自己能复制但不被别人复制的特性。

商业模式至少包括三个方面的内涵。

第一，商业模式存在的根源来自于为客户创造价值。正是企业的商业模式具备了对客户价值的实现和增值的功能，从而奠定了商业模式存在的合理性和必要性。这一功能同时隐含了商业模式具有对资源、能力、信息在企业内部的配置和在企业外部进行转移和交易的功效。

第二，商业模式是一个内部与外部结合的体系。包括企业组织结构及其与外界要素的关系，内部结构与外界要素存在内在的联系，而正是这些结构、要素、关系的变化产生了商业模式的变化和创新（见表7－1）。

第三，商业模式本身在一定条件下或一定时期内具有稳定性，又有动态性。由于内部的运动和外界的变化，商业模式又是一个不断创新和变革的过程，正是这些创新和变革使得商业模式具有了生命力，企业也是依赖于这种商业模式的变化实现其持续的发展。

因此，在商业模式的构建和创新中，应重点考虑三方面的内容，一是企业商业模式的价值定位，要考虑企业的特定环境因素，企业在产业价值链中所处的位置及其战略定位和战略导向。二是企业的价值网络，即企业与产业价值链中其他成员、合作伙伴之间作用的方式，企业为了实现价值创造与增值所采取的合作方式和利益分配机制。三是企业自身资源、能力的配置和价值活动环节的优化，要考虑包括价值实现的产品与服务、营销活动、管控机制及生产流程等内容。

表7－1　　基于企业内外部关系的商业模式构成要素分类

企业外部	内外部之间及全过程	企业内部
社会环境、市场环境、产业环境、技术进步、客户需求、目标客户、客户价值主张	价值链、合作模式、客户关系、价值发现、价值实现、合作伙伴（第三方）价值主张、合作伙伴网络、价值网络、界面	核心战略（经营理念、产品、服务、市场）、核心能力、战略资源、治理模式、流程运作、业务流程、组织方式、资本运作、定价结构、成本利润、技术研发、分销模式、收益模式、价值创造、生产模式、企业价值主张

资料来源：钟蔚：《基于能力分享的移动互联网商业模式研究》，北京邮电大学博士学位论文，2013年。

商业模式重视价值链分析、系统设计、资源能力整合，对公司的内部结构和网络关系的优化、调整更加注重。在利益关系处理、配置上商业模式往往与企业定位、核心竞争力、价值网络等战略相关理论联系紧密。

（二）移动电子商务商业模式的特点

第一，客户需求和客户价值是移动互联网商业模式构建的基础。移动互联网用户服务从粗放向细分发展，挖掘客户需求和提升客户感知对移动互联网产业价值链的价值实现和商业模式的持续运行至关重要。这种以用户个性化需求为服务核心的业务驱动模式，不断迫使电信运营商、互联网企业和终端厂商进行转型，重塑其经营理念和价值观。每个运营公司都在积极开发自己 APP，每个大型的实业公司也是如此，说明都想把客户留住，移动互联网一切都是为了满足客户需求。

第二，从竞争向竞争合作发展是移动互联网企业盈利模式转变的核心。平台化使得业务能力开放是移动互联网的特点，众多平台的投入运营后，越来越多的企业认识到开放的业务平台、能力分享平台、产品应用交易平台为企业创造重要价值，产业价值链的发展模式已经进入了多元化发展的阶段，不再是通过把控某个环节就能掌握整个产业价值链，合作比竞争对企业盈利更加重要，合作才能为企业带来更长期的价值。这种生态圈的合作模式使得企业之间的合作越来越显著，也使得同一产业、不同产业之间的"闭环生态系统"越来越时髦。

第三，移动终端从单一化的通信工具向个性化的多媒体终端方向发展，终端的发展仍将对移动互联网产业价值链带来深远的影响。除了以智能手机为主的传统移动终端外，在未来的技术和互联网技术的带动下，行业应用的移动终端将开辟新的市场领域，物联网的发展对移动互联网将有深远的影响，也必将带来商业模式的创新。

（三）移动电子商务商业模式

随着移动电子商务商业概念的自身提升，它变得更加复杂，包括产品服务概念、市场概念、供应链营销运作概念，进而这个准确并差异化的创意（商业概念）逐渐成熟最终演变为完善的商业模式，从而形成一个将市场需求与资源结合起来的系统。

基于对商业模式的关键要素及其反映企业本质的要求，首先，在商业模式中必须考虑运营主体在移动互联网产业价值链中的地位及其作用，以及不同运营主体的相互关系，并基于自身企业的核心能力和资源优势，确定企业在商业系统中的战略定位，这是商业模式的重要输入和前提。其次，商业模式的建立和发展必须基于客户的需求,关注自身目标客户群的价值和真实需求,从而确立商业模式构建的起点,并把客户需求与产业环境和技术发展进行匹配。客户、价值链、环境和技术发展是移动互联网运营企业商业模式构成的重要输入,商业模式必须对这些因素有相应的对接。最后,在策略与运营方面,构建企业自身商业模式的核心包括业务模式、盈利模式和管控模式,这三大组成部分是商业模式的具体载体和实施的工具,是企业商业价值的真正反映,也是构建商业模式的核心内容。如图7-4所示。

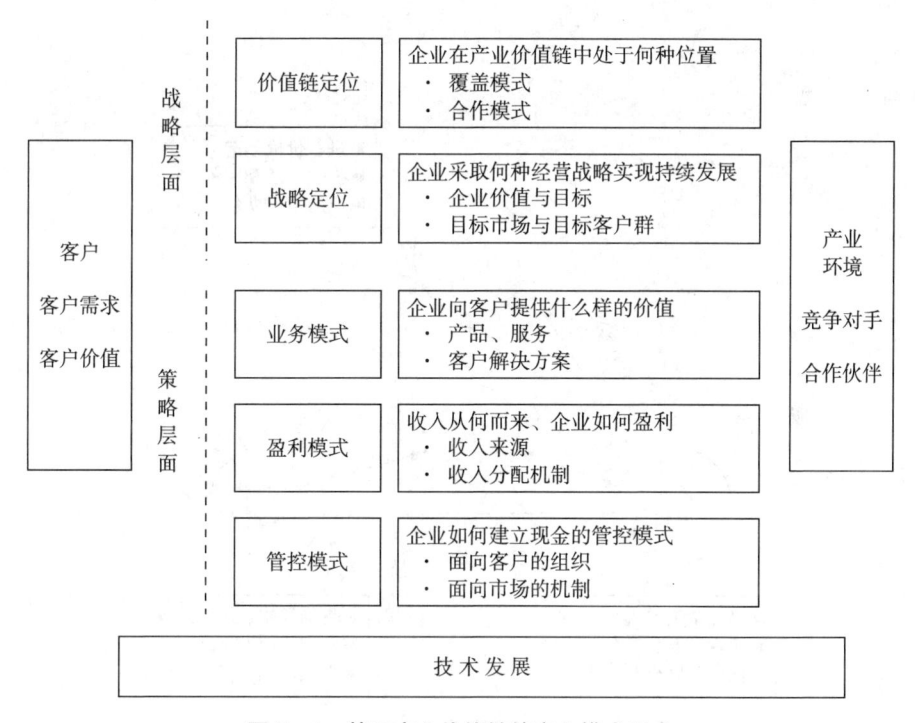

层面	模块	内容
战略层面	价值链定位	企业在产业价值链中处于何种位置 · 覆盖模式 · 合作模式
	战略定位	企业采取何种经营战略实现持续发展 · 企业价值与目标 · 目标市场与目标客户群
策略层面	业务模式	企业向客户提供什么样的价值 · 产品、服务 · 客户解决方案
	盈利模式	收入从何而来、企业如何盈利 · 收入来源 · 收入分配机制
	管控模式	企业如何建立现金的管控模式 · 面向客户的组织 · 面向市场的机制

左侧:客户、客户需求、客户价值
右侧:产业环境、竞争对手、合作伙伴
底部:技术发展

图7-4 基于产业价值链的商业模式组成

资料来源:钟蔚:《基于能力分享的移动互联网商业模式研究》,北京邮电大学博士学位论文,2013年。

移动互联网商业模式的外围边界包括客户、产业环境和技术发展,商业模式内部组成包括战略层面的产业链定位、企业战略定位,以及策略层面的业务模式、盈利模式和管控模式。

业务模式、盈利模式和管控模式是移动互联网商业模式的三个核心的功能模块，是商业模式基于确定环境和企业经营战略下的具体实施载体，反映了企业商业模式的核心逻辑，是企业经营理念、商业逻辑在商业模式上的实体承载，是商业模式构建的核心内容。移动互联网企业的商业模式实体构成如图7-5所示，通过业务模式、盈利模式和管控模式实现企业商业模式的所有功能，并秉承企业战略定位与经营理念，通过这三大实体构成实现价值的创造、传递、实现等过程，并对客户和环境、技术等变化作出调整和应对。

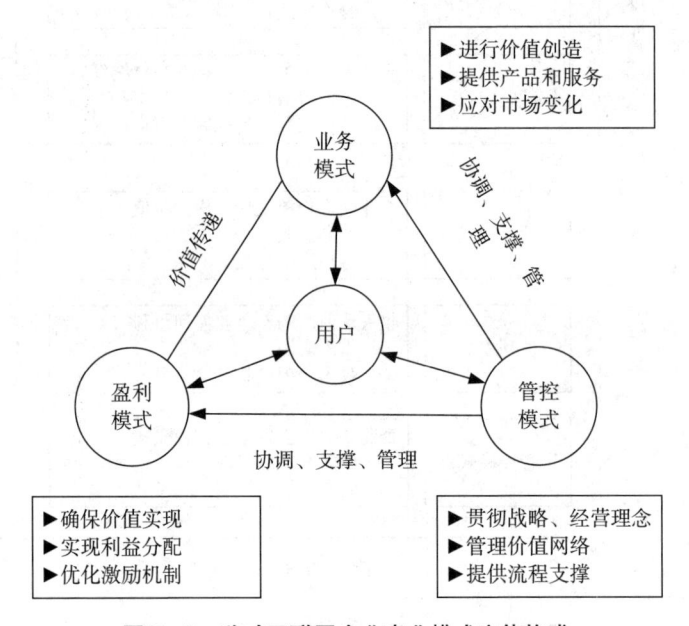

图7-5 移动互联网企业商业模式实体构成

资料来源：钟蔚：《基于能力分享的移动互联网商业模式研究》，北京邮电大学博士学位论文，2013年。

作为企业的业务模式，它要考虑来自客户方面的客户需求，基于战略定位的核心能力资源反映在确定企业的目标客户群及其产品和服务上，以及根据竞争关系确定企业的业务流程和相关模式,如确定企业的销售合作模式、市场进入模式等功能性要素。在盈利模式方面,要结合业务模式实现收入来源的归集,并根据价值主张确立企业产品、服务的价值要素,通过定价实现产品的价值属性,并最终要获取客户价值。管控模式要基于公司战略管理思路和经营理念,确立对合作伙伴和客户的关系治理模式,并最终依靠对内和对外的管控,支持价值实现,在收入和成本管理的基础上,实现价值的多方位配置。

从商业模式的实体构成我们可以看出,企业的产业价值链定位、战略与经营理念将作为商业模式的重要输入,对企业的业务模式、盈利模式和管控模式的具体内容构建产生影响作用,企业也是通过这三个实体构成完成与客户和环境的交互作用。移动互联网能力分享商业模式构建的最终载体是基于企业战略定位下的业务模式、盈利模式和管控模式的确立。

总的来看,移动互联网商业模式是产业价值链中各个运营主体实现价值的平台,商业模式是产业价值链进行价值创造、价值传递和价值实现的载体,商业模式构建就是对产业价值链进行"运作"的具体表现,其中涉及众多参与主体之间的价值关系的构建与维持。在移动互联网商业模式中,运营商、服务提供商、终端厂商与用户是四个最为关键的环节,用户是商业模式构建的起点,也是形成商业模式价值的来源[①]。

第二节 移动电子商务商业模式创新

一、基本移动电子商务商业模式

商业模式的多样性的外在根源是市场需求的多样性,内在根源是企业占有资源的情况和利用资源的能力的多样性。随着电子商务市场的发展,商业

---

① 钟蔚:《基于能力分享的移动互联网商业模式研究》,北京邮电大学博士学位论文,2013年。

模也在不断丰富。最基本的电子商务商业模式有 C2M2C、分别代表着企业之间 B2B、企业和终端消费者之间 B2C，以及个人之间的交易市场需求 C2C。这些商业模式不是一成不变的，而是不断发展、融合、创新和消亡的。其中每大类中又可以分为更细的模式，如表 7-2 展示了主流的模式的细分情况。

表 7-2　　　　　　　　B2B 商业模式的细分

模式	主营业务	典型企业
综合 B2B 模式	以线上外贸服务为主	阿里巴巴、中国制造网
	以线下内贸服务为主	慧聪网、环球资源
	以"行业门户+联盟"为主	生意宝、中国网库
	以小宗外贸服务为主	敦煌网、易唐网
行业 B2B 模式	以供求商机信息服务为主	中国化工网、全球五金网、全球纺织网
	以行业资讯服务为主	我的钢铁网、联讯纸业
	以招商加盟服务为主	中国服装网、中国医药网
	以在线交易服务为主	金银岛网交所、浙江塑料城网上交易市场

基本商业模式 B2C：根据网站盈利模式不同划分为平台式和自主式。平台式指天猫此类的以佣金服务费为主要收入的网站；自主式指京东商城此类的以商品的进销差价为主要收入的网站。

B2C 与 C2C 的融合：近年来，一些企业开始涉足代表网购未来趋势的业务，如淘宝推出淘宝商城（现在的天猫商城），意味着与 C2C 的融合时代即将到来。B2C 平台提供的产品在品牌、质量、售后服务等核心环节上，远较 C2C 平台有竞争优势。

社会化电子商务模式：社会化电子商务是电子商务发展过程中新的衍生模式，是在社交网站快速崛起的环境下产生的，主要借助微博等社交媒介，通过评论、互动等手段传播和推荐商品或服务，促成商品购买或销售。目前的社会化电子商务形式有三种：基于现有电子商务网站构建社区，社区反过来又能促进自身电子商务发展（如淘宝的淘江湖、凡客诚品的凡客达人、京东商城的京东乐享等）；同样基于现有电子商务网站构建社区，但拥有自己用户体系的第三方社会化电子商务平台（如美丽说、翻东西、蘑菇街、堆糖等）；基于社区构建的社会化电子商务（如微博等）。其盈利模式有：（1）平台通过与其他电商合作，在每件商品成交后，抽取一定的返现比例，并通过用户之间的口碑传播进行营销；（2）社会化电子商务拥有庞大的流量和用户资源数据，通过对用户个人信息的整合和分析，从而把握用户喜欢和需要的商品，同电商企业合作，利用平台投放精准广告推销。

O2O 模式的兴起：除了上述最基本的商业模式外，随着新技术的发展（如移动电子商务、二维码等）和新需求的出现，以及传统企业涉水电子商务，许多新的商业模式也纷纷出现，最显著的是模式 O2O，将线下商务的机会与互联网结合在了一起，让互联网成为线下交易的前台。模式充分利用了互联网无边界、跨地域、海量用户、海量信息的优势，促成线上用户与线下商品与服务的交易。虽然很多电商在讲，从线上到线下，但那只是 O2O 的一个方面，更大的一个方面是从线下到线上，就是把传统行业转到线上来。即传统企业通过互联网化改造，直接与用户接轨，而不是通过中间环节平台化。

二、移动电子商务商业模式创新

（一）从消费互联网到产业互联网

在互联网发展的前二十年中，中国的互联网行业处于由 BAT 把控主要命脉的消费互联网时代。然而随着虚拟化进程逐渐从个人转向企业，以价值经济为主要盈利模式的产业互联网将逐渐兴起。产业互联网的到来意味着各行业，如制造、医疗、农业、交通、运输、教育的互联网化。同时，由于传统的消费互联网巨头在行业经验、渠道、网络和产品认知等方面的壁垒，产业互联网将呈现一片蓝海。

在移动互联网时代，比如，大可乐、徒步狗旅行、呵护网、程途网、拒宅网等，都是"互联网+"时代的三无产品——无模式、无技术、无资本，基本会面临倒闭。

专家预测，下一个机会是产业互联网。产业互联网的标志解读为互联网的技术、商业模式、组织方法成为各个行业的标准配置。产业互联网有别于消费互联网主要体现在两个方面，一方面是用户主体不同，消费互联网主要针对个人用户提升消费过程的体验，而产业互联网主要以生产者为主要用户，通过在生产、交易、融资和流通等各个环节的网络渗透从而达到提升效率节约能源等作用；另一方面是发展动因不同，消费互联网得以迅速发展主要是由于人们的生活体验在阅读、出行、娱乐等诸多方面得到了有效改善，使其变得更加方便快捷，而产业互联网将通过生产、资源配置和交易效率的提升得到推进。产业互联网的商业模式有别于消费互联网的"眼球经济"，而是以"价值经济"为主，即通过传统企业创造出不仅限于流量的更高价值的产业形态。

（二）商业模式创新路径

以前的商业模式是以企业为中心，大规模生产、低价竞争以及巨大的库存，这是旧的商业模式。新的商业模式是真正以用户为中心，是大规模定制，把消费者变成我们的研发人员、销售人员，这样就会变成零距离销售，同时去库存，组织扁平化。

1. 企业虚拟化

在互联网基础设施变得更加便宜，宽带速度更快的情况下，企业也正在变得虚拟化。虚拟化指的是企业内部的互联网化以及产业链的互联网化，其结果是生产、交易、流通、融资更加高效。如果现在企业还没有开始虚拟化，那么第一个步骤就是使企业所有的一切数字化，数字化是企业走向产业互联网的第一步。

2. 生态化

互联网公司是生态化、平台化的。以后互联网化的公司也是平台化、生态化的。其中IT是一个支撑，有了IT支撑以后，再用数据支撑，构建生态。

生态化指的是企业业务有一个生态循环系统,而不是单打独斗。比如青岛红领的大规模生产,其实也是要拥有一套生态的。红领利用现在大量洗衣店、酒店,配置帮助用户测量身材、尺寸的服务。红领也利用 UPS 等合作伙伴来完成配送服务。未来,红领的生产、材料都是可以依托平台外包的。

3. 数据驱动

传统企业管理和运营是以流程为中心的,而信息时代,互联网化的企业是以数据为中心,而不再把流程作为最重要的核心。互联网化以后,数据对企业来讲将变得非常重要,成为资金、人才、技术这三大企业资产之后的第四个重要资产。而且,对不同行业来说,这几大资产的排序也会有所差异,比如对金融行业来说,数据资产很可能和资金一样重要。

4. 以用户为导向的个性化设计

产业互联网在与传统企业融合中的最大特点,即将原有以企业为导向的规模型设计转向以用户为导向的个性化设计。从产品功能研发到产品包装设计,每一个部分都通过互联网思维与用户建立关联,争取更广泛的互动,从而形成有效的生产制作方案,强调用户的参与度,尊重用户的个性化需求。同时智能家居在产品功能设计方面,越来越多的产品通过支持联网功能达到智慧化应用程度,不仅仅改变了人们的使用习惯,更拓展了生活维度,享受到智能科技在生活细节中的应用。

(三)新商业模式三个经典案例: 韩都衣舍、 红领、 海尔

1. 韩都衣舍的云公司

韩都衣舍只是一个简单地卖韩国服装的公司,首先是把公司变成云。一个服装公司要变成云公司,这意味着什么?韩都衣舍有 240 家供应商,有超过 3 万款的产品,一个服装行业有 3 万款产品是非常大的挑战,同时,它满足 30 件就可以开始订单生产,交货时间现在已经从 20 天内压缩到 15 天内,返单已经达到 40% 以上。

如果你是一家服装生产公司,你敢不敢有 3 万款样式,敢不敢在 30 件的时候开始起订?它们的秘密是什么?它们是这样做的:把企业分成三大

块，有一块是产品小组，就是四个人围在一起不去吃饭而继续工作的那个小组。产品小组在韩都衣舍是可上可下的组织，任何人都可以成立自己的小组，成为掌门人或是创始人，设计自己的款式。在韩都衣舍，最小的组织只有四个人，因为在服装行业里，最关键的四个岗位——设计、生产、营销到运营，他们就是以四个人为单位，组成最小的组织。韩都衣舍为什么会成功，为什么这四个人不去自己创业？因为它有两个"拳头"掌握在自己手里，一是它的营销中心，帮助这个四人小组在所有的电商平台进行销售；二是它拥有的是生产的能力，240多家供应商，解决了四人小组没有办法自己寻找供应商、寻找面料、寻找设计的问题，成为服装行业的平台公司。

　　它的核心竞争力到底在什么地方呢？假设你看到客户在另外一个楼里，那栋楼是和它连在一起的。站在他们电脑部发现，一个客服一次可以对接9个客户，都是通过网络的形式。所以韩都衣舍之所以成功，就在于把它的公司变成了云公司，云公司是指供应链、IT系统、仓储物流、客户系统、集成服务全部用数字化的模式打通了，这是别的公司没有做的事情。

　　2. 红领C2M的颠覆模式

　　红领是什么模式呢？红领首先可以实现私人定制，然后你走进他的车间，会发现没有一个裁剪师傅，是谁在裁剪衣服？机器人。裁剪出来的衣服每一件都不一样，不仅如此，在它的生产线上，每一个工人只干一个工序，衣服到他这儿一闪，电脑就会指令他应该做什么，他做完了这个工序，原料传给下一个工序，由其他人来完成。每个人都在做不同的工序，速度和效率非常高。

　　同时，它把整个销售系统通过大巴、通过个体实现了整个社会化的营销系统。这个过程是什么？比如说手机下载一个红领的酷特APP，你把衣服的号码输入进去，整个工厂就知道怎么样造你的衣服。把你的衣号输入到手机APP里以后，这个信息直接到了红领的系统里，系统指令机器可以马上开始制作。而不需要像一般的传统企业，还要先经过研发部、生产部。红领把所有的中间环节打破，直接从手机到生产。不仅如此，它把人的身体各个部位都做了研究，它有世界上90%以上的人体大数据，它的机器可以根据大数据的模型准确定制衣服。红领把这套系统研发出来以后，在全中国乃至全世界的工厂都会按照红领的模式去做。

传统的模式是做了以后再卖，而且是一件款式万人穿，同质化严重。而且中间环节层层加价，投资高、成本高，而且客户没有黏性。红领做到了什么？红领是买的人再多，货款是通过手机先支付的，并且人人都是设计师，形成了产品的个性化。根据个人不同的身体尺寸去下单，个人就成为设计师。客户直接对工厂，而不是对渠道，从而达到了零库存，达成了投资低、回报率高的效果，而且形成了很高的客户黏性。在任何环节都进行了颠覆，这就是红领模式与其他服装行业的不同。红领到底实现了什么？就是C2M，就是客户直接对工厂，省去了所有的中间环节，这叫做红领模式。

同时，红领到现在为止所有的中间层都没有了，每个车间只有一个车间主任。管理就是让数字化的IT系统做到，没有任何的关联又不会出现任何的偏差，数字化是我们要做的第一步。

3. 海尔M2C，高黏性社区

再看一下海尔。我不仅在帮海尔做咨询，而且也做产品设计。有一天我收到了海尔的智慧烤箱，这个智慧烤箱没有一个按键，直接用手机操作。这款产品是怎么设计出来的？烤箱在业界的现状如何？业界做硬件的是做硬件的，做烤箱的是做烤箱的，做食谱的是做食谱的，做食材的是做食材的，我买了烤箱要搭配有食材和食谱。海尔是以场景的模式设计智慧烤箱，买了海尔的智慧烤箱以后，就会出现这样的情况，十点多的时候烤箱送到我家，过了大概两个小时，又有人送给我烤箱里要用的食谱，有披萨饼和热狗。拿起手机一看，家用海尔智慧烤箱的用户都出来了，不仅如此，大家还在分享自己的烘焙知识。海尔打通了与用户相关的整个产业链，这个时候它的盈利点就发生了巨大的变化，不仅仅是卖一台烤箱，通过食品、食谱，它也可以拿到提成。同时把整个社区打造在一起形成很高的黏性，这是海尔智慧烤箱带来的优势。

经过这么多年的发展，海尔为业界的生产过程带来了巨大的改变。IBM集团自2008年进入海尔做咨询，海尔就是从2008年引进了IBM的制造方法，形成的制造的模块化，进而在2010年实现了无人生产，2011年黑灯工厂，2014年数字化工厂，2015年互联工厂。在模块化下面都用了软件技术，把整个生产业态打通了。这样就形成了"海尔互联工厂"，指的是产品在没有设计之前做的第一件事情是用户交互，让用户来说我们应该设计什么样的产品，然后通过众包定制达成订单，订单提交上去即可实现生产可视、交付可视，使用体验通过设计的形态可以打造出来。海尔的模式是把整个的产品从前端的设计、生产到最后的体验全部打通。把这个模式代入海尔的电冰箱，大家想一想，会出现什么样的情况？

海尔的电冰箱会知道你每天用多少鸡蛋和牛奶，没有鸡蛋的时候，海尔的电冰箱会自动通知厂家，把鸡蛋、牛奶都送到你家里来。如果一部冰箱就能够帮你实现采购的时候，你还会联想到阿里、京东、淘宝吗？电商给我们带来什么价值？没有任何新的价值，唯一带来的是时空价值，就是说我们的时间效率有所提高，我们在空间上不用再去实体店了，但是没有创造新的价值。而海尔的电冰箱为我们带来真正的价值，我们连冰箱里缺什么都不需要看了。这是阿里人参观完海尔之后感到非常可怕的地方，所以高管回去以后马上让总裁和张瑞敏对接。这是最新的模式，这个模式叫做M2C。红领是C2M，海尔是M2C，也就是说，结算的过程也都会直接被机器代替，这也是非常大的机遇。

大家设想一下，海尔的电冰箱在未来会做什么？它会不会成为控制者，来控制鸡的生产厂家、猪的生产厂家、蔬菜的生产厂家？因为有了电冰箱，它可以做这么多的事，如果各位通过产业再加上互联网以后，你也会达到像红领、海尔的最新模式，M2C或是C2M的模式。

竞争环境发生了剧变，这是正在发生的变化。如果我们把以前称之为战国时代，是无数的"国家"在单打独斗，那么现在，我们则进入了三国时代，也就是说一群优秀的企业和另一群优秀的企业竞争。一群优秀的企业指

第七章 移动电子商务商业模式

的是产业，是所在产业的上下游合作。未来的产业互联网是什么？不仅仅是企业内部的互联网化，而是上下游的合作，这样才会走得更远、走得更好。

（四）传统企业如何创新商业模式

1. 重新定义我们的公司

企业往前走首先要做的第一步叫作重新定义，重新构建。我发现最难做的一件事是高管怎么样重新定义自己的公司。我们看一下这几个企业。比如说海尔传统意义上是做电器的公司，张瑞敏最后把海尔定义为网器公司，网器公司是指海尔所有的产品，如果不上互联网就不能生产。定义成网器公司以后怎么做？它开始重新构建，客户提供的价值就是家庭智慧化，就是工厂可以智慧化，不仅工厂智慧化，同时业态是产业生态制度化，通过海尔烤箱、冰箱我们可以看到，它把整个业态都智慧化了。你每天只吃三个鸡蛋，当你剩六个鸡蛋的时候，它已经通知厂家给你配送了，海尔这样做了，红领和韩都衣舍也这样做了。

红领是怎么重新定义的？大家以为它是私人定制的公司，其实不对，它已经自己定义成为全球最大的私人定制平台，叫作酷特。郭广昌投资了32个亿，红领重新定义了自己。以前它是服装加工和制造公司，现在是酷特，也就是全球最大的私人定制公司，构建的第一步就是输出软件系统给每个工厂。

红领用了十多年的时间，研究出了红领的软件系统。未来，任何东西都可以通过类似红领的酷特平台来进行个性化定制，包括汽车、自行车、手表。把这个位置占了，就等于占领了未来，可以把你的产品做成私人定制、个人定制的产品，未来就会有很大的发展。红领它把服装公司定义为平台公司，也可以帮助其他产业去做工厂的改造，这就是它愿意把花了4亿元人民币，用了十几年时间研发出来的成果贡献给别人的原因。等于全国的工厂都是它的酷特平台不可缺少的部分。

要思考的几个问题是，企业是要提高效率、提升产能，是要跨界进行转型，还是要发明和创造？如果企业要做的只是提高产能、提升效率，那么所有的企业都应该做这件事情。如果说要转型,你就要有创新性,如果你要引领成为行业第一,你就是颠覆者,作为颠覆者必须要有发明、有创造才能走下去。那么我们企业家要做一个决定,你是做优化者、创新者还是颠覆者?只有想清楚了这个问题,才能决定下一步你做什么样的事情。

颠覆不是一天两天、一蹴而就的,而是五年、七年、十年做出来的。研究出来的模式是两条腿走路,每个企业家都必须把企业的员工变成创新者,企业家本人必须是颠覆者。创始人、董事长如果不是颠覆者,你会发现有一天你突然间就走到尽头。如果我们要做颠覆者,要做的是产品与服务的运营模式创新,运营模式把中间过程淘汰掉,提高效率,这是优化要做的事情。

2. 寻找新的收入模式

跨界者要考虑新的收入模式是什么,企业模式是什么。海尔通过烤箱、通过供应链、食材有了新的收入模式。现有的企业有没有新的收入模式?为什么要有新的收入模式?任何企业的产品都会一直下滑,必须考虑新的收益模式。新的收益模式就是通过跨界做出来的,颠覆者做的不是企业,而是产业,你得考虑怎么样把你的产业新标准制定出来。如果你是产业新标准的制定者,你就会成为颠覆者。我们把一家企业打造成世界第一,同时会改变企业的定义,这个定义我们还没有研究出来。在未来的3~5年中,它会通过新的模式,新资本的收购、兼并成为世界第一,它就会成为产业新的颠覆者,就会定义整个产业怎么发展。这就是我刚刚研究出来的,也是业界最新的研究成果。

在去年每周走访一个企业的过程中,我发现企业分成两类,一个是生产型企业,一个是销售型企业,一个是抓住客户,一个是有产品。这样的企业在整个产业飞速发展的过程中都会出现各种各样的问题,新推出来的成果会把传统的企业分成四个层次:一是生产智慧化,像红领,整个的生产过程中是智慧化的,由机器人操作。红领的机器人还是最简单的机器人,未来会有更高智慧的机器人,带来的颠覆更加不可估量;二是系统数据化,也就是说把ERP系统、生产系统全部打通,叫作系统数据化;三是营销社会化,营销

第七章　移动电子商务商业模式

社会化是让社会上每个人都成为销售员。红领是怎么让社会上每一个人成为它的销售员的？红领的成本价是440元，销售以后一般是2000~3000元。只要通过一个手机号码，有十个客户的订单累计达到30万元以后，可以拿到40%的提成。也就是一个大学生基本上可以从一件衣服上赚1500元，一个月做四件就是6000元。大学生赚6000块钱，就不会去别的企业，就会留在红领打工，他做得好不好是有客户评价的，有差评就会自动淘汰，不需要任何管理。红领的顾客平台就是私人定制的大平台，它让整个社会成员成为销售员。四是产业生态化。

我认为企业的发展应该朝着四个现代化走，生产智慧化、系统数据化、营销社会化和产业生态化。

3. 成为行业里的第一名

韩都衣舍就是用这些工具做出来的。它的成功并不是因为它创造，不是它的董事长有多厉害。韩都衣舍并没有发明创造任何东西，它的小组制是思科的，生产线是IBM的。但是它发明了一个新的东西，就是钱直接到他们的公司而不是去供应商那儿。它真正成功的经验是用世界上最牛公司的方法帮着公司走到现在，成为服务行业里各方面的第一名[①]。

[①] 资料来源：阿里高管：我们已被几家传统企业给颠覆，阿里、腾讯和百度还不知道怎么接招，http://blog.sina.com.cn/s/blog_4a78b4ee0102whfo.html。

附录：移动电子商务案例

一、AppStore[①]

AppStore 是苹果公司于 2008 年 7 月发布，为 iPhone、iPodTouch、iPad 及 Mac 终端用户提供应用程序的交易和下载的应用商店平台，是 iTunesStore 中的一部分。2013 年 1 月 8 日苹果宣布，官方应用商店 AppStore 的应用下载量已经突破 400 亿次，其中一半以上是 2012 年完成的；总活跃账户数也达 5 亿。从具体含义上来讲，AppStore 是一个服务提供商通过整合产业链合作伙伴资源，以移动互联网、无线互联网访问为结构，以移动增值业务为交易平台，为客户购买手机产品、手机在线应用服务、增值服务、经营者和其他移动数字产品和服务应用程序，提供一站式的服务形式。

AppStore 模式即应用商店模式，其是基于移动应用程序商店的支持，并建立一个完整的手机软件生态系统。生态系统包括应用程序商店 AppStore 模型商店、运营商、操作系统、分销渠道、开发人员和消费者。AppStore 商店是由第三方提供的软件开发人员将产品放置在货架上，消费者下载、购买的地方，简而言之，是一个应用程序商店制定的营销和管理的电子市场，电子市场规则，由应用程序商店的所有。

AppStore 模式的基本结构，通过实施和辐射，通过应用程序商店直接进行的所经营的产业链的间接价值实现的平台，通过 AppStore 店来实现直接价值，AppStore 模式选择一个或多个产业链环节中的基本结构。AppStore 商店本身是只有一个相对简单的电子商务平台，是 AppStore 模式的最后环节，整

[①] 牟少霞：《基于智能终端的移动电子商务商业模式研究》，山东师范大学硕士学位论文，2014 年 5 月。

个产业链的 AppStore 模式的实现是在 App 商店实现其最终值。AppStore 营造出的是一个应用的长尾市场，其商业模式本身是一个长尾经济体。由于 AppStore 拥有海量的应用程序，充分满足了客户长尾需求，从而表现出对用户极强的吸引力。

Appstore 商业模式的出现，不仅改变了以前在移动终端上通过预装软件来决定软件流行的唯一方式，还彻底使用户使用手机的习惯发生了改变，可定制化使得手机成为拥有各种功能的随身设备之一。同时通过应用商店中软件应用的被下载、安装及使用，为苹果公司和软件服务提供商带来了丰厚的销售收入。AppStore 的商业模式主要有以下几个特征。

第一，拥有大批不同领域不同专长的服务提供商。服务提供商主要是围绕手机数字产品的"一站式"电子商务交易平台，提供以"软件作为服务"为核心的业务形式，为产业链服务。服务提供商主要包括有终端设备厂家（如苹果公司、三星）、操作系统提供商（如苹果公司、谷歌、微软）、移动运营商（如中国联通）、互联网企业（如淘宝网），以及拥有销售渠道资源的企业等。

第二，产业价值链上每个环节都有很多的合作伙伴，因而使得其产业链能够获强大的整合能力。AppStore 的产业链涉及范围广泛，涉及不同的利益体，形成一个共同发展的生态环境。AppStore 最令人着迷的地方在于，它是一个能够平衡其产业链各个利益主体的商业模式，具有持久的生命力。

第三，对自身的成功地位，定位为平台型的移动增值业务，AppStore 最基本的业务活动便是各类的交易活动。首先，AppStore 的交易平台是一款非常典型的电子商务平台。AppStore 的商业模式可以是 B2B、B2C、C2C 等模式，在发展的基础上，通过与多国的运营联系发展，将会产生出适应其本身发展的运营模式。其次，基于手机智能终端的特质，AppStore 借助了第三方金融服务机构的支付形式，采用手机支付、信用卡支付、电话支付等支付形式，解决小额移动支付的问题。

第四，具有多通道的整合营销渠道。服务提供的通道形式，并不局限于纯粹的互联网形式，还可通过 WEB、手机客户端等各种其他通道形式来实现其服务提供，其重点在于数字产品的交易服务主要通过提供的各种资源通道来协调完成，在整合营销各种资源通道的时候，实现较多方会在整个整合的产业价值链中占据核心位置，具有较高的价值。

第五，以尊重和满足客户需求作为发展动力和发展目标。AppStore 平台的用户群体主要是智能终端的使用者，智能终端不仅仅只是一个通信工具，智能终端也是个 OA 终端、娱乐终端，主要是得益于其上的大量应用服务实现的。始终"以用户为中心"，通过为用户提供"一站式"服务，是 AppStore 商业模式成功的基础，其实现了科技以人为本的理论，持续关注和尽力满足客户需求。

二、四川航空公司①

投资 150 辆大巴需要多少钱，免费乘还能盈利过亿，这是怎么回事？免费的车怎么赚钱？什么叫商业模式，免费模式是如何赚钱的？这篇文章我已读了十余次，每次都引人深思。

相信不少人都有过搭飞机的经验，我们知道通常下了飞机以后还要再搭乘另一种交通工具才能到达目的地。在中国的四川成都机场有个很特别的景象，当你下了飞机以后，你会看到机场外停了百部休旅车，后面写着"免费接送"。如果你想前往市区，平均要花 150 元的车费去搭出租车，但是如果你选择搭那种黄色的休旅车。只要一台车坐满了，司机就会发车带乘客去市区的任何一个点，完全免费！你是乘客你要不要搭？

居然有这样的好事呀？请先略读下面这则新闻。

四川航空公司一次性从风行汽车订购 150 台风行菱智 MPV。四川航空公司此次采购风行菱智 MPV 主要是为了延伸服务空间，挑选高品质的商务车作为旅客航空服务班车来提高在陆地上航空服务的水平。为此，川航还制定

---

① 理奥资讯："令人叹服的商业模式：150 辆大巴免费乘盈利 1 亿多"，http://mt.sbhu.com/20150309/n409543652.shtml.

了完整的选车流程。作为航空服务班车除了要具备可靠的品质和服务外，车型的外观、动力、内饰、节能环保、操控性和舒适性等方面都要能够达到服务航空客户的基本要求。

四川航空，这家航空公司，向风行汽车买了150辆休旅车，这么大一笔订单当然是为了要提供上述免费的接送服务用途。四川航空一方面提供的机票是五折优惠，另一方面又给乘客提供免费接送服务，这一举措为四川航空带来上亿元利润。我们不禁要问：免费的车怎么也能给它创造这么高的利润？

这就是商业模式的魔力：原价一台14.8万元人民币的休旅车，四川航空要求以9万元的价格购买150台，提供风行汽车的条件是，四川航空令司机在载客的途中提供乘客关于这台车子的详细介绍，简单地说，就是司机在车上帮车商做广告，销售汽车。在乘客的乘坐体验中顺道带出车子的优点和车商的服务。每一部车可以载7名乘客，以每天3趟往返计算，150辆车，带来的广告受众人数是 $7 \times 6 \times 365 \times 150$，超过200万的受众群体，并且宣传效果也非同一般。司机哪里找？想象一下在四川有很多找不到工作的人，其中有部分很想要当出租车司机，据说从事这行要先缴一笔和轿车差不多费用的保证金，而且他们只有车子的使用权，不具有所有权。因此四川航空征召了这些人，以一台休旅车17.8万元的价钱出售给这些准司机，告诉他们只要每载一个乘客，四川航空就会付给司机25元人民币！四川航空立即进账了1320万元人民币：（17.8万元 − 9万元）×150辆 = 1320万元。你或许会疑问：不对，司机为什么要用更贵的价钱买车？因为对司机而言，比起一般出租车要在路上到处晃呀晃的找客人，四川航空提供了一条客源稳定的路线！这样的诱因当然能吸引到司机来应征！这17.8万元里包含了稳定的客户源，特许经营费用、管理费用。接下来，四川航空推出了只要购买五折以上的机票，就送免费市区接送的活动！基本上整个资源整合的商业模式已经形成了。

对乘客而言，不仅省下了150元的车费，也省下了解决机场到市区之间的交通问题，划算！对风行汽车而言，虽然以低价出售车子，不过该公司却多出了150名业务员帮他卖车子，以及省下了一笔广告预算，换得一个稳定的广告通路，划算！对司机而言，与其把钱投资在自行开出租车营业上，不如成为四川航空的专线司机，获得稳定的收入来源，划算！至于对四川航空而言呢，这150台印有"免费接送"字样的车子每天在市区到处跑来跑去，让这个优惠讯息传遍大街小巷。还不够，与车商签约在期限过了之后就可以开始酌收广告费（包含出租车体广告）；最后，四川航空最大的获利，别忘了还有1320万元，当这个商业模式形成后，根据统计，四川航空平均每天多卖了10000张机票！回想一下，四川航空付出的成本只有多少？

分析：商业模式是什么？

从四川航空的案例不难看出，商业模式就是打造一个平台，让你在上面既能做好人，又能做好事。模式是要从一个点到一条线再到一个面，再编制一张网，最后形成天罗地网。

模式怎么盈利？

老板的任务不是自己在舞台表演，而是编制这张天罗地网，让更多的人去上面表演，任何人上去表演，老板都可以抽成。苹果电脑公司市值超过微软，它打造了世界上最大的软件平台，上面四万套软件可以下载，手机软件也可以下载，但是没有哪个软件是苹果自己花钱做的。"此路是我开，此树是我栽。欲想此处过，留下买路钱。苹果电脑，山贼是也。"这就是苹果的商业模式。凡是成功的商业模式都有这么一个共同之处，找到更多的人给自己支付成本，找到更多的人给自己创造利润。苹果电脑如是，四川航空亦如是。

具体来说，我们怎么才能找到更多的人给自己创造利润和支付成本？这里要考虑三个关键词："最大化""利益相关者""提供服务"。"最大化"，就是最大化企业的价值。四川航空让司机当起了业务员。让乘客成为汽车的潜在消费者，在某种程度上让消耗者变成消费者，这本身是让企业价值得到最大化发挥。"利益相关者"，就是在这张天罗地网中的各个利益群体。一套好的商业模式是多赢的。四川航空在设计这套商业模式时，设计的企业利益相关者有乘客、司机、风行汽车公司、航空公司。四方的利益都得到照顾，各取所需。"提供服务"，就是为各个利益相关者提供服务，从而使得他们为你带来业务。

由此总结，使企业的价值最大化，在企业价值最大化过程中为所有的企业利益相关者提供服务，通过提供服务让他们给企业带来业务，这个过程所中形成的交易结构，就是四川航空的商业模式。

三、梦露女装①

市场上出现过一种品牌叫梦露，它只做女式睡衣产品，销售价格为188元一件，只有两种款式，吊带的和齐肩的，也只有两种颜色，橙色和紫色。他们用了一个不一样的销售方式，送。怎么送呢？免费。如果你穿了感觉很好，就请你帮我们做口碑宣传。

如果这件睡衣送给你，你会要吗？当然会。

但是他提了另外一个要求，我们送给你是可以的，快递费你出可以吗？快递费是23块钱一件，但是支持货到付款，支持退货。消费者是零风险。也就意味着你花23块钱快递费可以拿到一件价值188元的女士睡衣，你们愿意吗？也许第一次您看到可能不会动心，但是如果您发现同一时段竟然有157家网站都在为他打广告，您会不会点开看一看？那么，我相信至少有80%的人都会订上一件。

那么免费送，到底送多少呢？第一阶段我们就送1000万件，我们计算一下，188元一件，1000万件，等于多少钱？18.8亿元人民币，这家公司愿意拿18.8亿元砸一个市场，各位告诉我有这样的公司吗？应该没有，或者很少。也许很多人都会想，他们是赔钱赚吆喝。

但是这家公司既不是中国500强，也不是世界500强，这时候，很多人即使只为了满足一下好奇心，都会定一件。于是，你就会留下名字、电话、手

---

① "羊毛出在狗身上让猪来买单彻底颠覆你的商业思维"，http://mt.sohu.com/20160317/n440809192.shtml。

机、地址，13 天后，快递真的送到你家了，你打开信封一看，这个睡衣质量真不错，在市场里面可能超过 188 元或者 288 元，你要不要付这 23 块快递费？

很多人看不明白，这家公司是干什么的？是做慈善？还是赔钱赚吆喝？

好，下面我带着大家算一笔账，1000 万件睡衣免费送，首先我们需要解决货源问题。做生意的人都知道，中国义乌小商品批发市场世界闻名，在那有很多小型的服装加工厂，所以制作起来，成本可以很低。

而且我有 1000 万件，那么你给别人做 10 块，给我做 8 块可不可以。注意，是夏天的女式睡衣，第一，款式简单，第二，省布料。

为什么 8 元钱成本的睡衣在商场里面可以卖到 188 元？今天如果我们买双鞋子，市面成本是 50 元，可是到商场里面不是名牌的卖 300 元，是名牌的卖 500 元，好，请问 50 元到 300 元中间的钱去哪儿了？商场，没错，商场收了 27%～33%，营业员分了 12%。梦露睡衣生产成本只有 8 元钱，但是到消费者手中没有任何商场环节，所以 8 元钱的睡衣拿到商场里卖 188 元。

这样消费者真正得到了实惠，消费者开心不开心？

消费者觉得赚了，肯定开心！

接下来就是快递的问题了，我们平时快递一样最小的东西，至少需要 10 元，但是，如果我一年有 1000 万件快递要在你的公司运送，可不可以便宜，所以，最后 5 元敲定，因为夏天的女式睡衣很轻，又很小，一个信封就可以装下。

下面就剩下广告了，本来网上做这种免费送东西的广告是不需要花钱的，因为网站要的是浏览量，今天你试试看，如果产品免费送，我保证 N 多网站帮你送东西。但是，为了让我的睡衣送的更疯狂，只要在你家的网站上送出去一件，我就给你 3 元的提成，你是不是会把广告打得更疯狂？于是，所有的网站都帮着打广告。

好，我们再算一笔账。

23 元减去 8 元减去 3 元减去 5 元还剩下？7 元，那么就是说，他们实际上送一件睡衣只付出了 16 元的成本，但是，消费者却付了 23 元的快递费。

就是说，他们只要送一件睡衣就赚了 7 元，中国有 13 亿人口，一年免费送一千万件可不可以送出去？答案是，当然可以。最后，他们送睡衣一年就赚了 7000 万元。

这家公司做了什么？快递谁送的？快递员，广告谁做的？网站，钱谁赚了？他们赚了。

好，接下来，我们在算一下其他人的利润，你觉得卖出来 8 元的睡衣，这个生产睡衣的工厂一件能赚多少钱？每件只能赚 1 块钱，但是一下接了个 1000 万件的单。厂家要不要做？快递公司收 5 元，请问快递公司能赚多少钱？也是 1 元。网站打广告本身是没有什么成本的，所以，网站的纯利润是 3 元。

这三个干活的加在一起，一件才赚了 5 块钱，但是，他们什么都没干赚了多少钱？7000 万元人民币。

各位，这家公司有多少人呢？这家公司从总裁、设计总监、销售总监、到会计，全公司加在一起四个人。四个人分 7000 万元是不是怎么都有得赚，最关键的是他们什么都没做。

而且，每个人都很开心！

这就是商业模式的厉害之处。

四、Everlance[①]

Everlane，这家 2011 年才诞生的电商，在美国市场超速发展。到 2012 年，注册用户就达到了 35 万人次。2014 年 Everlane 的毛利润就从 810 万美元一跃到 1800 万美元；收入是之前的 3 倍，从 2013 年的 1200 万美元涨到了 3600 万美元。

没有实体店，不打广告，不打折……Everlane 凭什么可以大获成功？

简约的设计，中性的剪裁，高质量的面料，强大的供应链，低廉的价格

---

① 谭爽："Everlance：电商版升级'优衣库'美国制胜"，载于《成功营销》，2015 年 12 月。

且保证质量——这一切是不是有点耳熟？这不是优衣库而是一个像极了优衣库的服装品牌叫 Everlane。

Everlane 凭什么可以在美国大获成功？

（1）高透明度的品牌形象获取消费者信任。Everlane 的产品定位非常明确，即摆脱中间商，为人们提供低价格、高质量的服装。普通 T 恤的成本价只要 7.5 美元，但放在精品店里面就要 50~60 美元。

创始人 MichaelPreysman 发现，服饰奢侈品的零售利润可以高达其生产成本的 8 倍，于是，就瞄准这样的价格差，他希望尽可能削减传统零售的销售成本，同样的衣服，在网络上只卖 15 美元。

（2）降低一切成本，从不打折。因为砍掉了中间成本，Everlane 可以给商品提供比传统零售商更低的价格。Everlane 自己完成所有的商品设计并直接与代工厂联系，这就是 $245 的羊绒毛衫能够压低定价到 $128 的主要原因。

Everlane 想方设法地把价格降了下来。为了降低成本，他们没有在商场设立专柜，没有实体商店，还绕过了与零售商合作的环节。不仅如此，Everlane 的广告支出只占到了该公司总支出的 5%，他们并没有利用传统的广告或市场营销手段，而是通过口碑扩大自己的粉丝群。

因为降低了成本，所以 Everlane 从不打折，无论消费者在什么时候光临，都能以最真实的价格买到商品。当一个消费者可以确信自己所购买的商品在未来时间内都不会打折出售时，也促进了他的购买举动。

（3）不按季发布新品，因为不会过时。Everlane 的产品理念就是"10 年都不过时"，其商品力求外观设计上的永恒之感。这是个很难以捉摸的事情，审美标准在不断变化，而服装想要经典不过时质量必须极为讲究。

Everlane 不会季节性地大批发售新品，而是会一件一件地推出，他们每年只会在网站上推出为数不多的新品。这一做法给了 Everlane 的设计团队充足时间去慢慢酝酿一个想法，再将样品在不同的消费者身上进行测试，之后才会大批量地投放到市场。每个新产品背后都有个故事，这需要时间和心血。设计者们在产品上线之前想好每一个细节，考虑好产品定位，消费者是否需要它，是否会对产品有所回应。设计团队会为了研究清楚这些问题而投入大量的时间成本。

由此，Everlane 的设计很吸引人，同时又不会因为太过于流行而使人们产生厌倦。他们极力在做到简约的基本款，这种简约风格是用户偏爱它的原因，也反映除了当今很多消费者的品位。消费者喜欢极简风格和选择提供的便捷，在注册后可以从有限的几款 T 恤衫和裤子中进行选择，不像快时尚那样总是提供超负荷的商品。

（4）产业链的高透明度成为品牌说服力。为了教育市场，告知消费者自己的品牌优势，Everlane 在官网上的每一件产品都详细地提供了相关所有信息。

从产品的生产到零售系统中的层层叠叠，再到消费者的手中，Everlane 直接省略了中间一大步，把整个供应链呈现到消费者眼前，使其知道服装在哪里生产，成本如何，自己花的钱到底值不值。在 Everlane 商品的标签上，消费者不仅仅可以看到商品是哪儿产的，还能清楚地知道它的成本结构。比如一件白衬衫的标签上会显示，10.77 美元花在棉布、线和扣子上，剪裁用了 1.22 美元，8.35 美元是缝制用的，物流运输需要 4.61 美元，最终成本为 24.95 美元。这样一件衬衫在 Everlane 上的零售价是 55 美元，而同类产品价格在 110 美元上下。Everlane 还把连衣裙的信息描述得极为详尽。在网站上，它的生产成本被一一罗列：22.17 美元的布料成本、12.39 美元的人工成本、2.99 美元的税。这样一条成本为 30 多美元的连衣裙在其他零售店里会卖 190 美元，而 Everlane 只要 98 美元。

在其网站上有和生产过程相关的各种流程图和引人入胜的产品故事，工厂的信息也被详细地公布在网站内，包括工厂和工人照片等。这样高的透明度让 Everlane 获益匪浅，因为消费者会发现 Everlane 生产服饰产品的设备和那些奢侈品牌用的一模一样，并引发大规模讨论，起到了宣传的作用。通过坚持网络在线销售，Everlane 将自己所出售的高质量低价格产品轻轻松松摆在了页面上，以最大的透明度，及口口相传的好人气做出了业绩，打响了名号。

（5）高冷宣传策略：不打广告，网络推广。Everlane 品牌有一批忠实的消费者——调查显示有 30% 的消费者成为重复购买者，再次体现了此种销售方式的大众认可度。

Everlane 没有进行传统的广告推广，不过自 2012 年起，Everlane 上有 35 万邮件注册用户。Everlane 的营销邮件非常诱人，它会贴心地向消费者发私信邮件，你可以在邮件中读出发件人的关切之情。直接效果是今年上半年，他们品牌首次在网站上推出裤子，目前已有 12000 人下单购买。Everlane 另一个主要的曝光渠道是社交媒体，Tumblr 和 Instagram 是 Everlane 的主要推广平台。很多消费者最初知道这个牌子时是从 Instagram 得知，在 INS 里 Everlane 的所有图片都充满了品牌所传递出来的风格——简约、清新、大气，又亲和力十足。在众多品牌都视 Instagram 为重点宣传阵地的时代，保持独特简约的品牌风格效果显而易见的好。

（6）推出 APP：只为黏住老用户。关注用户体验是 Everlane 能够持续前进的动力，为了提供更加无缝式的购物体验，品牌在技术层面进行了大量投入，2015 年 7 月，发布了首款购物天气双重功能的 iPhone 应用，将购买从 PC 端向移动端转移。不过与市面上大多数电商 APP 不同，Everlane 并不只是单纯转移购物终端，他们提供 APP 下载主要目的不在吸引流量，而是通过更好的用户体验维护老客户。

Everlane 希望通过看天气这个日常功能提高用户打开 APP 的频次，把他们黏在上面。很多人都有今天不知道穿什么的烦恼，Everlane 注意到了这个问题，他们通过对气象条件详细数据的分析，为用户推荐合适的穿搭。

Everlane 邀请了一批他们品牌的忠实用户参与内测。目前，在移动端上线的商品中不乏 Everlane 的经典款——背包、丝绸 T 恤等。用户可以在移动端预订这些爆款，以防上线时手慢抢不到，这样的优势把消费者很容易吸引到 APP 上来。

（7）线下体验：只供体验并不能购买。Everlane 一直强调它的互联网背景，也不想做实体店，但它还是将女鞋设计带到了线下。

这些鞋子将放置在美国的纽约、旧金山、洛杉矶的高级酒店，Everlane 租了几个房间，消费者只要在网上提前预约就能试鞋。在过去的 12 个月里，Everlane 售出了 3 万双鞋。意识到在网上买鞋的不可控风险，Everlane 推出了这个线下的试鞋活动。但是，就算消费者试的鞋很合脚，它也不会当场出售——你还是需要到它的官网上去订货，并货送到家。线下体验的存在旨在为 Everlane 推广品牌概念以及试穿。

尽管有了线下体验，Everlane 只在线上开店的策略依然不会改变，虽然时尚服装品牌已经充斥着大街小巷，但是走一条更高端、更简约、更注重产品品质的道路已经验证为可以成功。反观国内服装品牌市场，也许为苦苦思索出路的电商服装品牌提供了一种可复制的成功模式。

五、盒马鲜生[①]

盒马鲜生不仅会改变生鲜 O2O 现有模式，还会冲击到生鲜行业当前竞争格局。主营生鲜、价格亲民、方便快捷，可以在店里购买还可以 APP 下单，半个小时送到家，不想自己做还可以当场加工……这就是一家叫"盒马鲜生"的 O2O 生鲜超市的标签和特色。

（1）不收现金，挂牌支付宝会员店。

盒马鲜生以"支付宝会员店"的形式诞生，从开业以来，就因为被传有阿里巴巴的投资背景，以及有着二十年物流经验的原京东物流总监侯毅主理而备受关注。盒马鲜生是全国首家支付宝会员生鲜实体店，售卖着 103 个国家、超过 3000 种的商品！顾客无论是在体验店里购买还是在 APP 上下订单，都能享受"五公里范围，半小时送达"的快速物流配送体验。

如果不想自己回家做饭，选购生鲜后，还可以直接让配套的餐厅进行现场加工，特别适合"懒癌患者"！下面就来看看这家采用全自动物流模式、

[①] 中国电子商务研究中心："'盒马鲜生'是如何颠覆传统的"，http://b2b.toocle.com/detail--6405606.html，2017 年 7 月 14 日。

线上线下完美结合的生鲜超市是如何颠覆传统超市的。不收现金,挂牌支付宝会员店走进上海金桥国际 1 座 B1 层,就看到"盒马鲜生支付宝会员店"的招牌。走进店,服务员就指导消费者安装"盒马鲜生"的 APP,到该店消费必须成为会员,其次必须通过 APP 或支付宝支付,不能使用现金,这也是盒马鲜生最大的特色之一。

盒马鲜生的店铺设计比较现代化,整洁透亮大气,以大理石铺地,黑色货架,大玻璃框的商品呈现,以及开放式厨房。在面积 4500 平方米的门店内容,分为肉类、水产、水果素材、南北干货、米面油粮、烘焙、熟食、烧烤,以及日式料理等区域,分区明细,指引清晰,方便顾客挑选。此外,为配合精品超市的定位,还设有百货、鲜花等商品区,基本满足市场的生活需求。

据了解,盒马鲜生售卖的商品来自 100 多个国家,超过 3000 种商品,特别是海鲜区,来自世界各地的鲜活海鲜,有俄罗斯红毛蟹、波士顿龙虾……由于依托金桥的便利位置和保税区的便利条件,这里的商品价格比一般超市便宜 5%~20%,5 公里之内还能免费送货,而且保证在半个小时内送达。

(2) 强大的物流体系,五公里半小时送达。

盒马鲜生可以说是一家体验店,顾客到店体验之后,下次可以再光顾店铺,也可以在 APP 上随地下订单。另外,盒马鲜生将线上和线下打通,实现全渠道营销和交易模式,既可以单独线上、线上消费,也可以实现线上线下智能拼单。如果你在店铺购买完成后,在回家的路上发现觉得不够,可以通过 APP 加单,系统会自动把两个单拼接在一起,然后一起配送。

无论是在门店购买,还是 APP 线上下单,都能实现"五公里范围,半小时送达",这是对所有其他生鲜模式的重大颠覆,能够冲破传统实体店面积的局限,在有限的空间内创造出无限的销售额。

而这一切的实现都有赖于盒马鲜生的"全自动物流模式"。在门店后台设置了 300 多平方米的合流区，前后台采取据说是全球第一家的自动化传输系统，从前端体验店到后库的装箱，都是由物流带来传送。消费者在门店消费，逛一圈选完货直接通过物流输送带送到收银台。所以在门店，消费者上方快送包裹在头顶飞来飞去，而下方则是琳琅满目的食品，一切都充满了新鲜感。

在处理 APP 上的订单也以快为优势。店铺接到 APP 的订单后，在前端取货，放入专用保温袋，通过自动传输系统把商品传送到后台合流区，装入专用的配送箱，用垂直升降系统送到一楼出货，从接单到装箱只要 10 分钟就可以完成。

盒马鲜生线下门店的服务时间是上午九点到晚上十点，线上 APP 从早上七点到晚上九点，基本满足线上线下的消费者生活习惯。这对于工作繁忙的白领来说，非常的方便。在下班路上，通过 APP 下单，回到家，在盒马鲜生购买的半成品的新鲜净菜和代加工好的海鲜鱼肉也同步送到，只要稍微加工，一顿丰富的晚餐就完成了。

可以说，这样的物流配送、商圈设定以及线上线下融合，在国内生鲜零售圈尚属首例，是一种全新的生鲜经营模式。

（3）有餐厅的超市，挖掘懒人经济。

盒马鲜生的实体店购物体验，走在了国内领先水平。不仅门店设计的购物环境非常舒适，更是将"餐厅"纳入超市卖场，这被盒马鲜生称为"一体化消费"。

超市内的"曦牛海鲜餐厅"，占地面积 200 平方米左右，设置了五张四方桌子。顾客在超市内购物完成后，如果不想回家做，可以直接让餐厅现场加工制作，颠覆"传统超市内可以买菜没法做菜，传统餐馆内可以点菜没法购物"的老路子。这对于现在习惯在外就餐，但又担心食品安全的消费者而言，实在是方便。另外，在超市的就餐区，还设置了水吧，顾客可以在这里吃水果、喝饮料、喝咖啡，还为方便顾客购物后自助就餐提供微波炉和洗手池。这些增加体验的细节和餐厅的设置，让消费者有了更多逛店理由，也让店内生鲜产品有了更多销售出口。

参考文献

[1] 鲍雪丽. 政府对电子商务市场的监管研究 [D]. 首都经济贸易大学, 2013.

[2] 蔡嘉林. B2C 市场服务质量与价格离散关系研究 [D]. 华南理工大学, 2013.

[3] 蔡坤. 国内电商移动阅读客户端对比研究 [D]. 安徽大学, 2015.

[4] 曹宝明, 辛馨. 从垄断到竞争性垄断: 网络经济下市场结构演进的静态博弈分析 [J]. 江苏社会科学, 2009 (05): 60 – 65.

[5] 曹珮. SCP 范式下中国网络购物平台市场结构研究 [D]. 湖南大学, 2014.

[6] 曹微. 中国移动电子商务产业组织和监管政策分析 [D]. 北京邮电大学, 2009.

[7] 成莹. 中国电子商务产业的 SCP 理论分析 [J]. 当代经济, 2011 (7): 116 – 119.

[8] 程刚. 中国电信移动定位业务发展策略的研究 [D]. 北京邮电大学, 2010.

[9] 单泪源, 张忍传, 张人龙. 基于多主体仿真的网上市场价格离散研究 [J]. 统计与决策, 2015 (8): 51 – 54.

[10] 杜丹清. 大数据时代的零售市场结构变迁——基于电商企业规模扩张的思考 [J]. 商业经济与管理, 2015 (2): 12 – 17.

[11] 房立煜. 在线电商市场效率问题研究 [D]. 南京大学, 2016.

[12] 傅浩. B2C 电子商务市场价格竞争问题的模型与实证分析 [D]. 西南交通大学, 2007.

[13] 傅瑜. 中国互联网平台企业竞争策略与市场结构研究 [D]. 暨南大

学，2013．

[14] 高海建．基于大数据视角的电子商务产业研究［D］．首都经济贸易大学，2015．

[15] 谷晨，余军．基于SWOT理论的移动电子商务现状及发展趋势探究［J］．商业经济研究，2015（14）：59－60．

[16] 古春杰．移动电子商务发展趋势研究［J］．中国商贸，2015（03）：57－59．

[17] 谷贝贝．我国B2C网络零售市场价格竞争的理论与实证分析［D］．山东大学，2016．

[18] 郭惠玲．基于博弈论视角的电商价格战分析［J］．北京理工大学学报（社会科学版），2014（5）：94－102．

[19] 郭志光．电子商务环境下的信用机制研究［D］．北京交通大学，2012．

[20] 何磊．网络零售商行为差异化与价格离散之间关系分析［D］．南京财经大学，2012．

[21] 洪涛．信息搜寻、信息控制与电子商务市场效率悖论［J］．南京政治学院学报，2006（3）：52－55．

[22] 黄浩．匹配能力、市场规模与电子市场的效率——长尾与搜索的均衡［J］．经济研究，2014，49（7）：165－175．

[23] 黄琪．信息不对称与市场效率的关系研究［D］．山东大学，2014．

[24] 黄旖靖，冉元元．共享经济下的移动出行［J］．生产力研究，2016（12）：58－61．

[25] 李道全．电子商务信任管理模型与方法研究［D］．山东科技大学，2011．

[26] 李航，侯琳琳．从SCP范式看我国快递产业的发展［J］．商业文化（学术版），2010（2）：176－178．

[27] 李航．C2C市场问题及对策探讨［J］．价格月刊，2010（2）：46－49．

[28] 李航. 零售市场的传统与网络渠道比较研究 [J]. 价格月刊, 2010 (9): 30-33.

[29] 李怀, 高良谋. 新经济的冲击与竞争性垄断市场结构的出现——观察微软案例的一个理论框架 [J]. 经济研究, 2001 (10): 29-37.

[30] 李普聪, 钟元生. 移动O2O商务线下商家采纳行为研究 [J]. 当代财经, 2014 (9): 75-87.

[31] 李普聪. 移动O2O商务若干关键问题研究 [D]. 江西财经大学, 2014.

[32] 李淑媛. 电子商务市场"柠檬"问题机理与实证研究 [D]. 南京财经大学, 2013.

[33] 李淑媛. 电子商务市场"柠檬"问题机理与实证研究 [D]. 南京财经大学, 2013.

[34] 李崧. 网上无照经营行为的查处对策 [J]. 中国工商管理研究, 2005 (05): 44-47.

[35] 李巍, 席小涛. 大数据时代营销创新研究的价值、基础与方向 [J]. 科技管理研究, 2014, 34 (18): 181-184+197.

[36] 李晓君. 移动政务的功能及评价研究 [D]. 北京交通大学, 2011.

[37] 梁士勇. 基于寡头理论的视角分析中国电商市场的效率——以天猫和京东为例 [J]. 中国商贸, 2015 (9): 58-61.

[38] 林祺. 资本市场效率与资产增长异象——最优投资效应假说vs错误定价假说 [J]. 经济学 (季刊), 2016, 15 (2): 767-796.

[39] 蔺博. 基于APP的移动电商顾客感知对品牌忠诚影响研究 [D]. 山东大学, 2015.

[40] 蔺思涛. 基于公众需求的移动政务建设 [J]. 中国行政管理, 2015 (4): 52-56.

[41] 刘晓红. 中国电子商务O2O运营模式研究 [D]. 吉林大学, 2015.

[42] 刘修煌. 4G环境下的移动电子商务模式研究和创新 [J]. 现代经济信

息，2015（1）：386.

[43] 马倩. 4G 环境下移动电子商务模式研究与创新［J］. 商业经济研究，2015（12）：82-83.

[44] 马强. 共享经济在我国的发展现状、瓶颈及对策［J］. 现代经济探讨，2016（10）：20-24.

[45] 马庆国，王毅达. 网络市场效率与价格离散研究［J］. 浙江大学学报（人文社会科学版），2006（4）：50-57.

[46] 牟少霞. 基于智能终端的移动电子商务商业模式研究［D］. 山东师范大学，2014.

[47] 聂林海. 我国电子商务发展的特点和趋势［J］. 中国流通经济，2014（6）：97-101.

[48] 欧阳文和. 规模效率论［M］. 湖南科学技术出版社，2015.

[49] 彭惠，吴利. O2O 电子商务：动力、模式与前景分析［J］. 华南理工大学学报（社会科学版），2014，16（6）：10-17+98.

[50] 任佳佳. B2C 网上超市的同质化和差异化问题研究［J］. 情报杂志，2010（S1）：19-21.

[51] 郏君，李颜鑫. 移动电子商务发展趋势探究［J］. 产业与科技论坛，2014，13（24）：93-94.

[52] 孙俊娜. 我国电商产业市场结构的现状分析［J］. 中国商论，2015（10）：56-58.

[53] 谭笑. 百度外卖盈利模式研究［D］. 北京交通大学，2016.

[54] 汤天波，吴晓隽. 共享经济："互联网+"下的颠覆性经济模式［J］. 科学发展，2015（12）：78-84.

[55] 唐亮贵. 基于多 Agent 的电子商务市场结构及交易模型研究［D］. 重庆大学，2009.

[56] 覃正，刘大光，曹昌军. 浅谈影响我国移动商务发展的主要因素［J］. 软科学，2003（06）：44-46，49.

[57] 汤琭. 中国电子商务网络购物平台产业组织分析 [D]. 武汉理工大学, 2012.

[58] 田园. SCP 范式下中国电子商务行业发展现状分析 [J]. 商业经济研究, 2015 (18): 68-70.

[59] 田志虹. 基于自组织理论的电子商务市场网络的演化机制研究 [D]. 北京交通大学, 2015.

[60] 王继莹. 我国股指期货市场效率的实证研究 [D]. 吉林大学, 2014.

[61] 王珂. 我国 B2C 电子商务行业发展的市场结构分析 [J]. 商业时代, 2014 (35): 73-74.

[62] 王墨涵. 开放式在线评论对消费者购买决策的影响研究 [D]. 哈尔滨工业大学, 2015.

[63] 王添元. 我国电子商务平台假货交易行为探究——基于政府规制的视角 [J]. 商, 2016 (11): 237.

[64] 王小军. 我国 B2C 电子商务的 SCP 分析 [D]. 山西财经大学, 2016.

[65] 王晓庆. 基于博弈论的电子商务诚信管理机制分析与研究 [D]. 河北大学, 2013.

[66] 王樱洁, 刘禹恒, 马莉, 陈素清. 外卖 O2O 平台的顾客满意度及价格弹性探究——基于西南财经大学抽样调查数据 [J]. 市场论坛, 2015 (4): 66-68.

[67] 翁苏湘. 基于 WAP 的移动电子商务营销模式及策略研究 [D]. 北京邮电大学, 2010.

[68] 徐朝阳, 周念利. 市场结构内生变迁与产能过剩治理 [J]. 经济研究, 2015 (2): 75-87.

[69] 许金波, 卞华. 移动电子商务市场的产业价值链及商业模式 [J]. 宿州教育学院学报, 2015, 18 (05): 13-14, 16.

[70] 徐倩. 网络经济下电子商务产业市场结构与绩效关系研究 [D]. 南京财经大学, 2015.

[71] 薛玉林．电子商务运营中的羊群效应工作机制研究［D］．北京邮电大学，2015．

[72] 杨兴寿．电子商务环境下的信用和信任机制研究［D］．对外经济贸易大学，2016．

[73] 杨阳，应淑雯．基于SCP视角的中国电子商务B2C产业分析［J］．商场现代化，2015（8）：36－37．

[74] 张海涛，王丹，张连峰，魏毓璟．商务网站信息生态系统演进机理——价值链视角的研究［J］．图书情报工作，2015，59（15）：80－86．

[75] 张忍传．基于多主体的网上市场价格离散仿真研究［D］．湖南大学，2016．

[76] 张书利．4G环境下的移动电子商务模式研究和创新［D］．山东师范大学，2014．

[77] 张鑫琦．我国网络零售平台的运行机制和模式创新研究［D］．吉林大学，2015．

[78] 张云．基于SCP范式的中国电子商务平台产业分析［D］．浙江财经大学，2016．

[79] 赵冬梅．电子商务市场价格离散问题研究［D］．中国农业大学，2005．

[80] 赵红军，李俊阳．电子商务时代的新型市场结构［J］．当代经济科学，2001（5）：86－90．

[81] 赵雪冉，孙永波．外卖O2O平台商业模式分析及发展对策［J］．商业经济研究，2017（3）：114－116．

[82] 赵真真，耿乃国．电子商务背景下的市场效率分析［J］．中国经贸导刊，2014（23）：20－21．

[83] 章俊．网络无照经营行为治理路径初探［J］．中国工商管理研究，2010（01）：44－47，1．

[84] 甄妮．电商企业大数据营销的应用研究［D］．广东外语外贸大学，2015．

[85] 郑跃平,黄博涵."互联网+政务"报告(2016)——移动政务的现状与未来[J]. 电子政务, 2016 (9): 16-31.

[86] 郑志来. 共享经济的成因、内涵与商业模式研究[J]. 现代经济探讨, 2016 (3): 32-36.

[87] 钟蔚. 基于能力分享的移动互联网商业模式研究[D]. 北京邮电大学, 2013.

[88] 周辉,陈淑凌,崔亚梅. 基于演化博弈的旅游市场监管机制研究[J]. 系统工程学报, 2016, 31 (05): 618-624, 709.

[89] 周正. 基于双边市场理论的电子商务平台竞争规制研究[D]. 东北财经大学, 2010.

[90] Alicia Baik, Rajkumar Venkatesan, Paul Farris. Marketing: Assessing the Impact of Mobile Technology on Consumer Path to Purchase [J]. In Shopper Marketing and the Role of In-Store MarketingPublished online, 2014, 10 (10): 1-25.

[91] Angeliki Vosa, Catherine Marinagic, Panagiotis Trivellasc, Niclas Eberhagen, Christos Skourlasd, Georgios Giannakopoulosa. Risk Reduction Strategies in Online Shopping: E-trust perspective [J]. Social and Behavioral Sciences, 2014 (147): 418-423.

[92] Anil Kumar Chorppath, Tansu Alpcan. Trading privacy with incentives in mobile commerce: A game theoretic approach [J]. Pervasive and Mobile Computing, 2013, 9 (4): 598-612.

[93] Antonia Köster, Christian Matt, Thomas Hess. Carefully choose your (payment) partner: How payment provider reputation influences m-commerce transactions [J]. Electronic Commerce Research and Applications, 2016 (15): 26-37.

[94] Călin Gurău, Ashok Ranchhod. Consumer privacy issues in mobile commerce: a comparative study of British, French and Romanian consumers [J].

Journal of Consumer Marketing, 2009, 26 (7): 496-507.

[95] Cameron Dave, Gregory Chris, Battaglia Daryl. Nielsen Personalizes. The Mobile Shopping App, if You Build the Technology, They Will Come [J]. Journal of Advertising Research, 2012, 52 (3): 333-338.

[96] Fang, B, Liao, S, Xu, K, Cheng, H, Zhu, Cand Chen, H. A novel mobile recommender system for indoor shopping [J]. Expert Systems with Applications, 2012, 39 (15): 11992-12000.

[97] GIan M. Fulgoni Omni-Channel Retail Insights and The Consumer's Path-to-Purchase How Digital Has Transformed the Way People Make Purchasing Decisions [J]. Journal of Advertising Research, 2014, 54 (4): 377-80.

[98] Hao-Ting Pai, Fan Wu. Prevention of wormhole attacks in mobile commerce based on non-infrastructure wireless networks [J]. Electronic Commerce Research and Applications, 2011, 10 (4): 384-397.

[99] Harvir S. Bansal Gordon H. G. McDougall Shane S. Dikolli Karen L. Sedatole. Relating e-satisfaction to behavioral outcomes: an empirical study [J]. Journal of Services Marketing, 2004, 18 (4): 290-302.

[100] Hou, J.-L. and Chen, T.-G. An RFID-based shopping service system for retailers [J]. Advanced Engineering Informatics, 2011, 25 (1): 103-115.

[101] Hsin-Hui Lin. The effect of multi-channel service quality on mobile customer loyalty in an online-and-mobile retail context [J]. The Service Industries Journal, 2012, 32 (11): 1865-82.

[102] Im. I., Kim, Y., and Han, H. J. The effects of perceived risk and technology type on users' acceptance of technologies [J]. Information & Management, 2008, 45 (1): 1-9.

[103] Ing-Long Wu. The antecedents of customer satisfaction and its link to complaint intentions in online shopping: An integration of justice, technology, and trust [J]. International Journal of Information

Management, 2013, 33 (1): 166 – 176.

[104] İrem Eren Erdoğmuş. Drivers of Social Commerce Through Brand Engagement [J]. Social and Behavioral Sciences, 2015 (207): 189 – 195.

[105] Jeewon Choi, Hyeonjoo Seol, Sungjoo Lee, Hyunmyung Cho, Yongtae Park. Customer satisfaction factors of mobile commerce in Korea [J]. Internet Research, 2008, 18 (3): 313 – 335.

[106] Jim. Q. Chen, Ruidong Zhang, Jaejung LEEA Cross-Culture Empirical Study of M-commerce Privacy Concerns [J]. Journal of Commerce, 2013 (12): 348 – 364.

[107] Jiunn-Woei Lian, David C. Yen. Online shopping drivers and barriers for older adults: Age and gender differences [J]. Computers in Human Behavior, 2014 (37): 133 – 143.

[108] Ju-Young M. Kang, Jung Mee Mun, Kim K. P. Johnson. In-store mobile usage: Downloading and usage intention toward mobile location-based retail apps [J]. Computers in Human Behavior, 2015 (46): 210 – 217.

[109] Ju-Young M. Kanga, Kim K. P. Johnsonb. F-Commerce platform for apparel online social shopping: Testing a Mowen's 3M model [J]. International Journal of Information Management, 2015, 35 (6): 691 – 701.

[110] Karaatli G. Ma J., Suntornpithug N. Investigating mobile services' impact on consumer shopping experience and consumer decision-making [J]. International Journal of Mobile Marketing, 2010, 5 (2): 75 – 86.

[111] Kathy Ning Shen, Rebecca Mohamed Khalifa. Drivers for Transactional B2C M-Commerce Adoption: Extended Theory of Planned Beahavior [J]. Journal of Computer Information Systems, Spring 2008: 111 – 117.

[112] Kem Z. K. Zhang, Morad Benyoucef, Sesia J. ZhaoBuilding brand loyalty in social commerce: The case of brand microblogs [J]. Electronic Commerce Research and Applications, 2015, 15 (14): 1 – 12.

[113] Kiseol Yang, Hye-Young KimMobile shopping motivation: an application of multiple discriminant analysis [J]. International Journal of Retail & Distribution Management, 2012, 40 (10): 778-789.

[114] Kowatsch, T, Maass, W, Fleisch, E. The role of product reviews on mobile devices for in-store purchases: consumers' usage intentions, costs and store preferences [J]. International Journal Internet Marketing and Advertising, 2011, 6 (3): 226-243.

[115] Liran Einav, Jonathan Levin, Igor Popov, and Neel Sundaresan. Growth, Adoption, and Use of Mobile E-Commerce [J]. American Economic Review: Papers & Proceeding, 2014, 104 (5): 489-494.

[116] Manjit S. Yadav, Kristine de Valck, Thorsten Hennig-Thurau, Donna L. Hoffman, Martin Spann. Social Commerce: A Contingency Framework for Assessing Marketing Potential [J]. Journal of Interactive Marketing, 2013, 27 (4): 311-323.

[117] Mehrbakhsh Nilashi, Othman Ibrahim, Vahid Reza Mirabi, Leili Ebrahimi, Mojtaba Zare. The role of Security, Design and Content factors on customer trust in mobile commerce [J]. Journal of Retailing and Consumer Services, 2015 (26): 57-69.

[118] Michael Groß. Mobile shopping: a classification framework and literature review [J]. International Journal of Retail & Distribution Management, 2014, 43 (3): 221-241.

[119] Moutusy Maity. Critical Factors of Consumer Decision-Making on M-Commerce: A Qualitative Study in the United States [J]. Mobile Marketing Association, 2010, 5 (2): 81-101.

[120] Patricio E. Ramirez-Correa, F. Javier Rondan-Cataluña, Jorge Arenas-Gaitán. Predicting behavioral intention of mobile Internet usage [J]. Telematics and Informatics, 2015, 32 (4): 834-841

[121] Peter C. Verhoefa, P. K. Kannan, J. Jeffrey Inman. From Multi-Channel Retailing to Omni-Channel Retailing Introduction to the Special Issue on Multi-Channel Retailing [J]. Journal of Retailing, 2015, 2 (91): 174-181.

[122] Rajasree K. Rajamma, Audhesh K. Paswan, Muhammad M. Hossain. Why do shoppers abandon shopping cart? Perceived waiting time, risk, and transaction inconvenience [J]. International Journal of Service Industry Management, 2009, 18 (3): 102-121.

[123] Rakhi Thakur, Mala Srivastava. A study on the impact of consumer risk perception and innovativeness on online shopping in India [J]. International Journal of Retail & Distribution Management, 2015, 43 (2): 148-166.

[124] Rebecca Jen-Hui Wanga, Edward C. Malthouseb, Lakshman Krishnamurthi. On the Go: How Mobile Shopping Affects Customer Purchase Behavior [J]. Journal of Retailing, 2015, 2 (91): 217-234.

[125] Ruidong Zhang, JIM Q. Chen, Ca JaeJung lee. Mobile Commerce and Consumer Privacy Concern [J]. Journal of Computer Information Systems, Summer 2013: 31-38.

[126] Rujipun AssarutConsumption Values, Personal Characteristics and Behavioral Intentions in Mobile Shopping Adoption [J]. Rujipun Assarut, Somkiat Eiamkanchanala, 2015, 27 (1): 21-41.

[127] Sinda Agrebi, Joël Jallais. Explain the intention to use smartphones for mobile shopping [J]. Journal of Retailing and Consumer Services, 2015 (22): 16.

[128] Sonia San-Martín, Jana Prodanova, NadiaJiménez. The impact of age in the generation of satisfaction and WOM in mobile shopping [J]. Journal of Retailing and Consumer Services, 2015 (23): 1-8.

[129] Ting-Peng Liang, Yi-Ting Ho, Yu-Wen Li, Efraim Turban What Drives Social Commerce: The Role of Social Support and Relationship Quality [J]. International Journal of Electronic Commerce, 2011, 16 (2): 69–90.

[130] Varnali, K., Toker, A.. "Mobile marketing research: the-state-of-the-art" [J]. International Journal of Information Management, 2010, 30 (2): 144–151.

[131] Yen-Chun Jim Wu, Ju-Peng Shen, Chan-Lan Chang c. Electronic service quality of Facebook social commerce and collaborative learning [J]. Computers in Human Behavior, 2015 (51): 1395–1402

[132] Yu-Chi Chen, Gwoboa Horng. Privacy protection in on-line shopping for electronic documents [J]. Information Sciences, 2014, 277 (1): 321–326.

后 记

　　《移动电子商务经济学》一书是"湖南省 2011 移动电子商务协同创新中心"推出的移动电子商务学术研究丛书中的一本。本书由唐红涛博士、欧阳文和博士、朱晴晴硕士、郭凯歌硕士共同撰写，其中欧阳文和撰写了第二章、第五章、第七章和附录案例，唐红涛和朱晴晴撰写了第一章和第四章，唐红涛和郭凯歌撰写了第三章和第六章，全书写作大纲由唐红涛和欧阳文和共同提出，初稿经唐红涛中间修改并提出修改建议，修改稿集中后，朱晴晴和郭凯歌对本文格式进行了统一调整。

　　本书的撰写过程中得到了湖南商学院校长陈晓红教授、湖南商学院首席教授柳思维教授的关心重视和支持，得到了湖南省 2011 移动电子商务协同创新中心各协同单位有关专家的大力支持，在本书写作过程中也得到了湖南商学院经贸学院彭炳忠教授、刘乐山教授、罗双临教授、陆杉教授、颜建军副教授、尹元元副教授等的大力支持，本书也受到了湖南省现代流通理论基地的大力支持，李泽华教授、李定珍教授、刘导波教授对书稿提出了精辟中肯的意见，我们在撰写中也参考了有关专家学者对于移动电子商务研究的学术观点，在此一并表示感谢！